500 Jahre Reformation! – Nur für Evangelikale?

Guido Hangartner

500 Jahre Reformation!

Nur für Evangelikale?

Bibliografische Information der Deutschen Nationalbibliothek:
Die Deutsche Nationalbibliothek verzeichnet diese Publikation in der Deutschen Nationalbibliografie; detaillierte bibliografische Daten sind im Internet über http://dnb.dnb.de abrufbar.

© 2017 Guido Hangartner

Herstellung und Verlag: BoD – Books on Demand, Norderstedt

ISBN: 978-3-7431-2707-4

Inhalt

Einleitung 7
Worum geht es? 9
Teil 1 – Fragen & die Schrift 17
   Allein Seligmachend 17
   Katholisch, Orthodox, Evangelikal etc. 21
   Maria 27
   Josef 39
   Gottheit Jesu 41
   Eucharistie und Heilige Messe 45
   Warum die Beichte 49
   Einsetzung der Beichte 55
   Wert und Notwendigkeit der Busstugend 57
   Die Verehrung der Heiligen 61
   Die Fürbitte der Heiligen 65
   Geistigkeit und Unsterblichkeit der Seele 69
   Hölle und Paradies 79
   Papst, Kirche und apostolische Nachfolge 85
   Die Eigenschaften der Kirche 93
   Findet die Bibel in der Kirche Verwendung? 97
   Statuen und Kruzifixe 103
   Erscheinungen 113
   Gerecht gemacht sein durch Glaube oder Werke? 115
   Die Sakramente 125

Teil 2 – Hilfestellungen 131
Das Naturgesetz 133
Funktion der Vorschriften der Kirche 145
Freiheit und Gewissen 149
Liebe zu Gott und Nächstenliebe 165
Gerechtigkeit und Barmherzigkeit 179
Jesus der Gekreuzigte 191
Gott Vater und die göttliche Vorsehung 201
Geduld, Vertrauen und Hingabe an Gott 215
Gott Heiliger Geist – Leben der Gnade und der Vereinigung mit dem Herrn 225
Vokal- und Geistesgebet im Allgemeine und im Einzelnen. 241
Ehe und Familie 259
Wert des Wortes Gottes 267
Engel, Dämonen, Spiritismus und Behexungen 285
Der Einfall der dreifachen Begierde 311
Leben und Kohärenz des Glaubens 321
Fleisch und Geist 331
Zölibat 355
Armee 357
Fasten 359
Schlusswort 363

Einleitung

Wir Evangelikale leben nach dem Evangelium und müssen uns fortwährend abgrenzen, ganz besonders gegen diese "antichristlichen Katholiken" mit ihrem Papst. Solche Sätze hört man in den Internetmedien in ähnlicher Weise fast auf allen Plattformen. Sei dies in YouTube-Beiträgen, diversen Webseiten oder downloadbaren PDF's.

In den vergangenen Jahren verbrachte ich viel Zeit damit, mir diese Medien genauer anzuschauen, zumal sich 2017 die Reformation zum 500. Mal jährt. Ein Jubiläum von 500 Jahren ist zweifellos ein Ereignis, welches nicht einfach so ausser Acht gelassen werden kann.

Doch worum geht es eigentlich? Wenn ich mir all die Beiträge anschaue, werde ich den Eindruck nicht los, es gehe nur darum, aufzuzeigen, wie gut auch heute noch die reformatorischen Christen sind und wie schlecht die Katholiken. Kaum ein einziger evangelikaler Beitrag lässt sich finden, in dem nicht mindestens ein Seitenhieb gegen die Anderen ausgeteilt wird, besonders gegen die

Katholiken. Ja, es scheint mir oft, als wäre dies die einzige Daseinsberechtigung der Evangelikalen. Was würde geschehen, wenn z.B. die Katholiken über Nacht von Gott in den Himmel abberufen würden? Das wäre eine Katastrophe. Da wäre auf die Minute das Feindbild weg. Gegen wen könnte man denn da noch zu Felde ziehen?

Freilich, dies ist eine utopische Vorstellung, die keine prophetische Qualität für sich beansprucht, sondern lediglich eine Hypothese darstellt. Jedenfalls veranlassten mich die vielen Beiträge im Netz dazu, mich mit der Materie genauer auseinanderzusetzen und die Fakten etwas gegenüberzustellen. Dies soll für keine Seite in beleidigender Art und Weise geschehen, sondern vielmehr in humorvoller Liebe.

Damit das Lesen des Textes nicht von permanenten Bibelzitaten unterbrochen wird, habe ich mir erlaubt, die Verweise jeweils in Fussnoten zu setzen. Hier in diesem Buch verwende ich meistens eigene Übertragungen der Bibel.

Der Autor, 2017

Worum geht es?

1. An erster Stelle soll gesagt sein, dass die Evangelikalen Christen in ihrem Engagement überaus bewundernswert sind. Ihr Einsatz und ihr inneres Feuer für Christus sind ansteckend und suchen gegenwärtig ihresgleichen in der Christenheit. Wenn in Krisengebieten auf der Welt Menschen noch ihr Leben riskieren für die Verbreitung des Evangeliums, dann sind es in erster Linie evangelikale Mitchristen. Sie getrauen sich zurzeit als fast die Einzigen noch in Länder zu gehen, in denen alleine schon der Besitz einer Bibel mit der Todesstrafe geahndet wird und missionieren an diesen Orten unerschrocken. War die Missionierung von nichtgläubigen noch bis vor wenigen Jahrzehnten die Domäne der katholischen Orden, so hat dies mehr und mehr zu den evangelikalen gewechselt. In Gegenden, in denen die Menschen nicht an Christus glauben, ist dieser Einsatz umso beachtlicher. Es stellt sich allerdings die Frage, ob Abwerbung von anderen Christen Sinn und Zweck christlicher Missionierung sein kann, oder ob dadurch nicht der Spaltung der Christen Vorschub geleistet wird. Sie müssen sich dann die

Frage stellen lassen, ob sie durch solches Tun sich vielleicht nicht selbst um den ewigen Lohn bringen.[1]

2. Wenn man sich aktuell im Netz über Glaubensthemen informieren will, so findet man fast ausschliesslich Beiträge von Evangelikalen. Die sogenannten Landeskirchen sind da weit und breit nicht zu finden. Ein Beispiel: Ein junger Mensch möchte sich über die Endzeit informieren und beginnt zu googeln. So findet er bei den evangelischen Landeskirchen über den ganzen deutschen Sprachraum hinweg zwei bis drei Vorträge in irgendeinem Gemeindesaal, teils mit Eintrittsgebühr. Auf katholischer Seite findet er maximal eine Bildungsveranstaltung in einem Bildungshaus mit einem sündteuren Referenten, zu einer Zeit, zu der er sicherlich arbeiten muss. Wenn er die Zeit aufbringen kann, dann scheitert es letztlich an den Finanzen. Solche Bildungswochen kosten schnell mal an die 500 Euro.

---

[1] Röm 16,17; 1 Kor 1,10; 1 Kor 11,18-19; Gal 5,19-21

3. Was der junge Mensch jedoch in vielfältiger Weise findet, sind Beiträge von evangelikalen Christen, die er sich kostenlos auf YouTube anschauen kann. Darunter sind nicht nur "verrückte" Filmchen von Leuten mit einem Hang zur Selbstdarstellung. Diese findet man zu jedem Thema und können daher hier beiseitegelassen werden. Nein, vielmehr findet er auch anspruchsvoll gemachte Beiträge, mit Grafiken unterlegt, wenngleich die Ereignisse oft nicht zu den genannten Jahreszahlen stimmen, doch die geschilderten Chronologien sind meistens nachvollziehbar. Dann findet man stundenlanges Material von aufgezeichneten Vorträgen namhafter Referenten. Doch auch hier sucht man vergeblich nach Universitätsprofessoren der Landeskirchen. Entweder, diese sitzen auf ihren Urheberrechten und geben die Aufzeichnungen nicht frei, oder sie lassen sich erst gar nicht aufzeichnen. Dann findet man noch einige wenige Beiträge von katholikalen Christen. Schätzungsweise jedoch weit über Dreiviertel des brauchbaren Materials, das kostenlos zur Verfügung steht, stammt von evangelikalen Christen. Selbst die Bibeln, die im Netz kostenlos

zur Verfügung stehen sind fast ausnahmslos alte evangelische Übersetzungen, welche von evangelikalen für das Internet aufbereitet wurden und gratis zur Verfügung gestellt werden. Bis heute stellen die Landeskirchen ihre aktuellen Bibelübersetzungen dem Menschen nicht kostenlos zur Verfügung. Auch hier gebührt das Lob fast ausschliesslich evangelikalen Mitchristen.

4. Die landeskirchlichen Besitzansprüche gehen soweit, dass man zwar ihre Bibelübersetzungen digital erwerben kann, diese dann jedoch nicht ohne erneute Gebühren und Lizenzabgaben in seinen Publikationen verwenden darf. Ohne die Freigebigkeit, auch an Arbeitszeit, von evangelikalen Mitchristen, gäbe es kaum eine digitale Bibel, die gefahrlos in Texten zur Publikation verwendet werden kann, ohne Urheberrechte zu verletzen. Alleine schon dies ist eine Leistung von reformatorischen Christen, die nicht hoch genug geschätzt werden kann, wenngleich dieses Lob trauriger Weise keiner finanzstarken Landeskirche zugedacht werden kann. Desgleichen gilt, wenn ein junger

Mensch sich für die Bibel interessiert und ein gedrucktes Exemplar sein eigen nennen möchte. Die offiziellen landeskirchlichen Ausgaben müssen im Buchhandel für Geld erworben werden. Kaum ein Pfarrer, ob reformiert oder katholisch, verschenkt einfach so Mal hundert Bibeln. Diverse evangelikale Gruppen tun genau dies und bezahlen dies aus eigener Tasche. Man müsste meinen, die Landeskirchen hätten dafür mehr Geld zur Verfügung. Hier eröffnet sich ein grosses Reformationsproblem. Bibeln sind nicht länger eine Sache der reformatorischen Landeskirchen, sondern evangelikaler "Splittergruppen", denn exakt diese verbreiten die Bibeln im Volke kostenlos. Es stellt sich die Frage, was ist hier in den reformierten Kirchen schief gelaufen? Von der Katholischen Kirche sprechen wir hier nicht, denn diese legte zwar viel Wert auf die Bibel in der Liturgie, doch weniger auf deren Verbreitung im Volke. Ein Mangel, der nur schwer wegzudiskutieren zu sein scheint.

5. Doch worum geht es nun in diesem Buch? Kurzum, es geht um das unnötige Hin und Her, die zermürbenden Beschuldigungen und eine

Darstellung, wie "evangelisch" die scheinbaren "Gegner" wirklich sind. Wie weiter oben bereits geschildert, verfolgte ich in der letzten Zeit unzählige Veröffentlichungen im Internet und stellte fest, dass es da zum einen eine permanente Schuldzuweisung und Schlechtmachung der Katholischen Kirche seitens der evangelikalen Gruppen gibt. Zum andern gibt es da das "Selbstbewusstsein" der Katholischen Kirche, "allein seligmachend"[2] zu sein. Ein Jahr, wie das des 500. Reformationsjubiläum und dann noch in einem jüdischen Jubeljahr[3], bedeutet nichts geringeres, als zehn Jubeljahre (alle 50 Jahre [7 x 7 Sabbatjahre plus eines, das Folgejahr]) seit der Reformation. Im biblischen Kontext steht die Zahl Zehn immer für Vollkommenheit. Zahlen haben in der Bibel einen besonderen Stellenwert.

---

[2] Vgl. Origenes * 185 in Alexandria; † um 254 war ein christlicher Gelehrter und Theologe. Seine Aussage ist zu finden in: In Jesu Nave 3,5; PG 12, 841.

[3] Vgl. Lev 25,9-13 … <u>Und ihr sollt das Jahr des fünfzigsten Jahres heiligen</u> und sollt im Lande Freiheit ausrufen für alle seine Bewohner. <u>Ein Jubeljahr soll es euch sein</u>, …

So steht die Drei für die Göttlichkeit[4] (Dreieinigkeit/Dreifaltigkeit), die sieben für Vollendung (sieben Tage der Schöpfung)[5] die Acht für den Beginn von etwas Neuem (acht Seligpreisungen mit dem Himmlischen Bürgerrecht[6]) und die Zehn eben für Vollkommenheit (Gebote Gottes).[7]

6. Es geht somit um die Unterstellungen, die schon fast klischeehaft in den einen oder anderen Gruppierungen vorherrschen. Es stimmt aus christlicher Sicht sehr traurig, wenn man sehen muss, wie einige Gruppierungen scheinbar nur dann leben können, wenn sie andere Gruppen in der Christenheit notorisch schlecht machen, ja sie als Antichristen hinstellen, bis zum Vorurteil, diese seien vom Teufel. Es scheint, dass sich solche Gruppierungen in keinster Weise bewusst

---

[4] Gehet [nun] hin und machet alle Nationen zu Jüngern, und taufet sie auf den Namen des Vaters und des Sohnes und des Heiligen Geistes. (Mt 28,19)
[5] Vgl. Gen 1,1-2,3
[6] Vgl. Mt 5,3-12 Seligpreisungen: Jesus sagte zu den vielen Menschen: *[1] Selig, die arm sind vor Gott; denn ihnen gehört das Himmelreich. ... [8] Selig, die um der Gerechtigkeit willen verfolgt werden; denn ihnen gehört das Himmelreich. ...*
[7] Vgl. Ex 20,2-17; Dtn 5,6-21

sind, wie sehr sie mit der Gefahr leben, permanent den heiligen Geist zu lästern. Wenn diese sich auch nur für einige Minuten die Zeit nähmen, einmal darüber nachzudenken,[8] dass der Heilige Geist weht wo er will,[9] und vielleicht gerade in den Gruppen weht, die man des "Teufels" nennt, dann müssten sie ob ihrer eventuellen Verstocktheit ihrer Herzen vor Reue in die Knie gehen und Gott um Vergebung dieser Sünde bitten, damit sie ihnen am Ende nicht in alle Ewigkeit anhaftet.[10]

7. Wer dieses Buch liest, tut es am Besten zusammen mit der Bibel, um die Vergleichsstellen nachlesen zu können. Wenn es auch wenige sind, so gibt es doch einige Stellen aus den so genannten "Apokryphen" Bibeltexten. Sie sind genauso Wort Gottes und Martin Luther hat nicht zuletzt deshalb auch sie übersetzt. Wer daher keine "katholische Bibel" verwenden möchte, der nehme die "Lutherbibel" von 1912, die im Internet kostenlos zur Verfügung steht.

---

[8] Mk 4,12
[9] Joh 3,8
[10] Mt 12,32; Lk 12,10

Teil 1 – Fragen & die Schrift

Allein Seligmachend

8. Beginnen wir doch mit dem "Grundübel": Das Axiom von der "alleinseligmachenden Kirche" zeigt schon gewaltig etwas von Gruppenegoismus, Grössenwahn und Intoleranz. Es will dem heutigen Menschen nicht mehr über die Lippen, höchstens als Vorwurf und Beschimpfung. Was ist mit dem Axiom gemeint? Zunächst zu seinem Ursprung: Bereits Origenes, wie weiter oben bereits gesagt, hat formuliert: "Ausserhalb der Kirche wird niemand gerettet"[11]. Später wurde daraus der Satz: "Ausserhalb der Kirche kein Heil" (Extra Ecclesiam nulla salus). Dieser Satz gehört zum festen Glaubensgut der Kirche. Denn er folgert sich aus zwei anderen Glaubensaussagen: 1. 'Christus allein ist die Wahrheit und der Weg für das Heil der Welt.'[12] 2. 'Die Kirche ist der Ort unter den Völkern, wo das von Christus geschaffene Heil anwesend und

---

[11] Origenes, In Jesu Nave 3,5; PG 12, 841.
[12] Vgl. Joh 14,6

wirksam ist.'[13] Weil beides vom Neuen Testament her völlig eindeutig ist, kann die Kirche das "alleinseligmachend" nicht zurücknehmen. Sie würde sich sonst von der Erlösung durch Christus und von ihrer Indienstnahme als "Sakrament des Heils für die Welt"[14] verabschieden.

9. Ich bin überzeugt, viele werden sich nun zurücklehnen und meinen, dass ja hier wohl genug bewiesen sei, dass die Katholische Kirche an Grössenwahn leide. Doch gerade hierbei liegt das Problem. Bei diesen beiden Sätzen fällt weder das Wort 'Katholisch' geschweige 'Römisch Katholisch', sondern lediglich 'Kirche bzw. Gemeinde'. Wenn Katholiken mehr hineininterpretieren, dann ist es eine Frage ihres Selbstbewusstseins. Wenn jedoch die Evangelikalen mehr hineininterpretieren, dann zählen sie sich offensichtlich selber nicht zur Gemeinde Jesu. Das ist dann aber nicht das Problem der Katholiken, sondern

---

[13] Seid gewiss: Ich [Jesus] bin bei euch alle Tage bis zum Ende der Welt. (vgl. Mt 28,20)
[14] Ihr seid das Salz der Erde; ... Ihr seid das Licht der Welt; eine Stadt, die oben auf einem Berge liegt, kann nicht verborgen sein. (vgl. Mt 5,13-14)

bedauerlicherweise der evangelikalen Christen selbst.

10. Wenn ich mir die vielen evangelikalen Vorträge im Internet vor Augen führe, stelle ich gerade dort fest, dass exakt die Evangelikalen sich als die Gemeinde schlechthin sehen. Somit ist wohl ein klassisches Paradoxon gegeben. Zum einen sehen sie sich als die Gemeinde Jesu schlechthin und zum andern betrachten sie sich eben gerade nicht als Teil dieser Gemeinde, die eben der Menschheit das Heil bringt. Kann man wirklich den Katholiken zum Vorwurf machen, dass sie sich als Teil der Gemeinde fühlen? Ich denke, dass das nicht statthaft wäre. Kann man den Katholiken wirklich einen Vorwurf machen, weil sie offenbar verwirrt sind, ob der Zwiegespaltenheit der Evangelikalen die Gemeinde schlechthin sein zu wollen und dann aber doch nicht dazugehören wollen?

11. Hier stellt sich nun die Frage, wer eigentlich zur Gemeinde Jesu gehört und wer nicht? Kann ein Schwarzafrikaner einen deutschen Pass haben, oder nicht? Ah, ich sehe, da kommt nun der Verdacht von Rassismus hoch. Ja, genau darum

geht es. Genauso, wie ein Schwarzafrikaner einen deutschen Pass haben kann und ein Weisser einen nigerianischen Pass haben kann, so hat die Gemeinde Jesu offenbar verschieden Mitglieder. Wenn nun diese Gemeinde von den einen immer nur als 'Gemeinde' bezeichnet wird und andere lieber das Wort 'Kirche' benutzen, dann ist es wahrlich ein Streit um des Kaisers Bart. Es ist, wie wenn in Deutschland ein halber Volksaufstand entbrennen würde, ob man den 'runden süssen Früchten' nun nur Orange oder lediglich Apfelsine sagen darf. Es ist letztlich pharisäische Wortklauberei. Zur Kirche Jesu gehört automatisch jede Person, die auf den Namen des Vaters und des Sohnes und des Heiligen Geistes getauft ist, ja sogar lediglich getauft sein will[15] und zur Kirche gehören will.

---

[15] Vgl. Taufbefehl Mt 28,19-20 … machet alle Nationen zu Jüngern, und taufet sie auf den Namen des Vaters und des Sohnes und des Heiligen Geistes. …

Katholisch, Orthodox, Evangelikal etc.

12. Eigentlich ist es ja bereits seltsam, dass es über diese Begriffe überhaupt Streit gibt. Ehrlicherweise müssen wir uns fragen, welcher dieser Begriffe der erste war. Einige werden jetzt einwenden, dies sei einfach 'Christ' gewesen. Doch damit liegen sie definitiv falsch. Christ war ein Schimpfwort[16] in Antiochien für die 'Anhänger des neuen Weges'. Diese betrieben Inkulturation eines Begriffes und wandelten ein Schimpfwort kurzerhand in eine Eigenbezeichnung um. Doch auch die ersten Christen hatten es bereits mit Irrlehren[17] zu tun. So prägten die Konzile von Nicäa und Konstantinopel im grossen Glaubensbekenntnis den Begriff 'katholische und apostolische Gemeinde [Kirche]'. Diese Bezeichnung ist auch im apostolischen Glaubensbekenntnis zu finden. Das Wort 'apostolisch' erklärt sich von selbst und meint, auf die Apostel zurückgehend. Es ist tatsächlich so, dass die Gemeinde auf die Apostel zurückgeht,

---

[16] Vgl. Apg 11,26 … und dass die Jünger zuerst in Antiochien Christen genannt wurden.
[17] Vgl. 1 Tim 1,3 … damit du bestimmten Leuten verbietest, falsche Lehren zu verbreiten.

denn sie bekamen von Jesus den Auftrag dafür im Taufbefehl. Jesus selber taufte nicht.[18] Daher ist die Gemeinde apostolisch. Der erste Begriff ist heute schwieriger zu verstehen. Dabei wird übersehen, dass mit 'katholisch' nicht 'römisch' gemeint ist, sondern der Begriff 'Allumfassend' und die Kirche Jesu Christi in all ihren Ausprägungen ist tatsächlich allumfassend. Einige ersetzten das Wort 'katholisch' durch christlich, doch das ist falsch, denn es geht um die Gemeinde, die weder 'nur' christlich ist noch 'unchristlich' sondern in ihrer Allumfassendheit vollkommen ist, wie es in der Bibel heisst: 'Ihr sollt also vollkommen sein, wie es auch euer himmlischer Vater ist.'[19]

13. Der erste grosse Streit um die Bezeichnung begann, wie jeder Streit; aufgrund des Stolzes zweier Kontrahenten. Der Bischof von Rom (Papst) und der Bischof von Konstantinopel (Patriarch) gerieten sich via ihre Abgesandten in die Haare. Als Datum für das Schisma wird landläufig das Jahr 1054 angegeben, als Humbert

---

[18] Vgl. Joh 4,2
[19] Mt 5,48

de Silva Candida, der Gesandte Papst Leos IX., und Patriarch Michael I. von Konstantinopel sich nach gescheiterten Unionsverhandlungen gegenseitig exkommunizierten. Das ist jedoch historisch unrichtig, denn mit dem Tod von Papst und Patriarch war der Bann erledigt. Tatsächlich wurde der Papst auch danach noch in der orthodoxen Liturgie kommemoriert, das bedeutet, im Hochgebet genannt. Emotional wurde das Verhältnis zwischen Rom und Konstantinopel vor allem durch die Ereignisse des vierten Kreuzzugs 1204 beschädigt, als Konstantinopel von den Venezianern hemmungslos ausgeplündert und ein lateinisches Kaiserreich nebst lateinischem Patriarchen errichtet wurde. Heute stimmen Historiker darin überein, dass sich die Kirchen aufgrund cincr fortschreitenden Entfremdung trennten. Entscheidend für die Trennung waren nicht theologische Differenzen, sondern kirchenpolitische Faktoren. Die endgültige Trennung erfolgte römischerseits erst 1729 [also über 200 Jahre nach der Reformation], als die Kongregation für die Glaubensverbreitung[20] die

---

[20] Congregatio de Propaganda Fide

Sakramentsgemeinschaft[21] mit den Orthodoxen verbot. 1755 [also 26 Jahre später] erklärten die orthodoxen Patriarchen von Alexandrien, Jerusalem und Konstantinopel im Gegenzug die Katholiken zu Irrlehrern. Das Patriarchat von Antiochien schloss sich später an, das von Moskau jedoch nicht. Diese Erklärung ist von orthodoxer Seite bis heute nicht zurückgenommen worden, wohingegen die gegenseitige Bannung von 1054 während des Zweiten Vatikanischen Konzils von Papst Paul VI. und dem Ökumenischen Patriarchen Athinagoras am 7. Dezember 1965 zeitgleich in Rom und Istanbul in feierlicher Form "aus dem Gedächtnis und aus der Mitte der Kirche getilgt" wurde und "dem Vergessen anheimfallen" solle.

14. Während 'Katholisch' 'Allumfassend' bedeutet, so bedeutet 'orthodox' 'rechtgläubig'. Der tragische 'Witz' an dieser Trennung ist, dass der Patriarch von Konstantinopel der Kirche in Rom nicht absprechen konnte, zur allumfassenden Gemeinde Jesu zu gehören, denn beide hatten und haben bis heute dasselbe

---

[21] communicatio in sacris

Glaubensbekenntnis, wie übrigens auch die reformatorischen Kirchen, inklusive der Evangelikalen. Weil eine Aberkennung, zum allumfassenden zu gehören, nicht möglich war, wurde kurzerhand die Rechtgläubigkeit in Frage gestellt und der Kirche in Rom unterstellt, sie sei nicht rechtgläubig, eben orthodox. Nichts desto trotz ist sowohl die Kirche in Rom, als auch die Kirche in Konstantinopel Bestandteil der allumfassenden Gemeinde.

15. Und wo bleiben nun die Evangelikalen? 'Rechtgläubig' (eben Orthodox) war als Begriff bereits vergeben. Somit werden einfach alle anderen 'beschuldigt' nicht nach dem Evangelium zu leben, denn die Anteilhabe an der allumfassenden Gemeinde können auch die Evangelikalen den Orthodoxen und den Katholiken nicht absprechen. Die einzigen, die sich nie um eine neue Bezeichnung ereiferten, sind tatsächlich die Katholiken. Jetzt höre ich bereits den Einwand, ja aber es heisst doch Römisch Katholisch. Das stimmt, hat aber mit dem Glauben nichts zu tun, sondern mit der Sprache und Form der Liturgie. Während die

Liturgie der 'Römischen' Katholiken bis in die 1960er Jahre ausschliesslich Lateinisch war, eben römisch, so gibt es auch die griechisch-Katholischen und viele andere mehr. Sie werden schlicht nach ihrer liturgischen Sprache benannt. Wenn die Evangelikalen sich als Bestandteil der 'allumfassenden', eben, 'katholischen Kirche' sehen, dann können sie sich als Englisch-Katholisch bezeichnen, denn die meisten Evangelikalen sprechen englisch, doch dieser Begriff ist ebenfalls, wenigstens zum Teil, von den Anglikanern belegt.

16. Warum diese ganze Auflistung? Vielleicht um zu zeigen, wie kindisch dieser Streit ist, denn jeder scheint nur darauf bedacht zu sein, was der Andere schlecht macht. Das ist satanisch. Vielleicht gelingt es 500 Jahre nach der Reformation endlich zu beginnen, darauf zu schauen, was die anderen gut machen. Dazu muss jedoch bedauerlicherweise erst einmal plakativ aufgezeigt werden, welche unsinnigen Missverständnisse vorherrschen. Daher werde ich im Folgenden einige davon Aufschlüsseln.

Maria

17. Wenn es für einen Evangelikalen ein rotes Tuch bei den Katholiken gibt, dann ist das Maria und der Umgang der Katholiken mit Maria. Für jeden Evangelikalen scheint festzustehen, dass die Katholiken Maria anbeten und sie doch keinerlei Verehrung würdig ist, denn eine solche gebührt nur Jesus alleine. Daher möchte ich schön der Reihe nachgehen. Es ist unbestritten, dass Maria die Mutter Jesu ist.[22] Es ist ebenso unbestritten, dass Maria keine Apostelin war.[23] Doch Maria war auch nicht einfach eine gewöhnliche Jüngerin, denn bei deren Aufzählung fehlt sie.[24] Dennoch

---

[22] Mt 13,55 Ist dieser [Jesus] nicht der Sohn des Zimmermanns? Heisst nicht seine Mutter Maria, und seine Brüder Jakobus und Joseph und Simon und Judas?
[23] Mt 10,2-4: Die Namen der zwölf Apostel sind: an erster Stelle Simon, genannt Petrus, und sein Bruder Andreas, dann Jakobus, der Sohn des Zebedäus, und sein Bruder Johannes, Philippus und Bartholomäus, Thomas und Matthäus, der Zöllner, Jakobus, der Sohn des Alphäus, und Thaddäus, Simon Kananäus und Judas Iskariot, der ihn später verraten hat.
[24] Mt 27,55-56: Auch viele Frauen waren dort und sahen von weitem zu; sie waren Jesus seit der Zeit in Galiläa nachgefolgt und hatten ihm gedient. Zu ihnen gehörten Maria aus Magdala, Maria, die Mutter des Jakobus und des Josef, und die Mutter der Söhne des Zebedäus.

bezeichnen einige Maria als 'Mutter der Apostel' Dies rührt nicht zuletzt aus der Begebenheit, dass Jesus selbst Maria seinem Lieblingsjünger zur Mutter und diesen ihr zum Sohne gab.[25] Dieses Ereignis zeigt ganz klar, dass Mutterschaft und Sohnschaft nicht aus dem Fleische sein müssen, sondern vielmehr aus dem Geiste.

18. Dann gibt es den grossen Streit um die Jungfräulichkeit. Nun, heute zweifeln die wenigsten daran, dass Maria Jesus als Jungfrau empfing, denn das bezeugt die Bibel sehr deutlich. Johannes der Täufer wurde auf natürliche Weise gezeugt, wenngleich in ungewöhnlichem Alter der Eltern.[26] Bei Maria war das anders. Sie empfing durch den Heiligen Geist und wurde so in ihrem Nachkommen Jesu die Braut Gottes und

---

[25] Joh 19,25-27: Als Jesus seine Mutter sah und bei ihr den Jünger, den er liebte, sagte er zu seiner Mutter: Frau, siehe, dein Sohn! Dann sagte er zu dem Jünger: Siehe, deine Mutter! Und von jener Stunde an nahm sie der Jünger zu sich.

[26] Mt 1,18-25: Zacharias sagte zu dem Engel: Woran soll ich erkennen, dass das wahr ist? Ich bin ein alter Mann, und auch meine Frau ist in vorgerücktem Alter. Der Engel erwiderte ihm: Ich bin Gabriel, der vor Gott steht, und ich bin gesandt worden, um mit dir zu reden und dir diese frohe Botschaft zu bringen....

gleichzeitig dessen Mutter im Fleische.[27] Doch der 'Deutsch' denkende Mensch wäre nicht er selbst, wenn da nicht gleich die Folgefrage kommen würde, dass Maria später andere Kinder gehabt habe. Die Bibel nennt selber Brüder und Schwestern Jesu.[28] Leider ist dies eine Sprachform, die nicht automatisch auf leibliche Verwandtschaft schliessen lässt. Die Schrift sagt wenig über Josef. Es wäre eine Möglichkeit, dass Josef ein Witwer mit Kindern war, als er Maria

---

[27] Lk 1,26-38: Im sechsten Monat wurde der Engel Gabriel von Gott in eine Stadt in Galiläa namens Nazareth zu einer Jungfrau gesandt. Sie war mit einem Mann namens Josef verlobt, der aus dem Haus David stammte. Der Name der Jungfrau war Maria. Der Engel trat bei ihr ein und sagte: Sei gegrüsst, du Begnadete, der Herr ist mit dir. ... Da sagte der Engel zu ihr: Fürchte dich nicht, Maria; denn du hast bei Gott Gnade gefunden. Du wirst ein Kind empfangen, einen Sohn wirst du gebären: dem sollst du den Namen Jesus geben. ... Maria sagte zu dem Engel: Wie soll das geschehen, da ich keinen Mann erkenne? Der Engel antwortete ihr: Der Heilige Geist wird über dich kommen, und die Kraft des Höchsten wird dich überschatten. Deshalb wird auch das Kind heilig und Sohn Gottes genannt werden. ... Denn für Gott ist nichts unmöglich. Da sagte Maria: Ich bin die Magd des Herrn; mir geschehe, wie du es gesagt hast. Danach verliess sie der Engel.
[28] Mt 13, 55-56: Ist das nicht der Sohn des Zimmermanns? Heisst nicht seine Mutter Maria, und sind nicht Jakobus, Josef, Simon und Judas seine Brüder? Leben nicht alle seine Schwestern unter uns? Woher also hat er das alles?

zur Frau nahm und Jesus somit in deutschem Denkmuster Halbgeschwister hatte. Die Bibel berichtet davon jedoch nichts. Jesus selber nennt alle seine Geschwister, die den Willen des Vaters erfüllen.[29] Zudem gibt es eine Stelle, in der von über 500 Brüdern gesprochen wird.[30] Die Bibel hat schlicht ein orientalisches Familienverständnis, in dem auch nähere Verwandte, ja sogar Gesinnungsgenossen, ganz selbstverständlich als Väter, Mütter, Brüder und Schwestern bezeichnet werden. Jedenfalls ist in der Fachliteratur nichts bekannt, dass eine einzige menschliche Frau über 500 leibliche Kinder gehabt haben soll.

19. Ein weiterer Kritikpunkt, der immer wieder gerne genannt wird, ist die Verehrung Mariens. Doch wer ist eigentlich Maria? Womit kann sie verglichen werden? Beginnen wir mit Jesus. Als Sohn Gottes ist er Gott.[31] Bis Jesus auf Erden

---

[29] Mk 3,25: Wer den Willen Gottes erfüllt, der ist für mich Bruder und Schwester und Mutter.
[30] 1 Kor 15,6: Danach erschien er [Jesus] mehr als fünfhundert Brüdern zugleich; die meisten von ihnen sind noch am Leben, einige sind entschlafen.
[31] Joh 14,8-10: 8 Philippus sagte zu ihm [Jesus]: Herr, zeig uns den Vater; das genügt uns. Jesus antwortete ihm [Philippus]: Schon so

erschien, 'wohnte' Gott im Tempel in Jerusalem.[32] Dieser Tempel war heilig, ja so heilig, dass er sogar das Gold in ihm heiligte.[33] Im Grunde ist jeder Mensch Tempel Gottes.[34] Es gibt aber nur einen Menschen, in dem Gott nicht nur im Geiste wohnte, sondern auch im Fleische. Wenn nun schon der Tempel in Jerusalem aus Stein heilig und verehrungswürdig war, um wieviel mehr

---

lange bin ich bei euch, und du hast mich nicht erkannt, Philippus? Wer mich gesehen hat, hat den Vater gesehen. Wie kannst du sagen: Zeig uns den Vater? Glaubst du nicht, dass ich im Vater bin und dass der Vater in mir ist? Die Worte, die ich zu euch sage, habe ich nicht aus mir selbst. Der Vater, der in mir bleibt, vollbringt seine Werke.

[32] Joh 2,15 Er machte eine Geissel aus Stricken und trieb sie alle aus dem Tempel hinaus, dazu die Schafe und Rinder; das Geld der Wechsler schüttete er aus, und ihre Tische stiess er um. Zu den Taubenhändlern sagte er: Schafft das hier weg, macht das Haus meines Vaters nicht zu einer Markthalle! Seine Jünger erinnerten sich an das Wort der Schrift: Der Eifer für dein Haus verzehrt mich.

[33] Mt 23,16-17: Weh euch, ihr seid blinde Führer! Ihr sagt: Wenn einer beim Tempel schwört, so ist das kein Eid; wer aber beim Gold des Tempels schwört, der ist an seinen Eid gebunden. Ihr blinden Narren! Was ist wichtiger: Das Gold oder der Tempel, der das Gold erst heilig macht?

[34] 1 Kor 3,16 Wisst ihr nicht, dass ihr Gottes Tempel seid und der Geist Gottes in euch wohnt? Wer den Tempel Gottes verdirbt, den wird Gott verderben. Denn Gottes Tempel ist heilig, und der seid ihr.

dann der Tempel, in dem Gott Fleisch wurde, Maria. Genauso, wie kein Jude den Tempel in Jerusalem anbetete, aber verehrte, so beten die Katholiken den Tempel Maria nicht an, aber sie verehren ihn. Ist dies nun verboten? Dann wäre es auch verboten gewesen, das Haus Gottes aus Stein in Ehren zu halten. Wenn aber ein "Haus aus Fleisch", in dem Gott Fleisch annahm mindestens so wichtig ist, wie der Tempel aus Stein und dieser verehrt wurde, dann auch der Tempel aus Fleisch, Maria.

20. Es sind nicht irgendwelche Personen, die die Verehrung Mariens – die Seligpreisung – ankündigen und beginnen. Es ist Elisabet, die Mutter Johannes des Täufers und Maria selber.[35]

---

[35] Lk 1,43-55: [Elisabet sagte:] Wer bin ich, dass <u>die Mutter meines Herrn</u> zu mir kommt? In dem Augenblick, als ich deinen Gruss hörte, hüpfte das Kind vor Freude in meinem Leib. Selig ist die, die geglaubt hat, dass sich erfüllt, was der Herr ihr sagen liess. Da sagte Maria: Meine Seele preist die Grösse des Herrn, und mein Geist jubelt über Gott, meinen Retter. Denn auf die Niedrigkeit seiner Magd hat er geschaut. Siehe, <u>von nun an preisen mich selig alle Geschlechter</u>. Denn der Mächtige hat Grosses an mir getan, und sein Name ist heilig. Er erbarmt sich von Geschlecht zu Geschlecht über alle, die ihn fürchten. Er vollbringt mit seinem Arm machtvolle Taten: Er zerstreut, die im Herzen voll Hochmut

Dazu kommt noch Simeon.[36] Jesus selber bestätigt Maria als Fürbitterin und schenkt sie uns gleichsam als Lehrerin in Fürbitten. Dies war bei der Hochzeit in Kanaan. Jesus verwandelt dort ca. 600 Liter Wasser in Wein, auf die Fürbitte seiner Mutter. Es ist übrigens müssig, die Worte Jesu: 'Was willst du von mir, Frau?' Als Zurechtweisung Mariens verstehen zu wollen. Vielmehr ist es ein überrascht sein, dass ausgerechnet Maria Jesus darauf aufmerksam macht, dass das Hochzeitspaar keinen Wein mehr hat. Hier lernen wir auch das Fürbittgebet. Maria insistierte nicht mit vielen Worten bei Jesus. Sie machte ihn lediglich darauf aufmerksam, dass sie keinen Wein mehr hatten.[37] Dies ist auch für uns

---

sind; er stürzt die Mächtigen vom Thron und erhöht die Niedrigen. Die Hungernden beschenkt er mit seinen Gaben und lässt die Reichen leer ausgehen. Er nimmt sich seines Knechtes Israel an und denkt an sein Erbarmen, das er unsern Vätern verheissen hat, Abraham und seinen Nachkommen auf ewig.

[36] Lk 2,34-35: Und Simeon segnete sie und sagte zu Maria, der Mutter Jesu: Dieser ist dazu bestimmt, dass in Israel viele durch ihn zu Fall kommen und viele aufgerichtet werden, und er wird ein Zeichen sein, dem widersprochen wird. Dadurch sollen die Gedanken vieler Menschen offenbar werden. Dir selbst aber wird ein Schwert durch die Seele dringen.

[37] Joh 2,1-11

eine Lehre, wenn wir für andere beten. Wir müssen Gott nicht die ganze Leidensgeschichte eines Menschen erzählen; es genügt z.B. zu sagen: "Gott, diese Person ist krank." Gott weiss dann selber am besten, was er tun will.[38]

21. Wenn wir schon bei der Verehrung von Maria sind, warum nicht gleich die Verehrung der Heiligen einschieben: Der Apostel Paulus selber empfiehlt die im Herrn verstorbenen in ihrem Glauben nachzuahmen.[39] Er selber ist auch der Garant für die wundersame Kraft von Reliquien, die nichts anderes sind, als persönliche Erinnerungsgegenstände, die von einem Heiligen stammen oder mit ihm in Berührung waren.[40] Und heilig zu werden ist nicht etwas, das von Gott

---

[38] Mt 6,7-8: Wenn ihr betet, sollt ihr nicht plappern wie die Heiden, die meinen, sie werden nur erhört, wenn sie viele Worte machen. Macht es nicht wie sie; denn euer Vater weiss, was ihr braucht, noch ehe ihr ihn bittet.

[39] Hebr 13,7: Denkt an eure Vorsteher, die euch das Wort Gottes verkündet haben; schaut auf das Ende ihres Lebens, und ahmt ihren Glauben nach!

[40] Apg 19,11-12: Auch ungewöhnliche Wunder tat Gott durch die Hand des Paulus. Sogar seine Schweiss- und Taschentücher nahm man ihm vom Körper weg und legte sie den Kranken auf; da wichen die Krankheiten, und die bösen Geister fuhren aus.

unbeantwortet bleiben wird. So steht geschrieben: 'Da kam dein Zorn und die Zeit, die Toten zu richten: die Zeit, <u>deine Knechte zu belohnen, die Propheten und die Heiligen und alle, die deinen Namen fürchten.</u>'[41] Davon aber später mehr.

22. Maria kann durchaus als Bild für die Kirche gesehen werden. Zwar lässt die Offenbarung des Johannes Interpretationsspielraum, doch schliesst dieses Bild dies eben nicht aus.[42] Johannes sieht eine Frau am Himmel, mit der Sonne bekleidet, den Mond unter ihren Füssen und eine Krone mit zwölf Sternen auf ihrem Haupt. Nun, exakt dieses Bild erscheint am 23. September 2017 am Himmel. Das Sternbild Jungfrau – das hiess übrigens vor 2000 Jahren schon so – hat den Mond unter ihren Füssen und über der linken Schulter (vom Sternbild aus gesehen) die Sonne. Es ist der Platz, an dem in der Antike das Kleid zusammengebunden war, welches dann durch die Schulter am Körper gehalten wurde. Dieses Bild für sich wäre noch nichts Besonderes, es erscheint regelmässig am Himmel. Auch die

---

[41] Offb 11,15-19
[42] Offb 12,1-18

"Schwangerschaft" mit dem Königsplaneten, der sich gut neun Monate lang im "Bauchraum" des Sternbildes Jungfrau befindet, ist noch nichts Besonderes. Auch dies ist in regelmässigen Abständen zu sehen. Über dem Haupt des Sternbildes Jungfrau befindet sich das Sternbild "Löwe", der auch vor 2000 Jahren schon so hiess. Das Sternbild Löwe besteht aus neun Sternen. Besonders wird es erst durch die Ergänzung durch drei "Wandersterne" (Planeten) an exakt diesem Tag, zu einer zwölfsternigen Krone, mit den anderen Attributen. Das Bild der Krone kann somit als Zeichen für die zwölf Stämme Israels gesehen werden, oder als Zeichen der zwölf Apostel. Der Königsplanet Jupiter wird jedoch grundsätzlich als Zeichen des Messias interpretiert. Somit ist die Jungfrau das Zeichen von Maria, die den Messias aus den Stämmen Israels gebiert oder als Maria, die den Messias geboren hat, der die zwölf Apostel einsetzte. Freilich gibt es noch weitere Interpretationen. Interessant wird es, wenn wir zur Interpretation die Biel selber herziehen: "Feindschaft setze ich zwischen dich [Satan] und die Frau [neue Eva – Maria], zwischen deinen Nachwuchs

[Abtrünnige] und ihren Nachwuchs [Jesus – der neue Adam und seine Gemeinde]. Er trifft dich am Kopf, und du triffst ihn an der Ferse."[43] Erinnern wir uns aber auch an die Anrede des Engels: 'Der Engel trat bei Maria ein und sagte: 'Sei gegrüsst, du Begnadete, der Herr ist mit dir.' Da sagte der Engel zu ihr: 'Fürchte dich nicht, Maria; denn du hast bei Gott Gnade gefunden.'[44] Die Gelehrten streiten sich nun darüber, ob Maria zum Stamm Juda gehörte, da Jesus ja aus dem Haus Davids war, oder ob sie zum Stamm Levi und dem Haus Aaron gehörte, da ihr Onkel, der Vater von Johannes dem Täufer, Priester war.[45] Vielleicht traf ja durch Verheiratung über Generationen beides zu. Interessant ist ja vielmehr das 'du bist begnadet' des Engels zu Maria, denn Eva war bei der Geburt ihrer Kinder nicht mehr im Paradies und eben nicht mehr begnadet. War Eva – und natürlich auch Adam – mit der Sünde behaftet, eben nicht begnadet, so nennt der Engel Maria begnadet, also nicht mit der Erbschuld behaftet. Dieses 'Begnadet' gibt es so nur drei Mal in der

---

[43] Gen 3,15
[44] Lk 1,28.30
[45] Lk 1,5-80

Bibel. Das erste Mal geht es um das begnadete Land,[46] das zweite Mal um Maria,[47] und das dritte Mal um Jesus und seine Worte, die begnadet sind.[48] Bei diesem raren Gebrauch des Wortes 'Begnadet' scheint der Sinn offenkundig.

---

[46] Ps 85,2
[47] Lk 1,28
[48] Lk 4,22

Josef

23. Zu Josef ist zu sagen, dass es zwei nennenswerte "Josefs" in der Bibel gibt. Doch beide haben einige interessante Parallelen. Der Josef aus dem Alten Testament hat Träume und deutet Träume.[49] Er weigerte sich, eine Beziehung zu einer Frau einzugehen, die nicht im Sinne Gottes war[50] und er erhielt letztlich eine Frau aus einem Priestergeschlecht.[51] Auch der Josef aus dem neuen Testament hatte Träume und handelte entsprechend.[52] Auch er hatte, wie wir sahen, vermutlich eine Frau aus einem Priestergeschlecht – Marias Onkel Zacharias war Priester – und wie der Josef aus dem Alten Testament, geht der aus dem Neuen Testament nach Ägypten.[53] Zudem war auch er gerecht, denn er wollte seine Verlobte nicht blossstellen,[54] die er als vermeintliche Ehebrecherin betrachten musste, vor seinem

---

[49] Gen 37,4-11
[50] Gen 39,2-3.4-6.7-12.19-23
[51] Gen 41,1-37.38-57
[52] Mt 1,18-25; 2,1-23
[53] Mt 2,13-23
[54] Mt 1,19.25

Traum, indem ihm der Engel die Wahrheit offenbarte.

24. Zur weiteren Geschichte des Josefs aus dem Neuen Testament schweigt die Bibel. Das bedeutet nicht, dass er unbedeutend war, denn dann wäre er gar nicht genannt. Vielmehr ist auch er ein Vorbild in Glauben und Leben. Er glaubte Gott, der ihm im Traum Engel sandte und er handelte unverzüglich danach. Er erwägte nicht lange hin und her, ob dies oder jenes im Traum vielleicht nicht doch falsch sein könnte. Er glaubte Gott, vertraute Gott und handelte gemäss dem Willen Gottes. Dies ist Gerechtigkeit im biblischen Sinne. Das macht ihn zum Vorbild für uns in unserem Weg des Glaubens.

Gottheit Jesu

25. Über die Gottheit Jesu gibt es zum Glück in den christlichen Sichtweisen keine grossen Unterschiede. Zu deutlich gehen sie aus der Schrift hervor, ja bereits aus dem Alten Testament.[55] Doch die eindrücklichste Bestätigung gibt uns Johannes in seinem Evangelium, gleich zu Beginn. Johannes beginnt mit einer theologisch unübertroffenen Beglaubigung der Gottheit Jesu, in dem er bezeugt, dass im Anfang das Wort war, dieses Wort Gott war und dieses Wort Mensch geworden ist.[56] Der Evangelist Johannes ist es denn auch, der am deutlichsten darauf hinweist, dass gerade dieses Gott-Sein Jesu Widerspruch erregte.[57] Johannes macht unmissverständlich klar, dass wir

---

[55] Jes 9,5-6: Denn uns ist ein Kind geboren, ein Sohn ist uns geschenkt. Die Herrschaft liegt auf seiner Schulter; man nennt ihn: Wunderbarer Ratgeber, Starker Gott, Vater in Ewigkeit, Fürst des Friedens. Seine Herrschaft ist gross, und der Friede hat kein Ende. Auf dem Thron Davids herrscht er über sein Reich; er festigt und stützt es durch Recht und Gerechtigkeit, jetzt und für alle Zeiten. Der leidenschaftliche Eifer des Herrn der Heere wird das vollbringen.
[56] Joh 1,1-18
[57] Joh 5,18-19.23

Gott absolut verinnerlichen müssen; dies soweit, dass wir Jesus, das wahre Brot des Lebens und den wahren Wein des Heiles in seinem Fleisch und Blut in der Gestalt von Brot und Wein für alle sichtbar verinnerlichen müssen: Essen und Trinken.[58] Die Gemeinde wird dem schon bald "Eucharistie" sagen, was Danksagung bedeutet. Johannes führt darüber hinaus aus, dass jeder, der nicht an Christus glaubt, in seinen Sünden sterben wird, da er an den einzigen, der ihn hätte von den Sünden befreien können, nicht geglaubt hat.[59] Johannes verdeutlicht, wie kein anderer, dass auch wir Gott ähnlich sind, ja er nennt uns sogar "Götter", aufgrund der Menschwerdung Gottes in Jesus Christus.[60] Dieser Gott, der Mensch ist in Jesus Christus, ist nicht nur die Auferstehung, er ist selbst das Leben.[61] Und Jesus leugnet seine wahre Identität nicht.[62] Auch die übrigen Jünger sind Zeugen dieser Tatsache.[63] Die Schrift ist aber ebenso Zeuge, dass dieses Geheimnis der Gottheit

---

[58] Joh 6,48-60
[59] Joh 8,23-24.42.52-59; Joh 14,6-11
[60] Joh 10,30-38
[61] Joh 11,25
[62] Joh 13,19; Joh 16,14-15
[63] Apg 3,15; Apg 4,12; Apg 16,29-31;

Jesu nicht mit irdischer Logik und irdischem Denken erfasst werden kann.[64] Dank dieser und weiterer Bibelstellen gibt es über die Gottheit Jesu, sein Erlösungswerk, die Sündenvergebung in Jesus, in allen christlichen Gemeinden weitgehendst Konsens. Alleine diese Tatsache müsste eigentlich soweit ermuntern, dass nicht nach trennendem gesucht wird, sondern nach einigendem. Doch leider, wie ich in der Einleitung bereits ausführte, scheint die Selbstrechtfertigung vieler Christen nicht Christus zu sein, sondern die eigene Meinung. Man könnte dies durchaus auch Eigensinn und Stolz nennen.

26. Dieser Eigensinn der einzelnen Bekenntnisse, Gruppierungen oder besser gesagt Spaltungen, treibt so gesehen Blüten, die Mal anmuten als schöne Orchideen und dann wieder wie stachlige Disteln. Es ist über manches Mass merkwürdig, wie da teils Wortklauberei betrieben wird. Die einen sagen, die Bibel sei dem Sinn nach zu nehmen und sie versteifen sich dann

---

[64] Röm 9,5; 1 Kor 2,8; Phil 2,5-11; Kol 2,9; Hebr 1,3; Hebr 3,1-6; 2 Petr 1,1.11.16; 1 Joh 1,1-4; 1 Joh 5,20; Jud 1,4; Offb 17,14; Offb 19,11-16; Offb 21,5-7

wieder auf einzelne Worte, die anderen insistieren grundsätzlich darauf, dass die Bibel immer wörtlich zu nehmen sei, doch bei einzelnen Passagen, die ihnen dann wörtlich nicht passen, wollen gerade diese es dann sinngemäss verstanden haben. Ein bezeichnender Punkt dieser, manchmal sehr seltsamen Inkonsequenz, eben Stolz, kristallisiert sich besonders am Thema Eucharistie oder heiliger Messe heraus.

Eucharistie und Heilige Messe

27. Was sagt die Bibel selber dazu?: 'Während des Mahls nahm Jesus das Brot und sprach den Lobpreis; dann brach er das <u>Brot</u>, reichte es den Jüngern und sagte: 'Nehmt und esst; <u>das ist mein Leib</u>.' Dann nahm er den <u>Kelch</u>, sprach das Dankgebet und reichte ihn den Jüngern mit den Worten: 'Trinkt alle daraus; <u>das ist mein Blut</u>, das Blut des Bundes, das für viele vergossen wird zur Vergebung der Sünden.' 'Ich sage euch: Von jetzt an werde ich nicht mehr von der Frucht des Weinstocks trinken, bis zu dem Tag, an dem ich mit euch von neuem davon trinke im Reich meines Vaters.'[65] Es steht hier nicht, dass dies nur ein Symbol sei, ein Hinweis oder etwas Ähnliches. Es steht ganz klar: 'Es ist (so)!' Wenn man Jesu handeln betrachtet, hat er kein Wunder nur symbolhaft gewirkt, sondern stets reell. Alle Krankenheilungen, Dämonenaustreibungen, Brotvermehrungen, Totenerweckungen waren alle real: 'Es ist (so)!' Die Kranken waren Gesund, die Besessenen befreit, die hungernden satt und die Toten lebendig. Es war nie Symbol. Doch

---

[65] Mt 26,26-29; Mk 14,22-25; Lk 22,14-20

ausgerechnet bei der innigsten, intimsten und selbstaufgebendsten Handlung Jesu soll es dann plötzlich nur symbolisch sein. Da stellt sich die Frage: 'Wer hat ein Interesse daran, ausgerechnet dieses Wunder nur als Symbol zu sehen?' Sind es die Katholiken? Sind es die Reformierten? Sind es die Evangelikalen? Sind es die Orthodoxen? Oder ist diese Frage schon falsch? Vielleicht müsste man fragen, wem macht die Gegenwart Jesu in Fleisch und Blut am meisten Angst? Den Katholiken? Kaum, sie glauben ja daran, ebenso die Orthodoxen. Haben die Protestanten oder Evangelikalen Angst vor der Gegenwart Jesu in Fleisch und Blut? Kaum, denn sie Lieben doch niemanden so, wie Jesus. Fragen wir nochmals anders: 'Wer hat am meisten davon, wenn Jesus nicht mehr mit Leib und Blut auf der Erde gegenwärtig ist?' Von den bislang genannten hat niemand etwas davon. Es gibt nur einen, der triumphiert, wenn Jesus nicht in Leib und Blut gegenwertig ist, sein, ja unser aller Widersacher, Satan. Wer sich daher genau an diesem Punkt der Schrift in Wortklaubereien versteigt, macht sich somit zum (un)freiwilligen Helfer des Widersachers Jesu Gegenwart in Fleisch und Blut auf Erden. Es müsste jedem klar sein, dass Jesus nicht mehr, bis zum Ende der Tage, als Mensch hier auf Erden wandeln wird. Er kehrt zurück am Ende der Tage auf den Wolken des Himmels.[66] Doch er lässt uns nicht als Weisen zurück, er gab uns den Beistand[67] und seine Gegenwart in der Gestalt von Brot und Wein als sein Leib und Blut.[68] Jesus geht sogar noch weiter, denn er sagt, dass wer sein Fleisch ist und sein Blut trinkt in ihm bleibt und er in ihm.[69]

28. Aber warum gerade Brot und Wein? Warum nicht ein Stück Lammfleisch und Apfelwein? Christus kam nicht um das Gesetz aufzuheben, sondern es zu erfüllen.[70] Er erfüllte auch hier die Vorgabe des Alten Testamentes von Abram, Melchisedek und Jesaja.[71] Die ersten Christen hielten sich strickte daran und änderten nichts

---

[66] Mt 26,64
[67] Joh 14,16
[68] Joh 6,48-55
[69] Joh 6,56-57; Joh 15,4-9
[70] Mt 5,17
[71] Gen 14,18-20; Jes 53,5

daran. Sie diskutierten auch nicht darüber.[72] Für die ersten Christen waren der Sabbat und die Sonntagsmesse auch kein Widerspruch. Am Sabbat ruhte Gott,[73] auch Jesus ruhte im Grab und am Sonntag erstand Jesus von den Toten. In der Eucharistie wird nicht der Tod oder die Grabesruhe gefeiert, sondern dessen Überwindung, die Auferstehung.[74] Die Eucharistiefeier ist auch nicht etwas, dass alle paar Wochen oder Monate Mal gefeiert werden soll. Sie ist das Zentrale in der Christlichen Gemeinde, der Kirche.[75]

---

[72] Apg 2,42.46; Apg 20,7.11Apg 13,2; 1 Kor 10,16-17; 1 Kor 11,20-34
[73] Gen 2,3; Ex 20,8-11; Ex 31,12-17
[74] Apg 20,7.11
[75] Mal 1,10-11; Hebr 7,20-28; Hebr 9,22-24; Kol 1,24

Warum die Beichte

29. Auch die Beichte ist ein immerwährender Diskussionspunkt unter den christlichen Gemeinden. Dabei hat selbst der Reformator Luther sie nicht abgeschafft, was Beichtstühle in alten Lutherischen Kirchen belegen. Doch warum ist eine Beichte an sich "sinnvoll"? Der Grund dafür ist wohl die ständige Umkehrnotwendigkeit zu Gott und seinen Geboten, denn das Trachten des Menschen ist böse von Jugend an.[76] Der Mensch ist immer ein Sünder. Was aber ist wieder ein Sünder? Ein Sünder ist jemand, der das Böse liebt. Es geht dabei weniger darum, dass ein Mensch Böses tut, was an sich schon fragwürdig ist. Vielmehr geht es darum, dass der Mensch Böses Handeln zu lieben scheint, wenngleich ihn davor auch eine Abscheu trifft. So ein Beispiel: Eine Person sieht, dass die Nachbarperson fremdgeht. Das erfüllt die erste Person mit Abneigung. Der Grund für die Abneigung kann echtes inneres Widerstreben sein, gleichzeitig schaut sich diese erste Person jedoch selber zweifelhafte Filme an, oder geht selber auch

---

[76] Gen 8,21

fremd. Die Ausrede ist nun: Die anderen tun es ja auch. Oder: Sie haben mich verführt. Alleine die Tatsache, dass es eine Ausrede für das eigene Handeln gibt, aber nicht für die des Anderen, zeigt, dass der Sünder eben das Böse mehr zu lieben scheint, als er zugestehen will. Das ist ein Sünder. Niemand – ausser Jesus Christus – kann von sich behaupten, er sei kein Sünder. Er führte sich selbst in die Irre.[77] Der Beginn der Umkehr ist immer die Einsicht, Sünder zu sein. Aber nicht nur das, sondern auch in welchen Fällen. Ein Sünder muss sich und Gott seine Unzulänglichkeit und sein Fehlverhalten eingestehen.[78] Dann gibt es noch die vererbte Sünde. Die Sünde der Vorfahren, die auch auf einem selber lastet. Es geht weniger um ein unbekanntes Verbrechen eines Vorfahren, als vielmehr um das durch fehlgeleitete Erziehung über Generationen weitergegebene Übel. Wenn z.B. ein Mann durch Hinterlist und Ausnutzung anderer zu einem grossen Vermögen gelangte, dann gibt er dieses sündhafte Verhalten an die Kinder weiter. In der Regel werden auch sie in ihrem Geschäftsgebaren

---

[77] 1 Joh 1,8-10
[78] Num 5,5-7

hinterlistig und ausnützerisch sein, denn sie haben es so gelernt. Zu weit hergeholt? Gehen wir näher an die Allgemeinheit. Wenn die Eltern ein arrogantes Auftreten hatten, dann werden die Kinder das in aller Regel kopieren und eben auch "Selbstbewusst", wie sie das dann vermutlich nennen werden, nach unten treten und nach oben zerren. Wer sich nicht bewusst ist, dass er solche Sündhaftigkeit geerbt hat, wird sie nicht überwinden. Dabei geht es nicht darum, die Schuld den Eltern zu geben, sondern sich bewusst zu werden, dass diese genauso wenig perfekt waren, wie man es selber ist. So gilt es die Sünden der Vorfahren zu bekennen. Wie heisst es doch? Das Kind eines Trinkers wird selber Alkoholiker oder militanter Antialkoholiker. Wer sich dieser Herkunft nicht als sündiges Verhalten bewusst ist, wird nur sehr schwer ein gesundes und ausgewogenes Verhältnis zu Wein oder Bier bekommen.[79] Nur durch dieses Bewusstsein und Bekennen gewinnen wir mit viel Selbstdisziplin ein lauteres Herz. Wir erkennen das dann nicht als Frucht menschlicher Weisheit, sondern göttlicher

---

[79] Neh 9,1-3

Gnade.[80] Wer diesen Schritt nicht macht, der empfindet sich selbst immer als besser und gerechter als die anderen, die Drogensüchtigen, die Mörder, die Ehebrecher. Schon urteilen sie über andere und sind endlich schlimmer als diese, denn sie reichen ihnen in keinster Weise die Hand, ihr Problem überwinden zu können.[81]

30. Nun, sie werden sagen, das mag ja alles richtig sein, doch warum die Beichte gegenüber einer "Amtsperson"? Wer all diese oben angedeuteten Sünden begeht, der verfehlt sich nicht nur gegen sich selber, den unmittelbaren Nächsten und gegen Gott. Er versündigt sich immer auch gegenüber der Allgemeinheit, ja, der Gemeinde, die ja die Braut Christi ist. Denn, wie man im Guten Multiplikator ist, so ist man es auch im Bösen. Es werden immer andere da sein, die einem kopieren werden, sei es in der Heiligkeit oder in der Sündhaftigkeit. Darum beichtete bereits König David seinen ehebrecherischen Seitensprung und den inszenierten Gattenmord dem Propheten Natan, der David dann, aufgrund

---

[80] 2 Kor 1,12
[81] Lk 18,9-14

seiner Einsicht, Reue und Umkehr die Vergebung Gottes zuspricht.[82] Irgendwann erkennen wir, dass unsere Zunge immer wieder tratscht und zu Betrug bereit ist.[83] Der Unterschied des notorischen Sünders zum reumütigen Sünder ist nicht zuletzt des Letzteren Seufzen über sein eigenes Versagen[84] und der Erstere seufzt lediglich über das Versagen der anderen.

31. Abgesehen von der Mittlertätigkeit des Propheten Natans zwischen David, dem Volk Israel und Gott, wegen der Sünde an Batseba und Urija, wie weiter oben behandelt, gibt es auch Texte der Ankündigung der Vollmacht, Sünden zu vergeben. 'Ich, Jesus, werde dir, Petrus, die Schlüssel des Himmelreichs geben; was du auf Erden binden wirst, das wird auch im Himmel gebunden sein, und <u>was du auf Erden lösen wirst, das wird auch im Himmel gelöst sein.</u>'[85] Darüber hinaus natürlich auch die zusätzliche Verheissung an die Priester des neuen Bundes: 'Amen, ich,

---

[82] 2 Sam 12,1-23
[83] Ps 50,19
[84] Röm 8,26-27
[85] Mt 16,19

Jesus, sage euch [den Priestern für die Gemeinde]: Alles, was ihr auf Erden binden werdet, das wird auch im Himmel gebunden sein, und alles, was ihr auf Erden lösen werdet, das wird auch im Himmel gelöst sein.'[86]

---

[86] Mt 18,18

Einsetzung der Beichte

32. Es ist aber nicht so, als hätte Jesus die Beichte nur verheissen, er hat sie auch eingesetzt. 'Am Abend dieses ersten Tages der Woche sprach Jesus zu ihnen: Empfangt den Heiligen Geist! <u>Wem ihr die Sünden vergebt, dem sind sie vergeben; wem ihr die Vergebung verweigert, dem ist sie verweigert.</u>'[87] Dabei ist zu beachten, dass hier nicht die Allgemeinheit der an Christus glaubenden angehaucht wurde, sondern die übrig gebliebenen Apostel, die sich vor Angst vor Verfolgung verkrochen hatten. Es war dies eine besondere Geistausgiessung, vor der am Pfingstfest für die ganze Gemeinde. Darum spricht Paulus auch: ' <u>Wir sind also Gesandte an Christi Statt</u>, und Gott ist es, der durch uns mahnt. Wir bitten an Christi Statt: <u>Lasst euch mit Gott versöhnen!</u>'[88] Es ist ganz klar ein Handeln von Bevollmächtigten im Auftrag.

33. Dieses Handeln in Vollmacht kommt nicht von Ungefähr. Es ist ganz eindeutig Christus, der die Sündenvergebung an den Anfang jedwelcher

---

[87] Joh 20,19-23
[88] 2 Kor 5,18-21

Heilung setzt. Heilung der Seele geht bei Jesus der Heilung des Körpers stets voraus. Ja, es kann keine echte Heilung des Leibes geben, wenn die Seele noch krank ist. Dass dem so ist, sehen wir selber in der Schrift.[89] Letztlich ist es ja gerade dieses Verhalten Jesu, das seine Widersacher gegen ihn aufbringt. Auch hier stellt sich wieder die Frage "cui bono", wem nützt es? Wem nützt es, den Menschen die Sündenvergebung verhindern zu wollen? Den Pharisäern? Kaum, denn sie kennen die Begebenheit zwischen Natan und David. Den Römern? Die interessiert Sünde nicht viel. Letztlich ist es wieder nur einer, der um alles in der Welt verhindern will, das den Menschen die Sünden vergeben werden: Satan. Die Begeisterung des Volkes über die Sündenvergebung war jedoch in der jungen Kirche nicht zu bremsen. Sie freuten sich derart über diese nun offen praktizierte Form, die früher nur in wenigen Einzelfällen praktiziert wurde, wie Natan und David belegen, dass sie sogar offen ihre Sünden bekannten.[90]

---

[89] Mt 9,1-8; Lk 7,47-49
[90] Apg 19,18; Jak 5,16

Wert und Notwendigkeit der Busstugend

34. Die Busstugend bringt die Christen immer wieder in die "Ecke" der Leidensverherrlicher. Kritiker sagen, weil das Leiden nicht aus der Welt geschafft werden könne, noch recht begründet werden könne, suche der Buddhismus die Überwindung des Leidens, in dem es einfach ignoriert werde und die Christen verherrlichen das Leiden. Wenn ein Christ das Leiden verherrlicht, dann hat er sicherlich etwas nicht ganz richtig verstanden. Dies wäre, wie wenn einer arbeitet, der Arbeit wegen. Dann kann er eine Schaufel nehmen und einige Kubikmeter Sand von links nach rechts schaufeln und dann wieder zurück. Dies kann er dann das ganze Leben lang tun und am Ende behaupten, niemand hätte so viel gearbeitet wie er. Doch hätte auch niemand so sinnlos gearbeitet wie er. Wer z.B. einen Staudamm baut, der nimmt viel Arbeit und mühe auf sich. Er leidet bei der schweren Arbeit. Am Ende steht jedoch die Freude, dass ein gutes Werk gelungen ist. Selbst, wenn er das Werk nicht selber vollenden kann, so kann er sich ehrlich darüber freuen, dass er an etwas Grossem beteiligt war. Letztlich genügt jedoch ein kleines Erdbeben

und der gewaltigste Staudamm bricht und alle Arbeit war umsonst. Es war eben nur ein "Schatz" auf der Erde, der Vergänglichkeit unterworfen. Der Christ handelt jedoch für die Ewigkeit. Denn dort ist sein Herz und sein Schatz.[91] Er gibt vermeintlich Sinnlosem Sinn, indem er die Mühen dieser Welt dem Schöpfer dieser Welt zum Geschenk macht, zum Opfer. Freilich ist dies nur mit weltlicher Logik nicht zu verstehen, dazu braucht es Gnade. Doch was in aller Welt ist nun Opfer und Gnade. Auf wenige Worte gebracht, ist ein Opfer ein Geschenk, das eine Gegengabe erwartet. Der Mensch opfert Gott und erwartet von ihm eine Huld. Gnade ist ein Geschenk, das keine Gegengabe erwartet, weil es nichts gibt, was der Geber brauchen könnte. Wer nichts zu geben hat, der kann nur um Gnade bitten, denn er braucht alles, weil er nichts hat. Der "ausgeblutete" Schuldner kann nur um Gnade bitten, dass ihm die Schuld erlassen wird. Der Gläubiger jedoch wird von diesem armen Schuldner nie etwas erwarten können, denn er hat ja nichts. Er kann ihm seine Schuld belassen, doch

---

[91] Mt 6,20-21

hat er davon nichts, denn er wird es nie zurückerhalten. Er kann ihm sein Leben nehmen, doch hat er auch davon nichts. Er kann ihm die Schuld erlassen und "Acht" geben, dass die Schulden des Schuldners nie wieder in unüberwindliche höhen steigen. Wenn ein Christ sein Leiden aufopfert, dann tut er das nicht, weil Gott Freude an Leiden hätte, sondern, weil der Mensch nie mehr als sein Bemühen, seine Hingabe, seine Leidenschaft, eben auch das, was Leiden schafft, Gott zum Geschenk machen kann. Weil der Mensch mit nichts auf die Welt kam und nichts von der Welt mitnehmen kann, bleiben nur die geistigen Schätze: Das Wollen, zu dem Gott auch das Vollbringen beitragen wird.[92]

35. Die Busstugend ist somit auch nicht eine stupide Unterwürfigkeit ohne jedes eigene Denken. Vielmehr ist sie ein stetes neuorientieren an Christus, an seinem Leben und Handeln auf Erden zu seinen Lebzeiten. Sie ist eine stete Herzensreue für die Abkehr von Gottes Liebe, denn nichts anderes ist der Wille Gottes, als seine Liebe. Wie ein Wanderer sich immer wieder an

---

[92] Phil 2,13

der Marschzahl auf seinem Kompass ausrichtet, so richtet sich ein Christ immer wieder an seinem "Kompass" auf Christus aus. Wer das mit der Schrift geistig untermauern möchte, der lese die Bibelstellen in der Fussnote.[93] Wie Christus alles für uns gegeben hatte, was er besass, sogar seine Leidenslosigkeit, sein Leben, so ist der Christ bereit, alles loszulassen, was ihn an das irdische klammert. Natürlich ist das für die meisten ein jahrzehntelanges Einüben. Der Christ tut dies nicht, weil er Masochist wäre und das Leiden liebt, sondern weil er dieses um des Geistigen Willen, des Höheren Gutes willen, gering erachtet. Eben, wie ein Bauarbeiter seine Gliederschmerzen gering erachtet, ob der Freude, dass da eines Tages ein Staudamm stehen wird, der den Menschen Wasser zum Trinken und Elektrizität gibt.

---

[93] Kol 1,24; Joh 15,1-2; Hebr 5,7-9; Ijob 2,10; Sir 11,14; Lk 22,31-32; Röm 8,28; 1 Petr 2,18-25; 2 Kor 1,5-11; Mt 20:13-16

Die Verehrung der Heiligen

36. Ach, als was werden Menschen alles beschimpft, weil sie Heilige verehren. Die einen werfen ihnen Götzendienst vor, die anderen bezeichnen sie als Bilderverehrer. In der Geschichte des Christentums wurde über kaum eine Begebenheit so viel Blut vergossen, wie über dieses Thema. Da stellt sich natürlich die Frage, sind die Heiligenverehrer wirklich Götzendiener oder kennen die Bilderstürmer vielleicht weder die Macht Gottes noch die Schrift?[94]

37. Für den einen scheint alles so klar zu sein, Bilder gelten als Götzen und vor ihnen auf die Knie zu gehen ist Götzendienst.[95] Was soll man da noch weiterlesen? Man hat gelesen, was man wissen wollte und mehr hat nicht zu interessieren. Für den anderen beginnt hier erst die Herausforderung. Bietet die Bibel vielleicht noch andere Stellen, die das alles etwas relativieren? Ich meine, wenn wir den Satz von oben als sakrosankt nehmen, dann darf ich in letzter Konsequenz nicht einmal einen Reisepass oder

---
[94] Mt 22,29; Mk 12,24
[95] Ex 20,1-5

Personalausweis besitzen, denn darin gibt es ein Foto von mir, das missbraucht werden könnte. Der Einwand dagegen ist natürlich, sie haben es erraten, das Bildergebot von ein und demselben Gott. Gott selbst befiehlt die Anfertigung von Kultfiguren und Darstellung von Irdischem für den Kult seiner Verehrung, und das nicht zu knapp.[96] Davon später noch mehr.

38. Hier aber kommt zum Tragen, woran sich jede Religion messen lassen muss! Darf ich auf der Erde das tun, was im Himmel, Paradies oder wie es sonst genannt wird, erlaubt ist? Es geht nicht darum, ob ich im Himmel tun kann, was auf Erden erlaubt ist, den dann wäre der Himmel ja nicht der Himmel. Wenn ich auf Erden jedoch nicht tun kann, was im Himmel erlaubt ist, dann ist es höchst verdächtig. Wenn ich diese entscheidende Frage mit Ja beantworten kann, dann darf ich auf der Erde ehelos leben, denn im Himmel gibt es keine Heirat mehr.[97] Wie sieht es aber nun mit dem Verehren von Heiligen aus? Jesus sagt: "Wenn einer mir dienen will, folge er

---

[96] Ex 25,1-18
[97] Mt 22,30; Mk 12,25; Lk 20,35

mir nach; und wo ich bin, dort wird auch mein Diener sein. <u>Wenn einer mir dient, wird der Vater ihn ehren.</u>"[98] Wenn also Gott selbst einen Diener Jesu ehren wird, dann darf ich das auf Erden erst recht. Jetzt wird der Einwand kommen, ja, aber zurzeit Jesu hätte es bestimmt keine Heiligenstatuen gegeben. Dies ist falsch! Es gab nicht nur Heiligenstatuen, sondern auch die Verehrung derer durch das niederlegen von Blumen vor ihnen.[99] Jesus bezeichnet die Pharisäer, welche dies tun, als Heuchler. Doch warum sind sie Heuchler, weil sie die Heiligen des Alten Bundes verehrten? Keineswegs! Alle diese Heiligen des alten Bundes wiesen auf Jesus hin, obwohl sie Jesus nicht leibhaft vor sich hatten. Die Pharisäer haben Jesus leibhaft vor sich und erkennen ihn nicht an. Darum bestätigen sie durch ihr Tun die Hinrichtungen der Propheten. Hätten sie Jesus erkannt, wäre ihre Blumengabe zu Ehren der Propheten keine Heuchelei. Was ist daraus zu schliessen? Jeder der vor einer Heiligenstatue Blumen hinlegt und diese so verehrt ist kein Heuchler, solange er erkennt, dass diese auf Jesus

---

[98] Joh 12,26
[99] Joh 17,22-24; Mt,23,29; Lk 11,47-51

hinwiesen und er selber in jedem Menschen Christus sieht und jedem Menschen in herzlicher Nächstenliebe begegnet, wie der barmherzige Samariter im Gleichnis.[100] Legt jemand zur Verehrung von Heiligen Blumen an deren Statuen nieder, erkennt Christus im Nächsten aber nicht, so ist auch dieser ein Heuchler. Jetzt könnte einer sagen: Dann ist es besser keine Heiligen zu verehren. Dem ist zu entgegnen: Nein, es ist besser kein Heuchler zu sein und die Heiligen so zu verehren. Wie gesagt, zu Statuen und Kruzifixen aber später noch mehr, an gegebener Stelle. Hier ging es darum, dass Gott die Heiligen ehrt, wie wir sahen, und wir gerufen sind Gott ähnlich zu werden.

---

[100] Lk 10,25-42

Die Fürbitte der Heiligen

39. Ein weiteres Argument, das in diesen Bilderstreit immer wieder ins Feld geführt wird, ist die Anrufung von Heiligen als Fürbitter. Dabei ist das Alte Testament eine einzige Anführung genau von solchen Fürsprechern vor Gott für das Volk. 'Mose versuchte, den Herrn, seinen Gott, zu besänftigen. Da liess sich der Herr das Böse reuen, das er seinem Volk angedroht hatte'[101] Dem Makkabäer war der frühere Hohepriester Onias erschienen, und der betete für das ganze jüdische Volk. Onias begann zu reden und sagte: Das ist der Freund seiner Brüder, der viel für das Volk und die heilige Stadt betet, Jeremia, der Prophet Gottes.[102] Aber auch in der Offenbarung wird das Gebet der Heiligen erwähnt, das wie Weihrauch vor Gott emporsteigt.[103] Ja, der Einwand, das seien die heiligen auf der Erde, die noch lebten.... Doch, das steht nicht in der Offenbarung, zudem ist zu diesem Zeitpunkt in der Offenbarung die

---

[101] Ex 32,9-15
[102] 2 Makk 15,11-16
[103] Offb 5,7-8; Offb 8,3-4

Gemeinde bereits entrückt, nach gängiger evangelikaler Lehre.

40. Die Reliquien sind weiter oben ja bereits angesprochen. Natürlich ist das nicht alles, was es darüber zu sagen gibt. Beginnen wir mit Moses. Mose nahm die Gebeine Josefs mit; denn dieser hatte die Söhne Israels beschworen: Wenn Gott sich euer annimmt, dann nehmt meine Gebeine von hier mit hinauf! [nach über 400 Jahren!!!][104] Wenn das keine Reliquien waren, dann weiss ich nicht mehr, was Reliquien sind. Doch es geht weiter. Elischa starb, und man begrub ihn. In jenem Jahr fielen moabitische Räuberscharen in das Land ein. Als man einmal einen Toten begrub und eine dieser Scharen erblickte, warf man den Toten in das Grab Elischas und floh. Sobald aber der Tote die Gebeine Elischas berührte, wurde er wieder lebendig und richtete sich auf.[105] In der Wissenschaft heisst es, ein Zufall ist ein Zufall. Zwei Zufälle sind bemerkenswert, doch beim dritten Mal ist es kein Zufall mehr. Mose und Josef war der erste Reliquienbericht, also ein

---

[104] Ex 13,19
[105] 2 Kön 13,20-21

Zufall. Bei Elischa wurde es bemerkenswert. Doch seit Petrus ist es kein Zufall mehr, und seit Paulus Gewissheit. 'Immer mehr wurden im Glauben zum Herrn geführt, Scharen von Männern und Frauen. Selbst die Kranken trug man auf die Strassen hinaus und legte sie auf Betten und Bahren, damit, wenn Petrus vorüberkam, <u>wenigstens sein Schatten auf einen von ihnen fiel</u>. Auch aus den Nachbarstädten Jerusalems strömten die Leute zusammen und brachten Kranke und von unreinen Geistern Geplagte mit. Und alle wurden geheilt. ...'[106] 'Auch ungewöhnliche Wunder tat Gott durch die Hand des Paulus. <u>Sogar seine Schweiss- und Taschentücher nahm man ihm vom Körper weg und legte sie den Kranken auf; da wichen die Krankheiten, und die bösen Geister fuhren aus.</u> ...'[107]

41. Es ist bemerkenswert, dass all das was die einen oder anderen in ihren scheinbaren "Erzfeinden" zu sehen glauben, oder eben nicht zu sehen glauben, sich bei genauerer Betrachtung der

---

[106] Apg 5,12-16
[107] Apg 19,11-15

Schrift in Schall und Rauch auflöst. Eucharistie, Beichte, Heiligenverehrung und Reliquien. All das findet sich, mit etwas Sorgfalt, schön in der Bibel bestätigt. Es ist mir klar, dass dies Widerspruch hervorruft. Wer gibt schon gerne zu, dass das, wogegen er unter Umständen sein ganzes Leben gekämpft hat, biblischer ist, als er selber. Es geht hier nicht um Recht haben oder Falsch haben. Es geht schlicht darum, dass in der Bibel mehr steht, als wir oft für Wahr haben wollen. Gerade im 500. Reformationsjahr eine vielleicht heilsame Erkenntnis. Es geht letztlich um die Brüderlichkeit, da Christus in mir lebt.[108] Aber schauen wir, was wir noch alles in der Bibel begründet finden.

---

[108] Mt 23,8; Gal 2,20

Geistigkeit und Unsterblichkeit der Seele

42. Nach dem doch etwas intensiven Teil möchte ich wieder etwas anschneiden, das sicherlich weniger Kontroversen hervorruft. Die Seele und deren Unsterblichkeit. Die Seele existiert und ist geistig. Dies entnehmen wir dem ersten Buch der Bibel. Gott schuf also den Menschen als sein Abbild.[109] Doch Gott ist Geist, und alle, die ihn anbeten, müssen im Geist und in der Wahrheit anbeten.[110] Wenn der Mensch Abbild Gottes ist, der Geist ist, dann ist das Wesen des Menschen notgedrungen auch Geist. Daher sollen wir für das Geistige leben und nicht für das Materielle. Die Seele wird daher oft auch als das Leben des Menschen bezeichnet.[111] Zudem ist die Seele als Abbild des Unsterblichen auch unsterblich. Dies zeigt ganz deutlich auch der Makkabäer, denn er veranstaltete eine Sammlung, an der sich alle beteiligten, und schickte etwa zweitausend Silberdrachmen nach Jerusalem, damit man dort ein Sündopfer darbringe Damit handelte er sehr schön und edel; denn er dachte an

---

[109] Gen 1,26-28
[110] Joh 4,24
[111] 1 Kön 17,17-23 17

die Auferstehung. Hätte er nicht erwartet, dass die Gefallenen auferstehen werden, wäre es nämlich überflüssig und sinnlos gewesen, für die Toten zu beten. Darum liess er die Toten entsühnen, damit sie von der Sünde befreit werden.[112] Dank dem Makkabäer ist auch die Frage bereits geklärt, ob es einen Sinn hat, für verstorbene zu beten. Es hat Sinn, den Gott hat sein Volk für ewige Zeiten geschaffen und nicht nur für Jahrtausende.[113] Zudem werden wir Gott nach unserem Tod zuerst im Geiste sehen und nicht im Fleische.[114] Darum sollen wir uns auch nicht vor denen fürchten, die den Leib töten, die <u>Seele aber nicht töten können</u>, sondern fürchten sollen wir uns vor dem, der Seele und Leib ins Verderben der Hölle stürzen kann.[115] Nur so ist zu verstehen, warum für einen Christen Christus das Leben ist und Sterben

---

[112] 2 Makk 12,38-45
[113] 2 Makk 15,1.15; Mt 16,16; Mt 22,32; 2 Kor 5,1-10
[114] Ijob 19,25-26
[115] Mt 10,28

Gewinn[116] ist und sie zu den Geistern der schon vollendeten Gerechten hintreten werden.[117]

43. Wie sagte es doch der Film 'Rendezvous mit Joe Black' so trefflich: "Nichts ist so sicher, wie der Tod und die Steuer." Nun, der Tod ist ein Aspekt. Die Steuer könnte man den mit dem Gericht und dem "Fegefeuer" betrachten. Zur Hölle und zum Paradies kommen wir später. Der Tod wird in der Bibel durch den Sündenfall der ersten Menschen "eingeführt": Vom Baum der Erkenntnis von Gut und Böse darfst du nicht essen; denn sobald du davon isst, wirst du sterben.[118] Auf dieser Begebenheit baut dann auch schon die Mühsal des Lebens auf und die Tatsache, dass unser Leib im wahrsten Sinne des Wortes irdisch ist. Im Schweisse deines Angesichts sollst du dein Brot essen, bis du zurückkehrst zum Ackerboden; von ihm bist du ja genommen. Denn Staub bist du, zum Staub musst du zurück.[119] Der Weg alles Irdischen ist derselbe.

---

[116] Phil 1,20-24
[117] Hebr 12,22-24; 1 Petr 3,18-20; 1 Petr 4,6; Offb 6,9-11; Offb 7,1-8; Offb 14,1-5
[118] Gen 2,17
[119] Gen 3,19

So sagt unter anderen Josua: 'Ich selbst muss heute den Weg alles Irdischen gehen. Ihr aber sollt mit ganzem Herzen und ganzer Seele erkennen, dass von all den Zusagen, die der Herr, euer Gott, euch gegeben hat, keine einzige ausgeblieben ist; alle sind sie eingetroffen, keine einzige von ihnen ist ausgeblieben.'[120] Es gibt keinen Menschen, der ewig lebt und den Tod nicht schaut, der sich retten kann vor dem Zugriff der Unterwelt.[121] Der Tod führt somit indirekt die Zeit, eben die Vergänglichkeit, ein.[122] Aus diesen Zeitgeschehen gibt es kein Entkommen.[123]

44. Durch einen einzigen Menschen kam die Sünde in die Welt und durch die Sünde der Tod, und auf diese Weise gelangte der Tod zu allen Menschen, weil alle sündig(t)en. Ist durch die Übertretung des einen der Tod zur Herrschaft gekommen, durch diesen einen, so werden erst recht alle, denen die Gnade und die Gabe der Gerechtigkeit reichlich zuteilwurde, leben und

---

[120] Jos 23,14; 1 Kön 2,2
[121] Ps 88,49; Sir 14,17
[122] Koh 3,2
[123] Koh 8,8

herrschen durch den einen, Jesus Christus.[124] Diese Verheissung beinhaltet nicht weniger, als, dass es unter allen Menschen nur einen gibt, der nicht sündigte. Das bedeutet, der sich nicht von Gott abwandte, denn er konnte sich nicht abwenden von sich selbst. Kein Mensch kann sich von sich selbst abwenden, er wird immer sich selbst sein. Er kann sich nur von anderen abwenden. Wenn also einer sich nicht von Gott abwenden konnte, dann ist es der Mensch gewordene Gott selbst in Jesus Christus.[125] Da aber durch einen Menschen der Tod gekommen ist, kam auch durch einen Menschen die Auferstehung der Toten.[126]

45. Wenn wir das Gericht betrachten, so sehen wir grundsätzlich zwei Gerichte. Das erste ist das Einzelne Gericht, das jeden Menschen erwartet. Es ist dem Menschen bestimmt, ein einziges Mal zu sterben, worauf dann das Gericht folgt. Es gibt somit kein immer und immer wieder geboren werden in einem endlosen Kreis der

---

[124] Röm 5,12.17
[125] 2 Tim 2,13
[126] 1 Kor 15,21

Reinkarnation.[127] Die Wiedergeburt, die den Menschen erwartet, ist ein Angebot Gottes, dass der Mensch im Geiste neu geboren werden kann, durch Wasser und Geist in der Taufe.[128] Denn er wird auf den Tod Jesu getauft, damit er auch mit Jesus Anteil an der Auferstehung hat.[129] Gott wird jedes Tun vor das Gericht bringen, das über alles Verborgene urteilt, sei es gut oder böse.[130] Paulus bringt es auf den Punkt: 'Wie kannst du deinen Bruder richten? Und du, wie kannst du deinen Bruder verachten? Wir werden doch alle vor dem Richterstuhl Gottes stehen.' ... Also wird jeder von uns vor Gott Rechenschaft über sich selbst ablegen.[131] Das Zweite Gericht ist das sogenannte Jüngste Gericht am Ende aller Tage. An ihm wird bestätigt, was bereits im ersten Gericht entschieden wurde. Hier wird der Einzelne vielmehr die Zusammenhänge des ganzen Bösen, bzw. Guten erkennen.[132] Zudem werden die im

---

[127] Hebr 9,27
[128] Joh 3,5; Tit 3,5
[129] Röm 6,3-5
[130] Koh 12,14
[131] Röm 14,10-12; 2 Kor 5,10; Hebr 4,13; Jak 2,13
[132] Mt 13,41-43; Mt 16,27; Mt 19,28; Mk 8,38; Offb 12,10; 1 Kor 6.2-3; Mt 25,31-46; Offb 20,11-15; Offb 20,10

Fegefeuer geläuterten gerechtfertigt gesprochen.[133]

46. Das Fegefeuer ist wiederum ein Punkt, über den sich die "Geister" der Bibelgelehrten streiten. Früher war es ganz klar, die Katholiken gegen den Rest der Christenheit. Seit Papst Benedikt XVI., laut vielen Pressemeldungen, das Fegefeuer abgeschafft hat, findet man plötzlich unter katholikalen und evangelikalen einen massiven Zuspruch der Lehre des Fegefeuers. Die Ironie dabei ist, dass Papst Benedikt XVI. diese Lehre keineswegs verworfen hat, sondern in seiner ihm eigenen theologischen Sprache dazu Stellung nahm, was zu Missverständnissen führte. Bemerkenswert ist, dass seit der vermeintlichen Abschaffung durch die Katholische Kirche, die ja keine Abschaffung war, evangelikale plötzlich zu vertreten beginnen, was sie lange Zeit vehement verwarfen.

47. Was sagt aber nun die Bibel zu diesem Thema? Der Makkabäer hielt sich den herrlichen Lohn vor Augen, der für die hinterlegt ist, die in

---

[133] Mt 25,41-46

Frömmigkeit sterben. Ein heiliger und frommer Gedanke! Darum liess er die Toten entsühnen, damit sie von der Sünde befreit werden. Warum eine Entsühnung, wenn es keine Ort der Sühne Gibt? Der Makkabäer bestätigt diese Lehre somit.[134] Aber auch Jesus Sirach betet: Schenk jedem Lebenden deine Gaben, und auch dem Toten versag deine Liebe nicht! Versagung der Liebe bei den Toten ist noch nicht Verwerfung der Toten und somit Fegefeuer.[135] Auch Jesus selbst schliesst, zumindest eine Stufung im Himmel, nicht aus, denn wer den Heiligen Geist lästert – ist nicht zwangsläufig verdammt – doch eben nicht frei von Makeln.[136] Sehr deutlich kommt es jedoch in der Schrift hier zum Tragen: So ist Jesus auch zu den Geistern gegangen, die im Gefängnis waren, und hat ihnen gepredigt. Diese waren einst ungehorsam, als Gott in den Tagen Noachs geduldig wartete, während die Arche gebaut wurde; in ihr wurden nur wenige, nämlich acht Menschen, durch das Wasser gerettet.[137] Andere

---

[134] 2 Makk 12,45
[135] Sir 7,33
[136] Mt 12,32
[137] 1 Petr 3,19-20

werden gerichtet im Fleische, haben aber das ewige Leben.[138] Zudem werden einige der Menschen gerettet, wie durch Feuer hindurch.[139]

48. Am Deutlichsten scheint es durch Jesus selber belegt zu sein, der ganz klar macht: 'Amen, das sage ich dir: Du kommst von dort nicht heraus, bis du den letzten Cent bezahlt hast.'[140] Der Apostel Johannes schreibt, dass es Sünde gibt, die zum Tod führt. Jedes Unrecht ist Sünde; aber es gibt Sünde, die nicht zum Tod führt.[141] Ja, die "Angst" der ersten Christen, ihre ungetauften verstorbenen Verwandten könnten eben in diesem Fegefeuer sein, war so gross, dass sich etliche stellvertretend für diese Verstorben taufen liessen, jedoch nicht für lebende. Interessant dabei ist, dass die Apostel diese Praxis nicht unterbanden.[142]

49. Ist die Frage des Fegefeuers noch ein Streitpunkt, obwohl durch die Bibel durchaus belegt, wie aufgezeigt wurde, so sind sich wieder

---

[138] 1 Petr 4,6
[139] 1 Kor 3,6-15
[140] Mt 5,26-28
[141] 1 Joh 5,16-17
[142] 1 Kor 15,29

bei Himmel und Hölle alle einig. Das heisst, so einig auch wieder nicht. Viele Christen leugnen heute den Teufel und die Hölle. Frei nach dem Karnevalsmotto: 'Wir sind alle kleine Sünderlein, wir kommen alle in den Himmel.' Doch eben gerade dies ist nicht biblisch. Die 'kleinen Sünderlein' kommen, wie wir gesehen haben, in das 'Fegefeuer', bis sie den letzten Cent ihrer Schuld abgetragen haben und die grossen Sünder kommen in die Hölle, während die Heiligen ins Paradies eingehen, wie wir noch sehen werden.

Hölle und Paradies

50. Betrachten wir zuerst die Wege zum Himmel. Dieser Weg ist nicht einfach, wie es scheint, denn Christus selber bezeichnet ihn als enge Tür mit einem schmalen Pfad dazu.[143] Dieser Pfad besteht aus beharrlichem Gutes tun und Gott verherrlichen, bringt aber dafür ewiges Leben.[144] Wer diesen Weg geht, erkennt bald, dass auch das nur göttliche Gnade ist, die man annimmt.[145] Jesus nennt auch genau die Bedingungen, um in den Himmel zu kommen: 'Ich war hungrig, und ihr habt <u>mir</u> zu essen gegeben; ich war durstig, und ihr habt <u>mir</u> zu trinken gegeben; ich war fremd und obdachlos, und ihr habt <u>mich</u> aufgenommen; ich war nackt, und ihr habt <u>mir</u> Kleidung gegeben; ich war krank und im Gefängnis, und ihr habt <u>mich</u> besucht.' Alleine diese Wohltätigkeit reicht nicht aus, denn sie reicht erst, wenn wir in diesen allen Ihn sehen, ihnen um seinetwillen beistehen. Der Weg der Verweigerung all dessen – eben der Verweigerung uns Christus gegenüber im

---

[143] Mt 7,13-14
[144] Röm 2,6-7
[145] 2 Kor 1,12

Nächsten – führt in die Hölle.[146] Es gibt aber noch einen Weg, der in das Paradies führt, das ist unabdingbare, ehrliche, vom tiefsten der Seele her rührende Reue für die begangenen Sünden. Eine solche innere Gesinnung bringt, obgleich beide dasselbe taten, den einen sogleich ins Paradies, ohne Fegefeuer, und den anderen in die Hölle. Gott belohnt nichts so sehr, wie echte tiefgehende Reue.[147]

51. Wenn man sich einmal so ein Bild macht, eine kleine Türe und daneben eine breite. Dann wird einem schlagartig bewusst, dass die kleine Tür vermutlich lediglich 10% der breite eines Scheunentores hat. Sollte dies nicht nur Bild sein, sondern Verheissung, würde dies bedeuten, dass nur ca. 10% in den Himmel, auch durch das Fegefeuer, kommen und ca. 90% in der Hölle enden. Eine ernste Warnung somit! Was erwartet eine Seele in der Hölle?

52. Jesus – ja die Bibel – beschreibt dies sehr drastisch und bildhaft. Ein Bild ist,

---

[146] Mt 25,41-46
[147] Lk 23,43

hinausgeworfen zu sein in die absolute Dunkelheit, wo man nur noch Heult und mit den Zähnen klappert vor ständiger Angst und Einsamkeit.[148] Ein anderes Bild ist ewiges Feuer, zu dessen Verhinderung es sich lohnt, ganze Körperteile in dieser Welt zu verlieren.[149] Darüber hinaus wird beschrieben, dass diese Seelen permanent von Würmern zerfressen werden und doch nicht aufgefressen werden.[150] Wieder eine Schilderung ist eine ewige Befindlichkeit in einem stinkenden brennenden Schwefelsee.[151] All diese Schilderungen verheissen nichts Gutes. Wie sind sie zu verstehen? Nun, in der Ewigkeit scheint alles, was in uns ist, in irgendeiner Form Gestalt anzunehmen. Wer vor Liebe zu Gott leuchtet. Wird von Licht umgeben sein. Wer von Neid und anderem im Leben zerfressen wurde, wird vom Gestalt angenommenen Neid in Form von Würmern zerfressen werden.

---

[148] Mt 8,12; Mt 25,30
[149] Mt 18,8
[150] Mk 9,43-48
[151] Offb 20:10

53. Stellt sich noch die Frage, wen ein solches Schicksal wirklich erwartet. Auch dazu ist die Bibel eindeutig: Die Feiglinge und Treulosen, die Befleckten, die Mörder und Unzüchtigen, die Zauberer, Götzendiener und alle Lügner. Ihr Los wird der See von brennendem Schwefel sein. Dies ist der zweite Tod.[152] Es besteht für diese verlorenen Seelen keine Hoffnung auf irgendeine Linderung oder Hilfe.[153] Sie sind in Ewigkeit, was sie waren und doch nicht im Leben erkannten.

54. Anders ist es mit dem Paradies und seinem Glück. Ihr Glück und ihr Erleben werden in Ewigkeit unbeschreiblich sein. Nicht nur für eine Übergangsphase, bis zu einer vermeintlichen Reinkarnation, sondern in Ewigkeit.[154] Die Menschen, die ins Paradies kommen, hatten im Leben gelernt, auf das Unsichtbare zu schauen und nicht am Sichtbaren zu hängen.[155] Ja, es werden die Menschen gerühmt, die bereits zu Lebzeiten einen kleinen Einblick in das Paradies

---

[152] Offb 21,8
[153] Lk 16,19-28
[154] 1 Kor 2,9
[155] 2 Kor 4,16-18

erhielten, denn sie konnten das Glück nicht beschreiben, welches sie dabei empfanden.[156] Der Apostel vergleicht das gegenwärtige Leben mit einem Zelt, das Leben im Himmel aber mit einem Leben in einem nicht von Menschenhand gefertigten Haus. Stellen wir ein Zelt vor ein Haus, so wird uns der Unterschied bald klar. Mag das Zelt noch so gut sein, gegen die Stabilität eines Hauses kommt es nicht an.[157] Das Paradies beschreibt auch das Ende eines jeden abbildhaften Gottesdienstes auf dieser Erde, denn im Himmel wird Gott selber gegenwärtig sein, so dass ein von Menschenhand errichteter Tempel nicht mehr nötig ist. Es wird somit dann eine echte innige persönliche Beziehung jedes Menschen mit Gott in vollendeter Harmonie und Liebe sein.[158]

55. Der Unterschied von Himmel und Hölle ist somit weit gewaltiger, als zwischen Tag und Nacht. Es sei jedoch nochmals darauf hingewiesen, dass der Mensch nicht einfach so in den Himmel kommt. Es braucht dazu volle

---

[156] 2 Kor 12,2-6
[157] 2 Kor 5,1-3
[158] Offb 21,22

Selbstaufgabe zugunsten Gottes. Oder wie es der Apostel beschreibt, muss man sich bewusst sein, dass man in der Taufe Christus als Gewand angezogen hat.[159] Das bedeutet nichts anderes, als wie Christus selber hier auf Erden zu leben.

56. Nachdem wir soeben ein Thema betrachtet haben, bei dem es recht wenig Differenzen in der Christenheit gibt, wenden wir uns wieder einem Bereich zu, der seit Jahrhunderten für Streit sorgt. Man kann ruhig sagen, den 500. Jahrestag des Streites begehen wir im Jahr 2017. Es geht um den Papst, die Kirche und die apostolische Nachfolge.

---

[159] Gal 3,27

Papst, Kirche und apostolische Nachfolge

57. Auch hier können wir drei Schritte in der Bibel erkennen. Zu Beginn steht die Verheissung, dann folgen der Auftrag und schliesslich die Nachfolge. Dass der Kefasdienst – oder Petrusdienst, was nichts anderes ist, als der Papstdienst – nicht auf die Person des Simon Barjona begrenzt war, belegt alleine die Tatsache, dass Jesus nicht zu Lebzeiten des Simon Barjona zurückkehrte. Gott baut nichts auf tote, sondern auf lebende. Genauso, wie sich die Pharisäer rechtmässig auf dem Stuhl des Mose befanden,[160] so befinden sich die Päpste rechtmässig auf dem Stuhl des Simon Barjona, eben dem Papststuhl. Die Verheissung ist eindeutig und nicht wegzudiskutieren: Jesus sagte zu ihm: 'Selig bist du, Simon Barjona; denn nicht Fleisch und Blut haben dir das offenbart, sondern mein Vater im Himmel. Ich aber sage dir: <u>Du bist Petrus [Kefas], und auf diesen Felsen werde ich meine Kirche bauen</u>, und die Mächte der Unterwelt werden sie nicht überwältigen. Ich werde dir die Schlüssel des Himmelreichs geben; was du auf Erden

---

[160] Mt 23,2

binden wirst, das wird auch im Himmel gebunden sein, und was du auf Erden lösen wirst, das wird auch im Himmel gelöst sein.'[161] Jesus verheisst nicht nur seine eigene Gemeinde auf dem Felsen des Petrus, sondern auch die Kompetenzen, die der Inhaber dieses Dienstes haben wird. Dennoch verheisst Jesus diesen Petrussen auch, dass sie geprüft werden: 'Simon, Simon, der Satan hat verlangt, dass er <u>euch</u> wie Weizen sieben darf. Ich [Jesus] aber habe für dich gebetet, dass dein Glaube nicht erlischt. Und wenn du dich wieder bekehrt hast, dann <u>stärke deine Brüder</u>.'[162]

58. Diese Bekehrung ist jedoch nicht etwas, das einen Abfall dieser Kirche beinhaltet, sondern viel mehr die stete Notwendigkeit eines jeden Menschen, sich stets zu bekehren. Ohne eine solche stete Bekehrung, oder eben eine stete Ausrichtung auf Christus, ist es schlicht nicht möglich, die Brüder zu stärken. Ein Papst ist somit Stellvertreter Jesu auf Erden, wie der Hohepriester in Jerusalem Stellvertreter des Mose und des Aaron war. Das macht eine solche Person

---

[161] Mt 16,13-19
[162] Lk 22,31-32

jedoch nicht zu Gott selbst oder zu einem Halbgott, sondern zeigt vielmehr die Verantwortung, die diese Amtsperson innehat.

59. Etwas ganz besonderes ereignete sich bei der Beauftragung des Simon Barjona zum ersten Papst. Der Evangelist Johannes hat auch hier wieder die Worte vollkommen gewählt. Er schreibt, dass Jesus zu <u>Simon Petrus</u> sprach. Das bedeutet, zur Person des Simon und gleichzeitig zum Amtsinhaber. Dadurch schliesst der Evangelist jedes Missverständnis von vorneherein aus: Simon hatte das Amt des Petrus inne. Doch dann geschieht etwas ganz spezielles. Wie Jesus bereits, wir sahen dies weiter oben, die Kompetenzen des Amtes bekanntgab, nämlich zu lösen und zu binden, so stellt er nun die drei Anforderungen an den Papst klar: Die Liebe zu Jesus, und das nicht nur einmal, sondern dreimal. Wie um anzudeuten, was diese Liebe kosten wird, beauftragt Jesus entsprechend. Nach der ersten "Liebeserklärung" soll er die Lämmer weiden. Nun, um liebevolle kleine gehorsame Lämmer zu weiden, braucht es nur einen "Teil" von Liebe. Um jedoch erwachsene und manchmal

eigenwillige Schafe zu weiden, braucht es doppelt so viel Liebe, wie für zarte gehorsame Lämmer. Darum Fragt Jesus drei Mal dasselbe.[163] Simon dürfte es in diesem Augenblick nicht recht bewusst gewesen sein, was dieses Amt von ihm noch an Liebe zu Christus abverlangen würde, doch er hat es erfahren, bis zu seinem eigenen Kreuz auf dem Vatikanischen Hügel.

60. Jesus machte jedoch auch klar, dass das Petrusamt nicht einfach etwas Abgekoppeltes ist. Vielmehr sah er es in Brüderlichkeit mit den Aposteln.[164] Sie alle gemeinsam sind daher das Lehramt. Nicht die Apostel/Bischöfe ohne Petrus und nicht Petrus ohne die Apostel/Bischöfe, sondern die Apostel/Bischöfe mit Petrus und Petrus mit den Aposteln/Bischöfen. Gerade jedoch Paulus, der Petrus noch ins Angesicht widerstand,[165] erkannte, dass jede Gewalt, auch die geistliche, von Gott kommt und dass den Inhabern

---

[163] Joh 21,13-17
[164] Mt 18,18; Joh 20,19-23
[165] Gal 2,14

dieser Gewalt der nötige Respekt geschuldet wird.[166]

61. Nachdem die besondere Stellung des Papstes biblisch unterlegt ist, soll auch die apostolische Nachfolge anhand der Bibel aufgezeigt werden. Die Kirche kannte seit den Aposteln den Papstdienst, das Bischofsamt, die Priester, die Diakone und die Katechisten [Lehrer]. Paulus ermahnt als Lehrer [Katechisten] besonders zuverlässige zu nehmen und ihnen die Lehre anzuvertrauen.[167] Auch die Bischöfe und Diakone sind in der Schrift bezeugt: 'Paulus und Timotheus, Knechte Christi Jesu, an alle Heiligen in Christus Jesus, die in Philippi sind, mit ihren <u>Bischöfen und Diakonen</u>.'[168] Selbst über die Art und Weise der Einsetzung all dieser Amtsinhaber gibt es keinen Zweifel. Es ist immer eine Kombination von Fasten, Beten und Handauflegung durch die Bischöfe [Apostel].[169] Das ist das, was man landläufig 'Weihe' nennt.

---

[166] Röm 13,1-4
[167] 2 Tim 2,2
[168] Phil 1,1; Apg 6,1-7
[169] Apg 13,2-4

Wer nun meint, die Priester seien jedoch nicht biblisch, der täuscht sich. Auch die Priester wurden in selber Weise geweiht. <u>In jeder Gemeinde bestellten die Apostel durch Handauflegung Älteste [Priester]</u> und empfahlen sie mit Gebet und Fasten dem Herrn, an den sie nun glaubten.[170] Das deutsche Wort Priester stammt vom griechischen πρεσβύτερος, [presbyteros] und bedeutet nichts anderes, als Ältester.

62. Die Handauflegung war auch für die heute so bezeichnete Firmung oder Konfirmation üblich. Dennoch unterscheidet sie sich substantiell von der Weihe. Die Handauflegung zum Empfang des Heiligen Geistes in der Firmung beinhaltet keine Sendung für einen speziellen Dienst an der Gemeinde.[171] Solchen, die den Heiligen Geist bereits empfangen hatten, wurden für ihr Amt als Katechist, Diakon, Priester oder Bischof nochmals speziell die Hände aufgelegt. Sie wurden dadurch zu einem Geschenk an Gott für einen Dienst, denn nichts

---

[170] Apg 14,21-23
[171] Apg 8,14-17

anderes bedeutet das Wort Weihe im christlichen Sinn. Selbst die Konzile sind in der Bibel verbürgt. Wenn es Streitfragen den Glauben betreffend gibt, dann wird ein Konzil einberufen.[172] Das Einzige, was heute anders ist, ist die Tatsache, dass heute die Priester nicht mehr zum Konzil eingeladen werden, sondern nur noch die Bischöfe. Doch wenn man die Zahl der Priester weltweit betrachtet, ist das auch nicht weiter verwunderlich. Alleine bei den Bischöfen kommt man auf ein paar tausend. Das erste Konzil ist vielleicht das entscheidendste. Es ging dabei weniger um Fragen des Glaubens im heutigen Sinn, als vielmehr um Fragen des religiös kulturellen Lebens, wie das der Beschneidung und der Speisevorschriften. Es ist beachtlich, wie wenige sich heute noch an das halten, was damals beschlossen wurde. Aber was wurde denn beschlossen? 'Denn der Heilige Geist und wir [die Bischöfe/Apostel und die Priester] haben beschlossen, euch keine weitere Last aufzuerlegen als diese notwendigen Dinge: Götzenopferfleisch, Blut, Ersticktes und Unzucht zu meiden.'[173] Im

---

[172] Apg 15,1-9.22-30
[173] Apg 15,1-9.22-30

Klartext heisst das, kein Götzenopferfleisch (das gibt es fast nicht mehr) und keine Blutwürste etc. zu essen. Ferner keinen Ehebruch zu begehen und keine ausserehelichen sexuellen Beziehungen zu pflegen.

Die Eigenschaften der Kirche

63. Was sind denn nun die Eigenschaften der Gemeinde Jesu, der Kirche? Zum Ersten ist es nur eine einzige Gemeinde und diese ist auf Petrus gegründet: 'Ich aber sage dir: <u>Du bist Petrus, und auf diesen Felsen werde ich meine Kirche bauen, und die Mächte der Unterwelt werden sie nicht überwältigen.</u>'[174] Es gibt somit nicht mehrere Kirchen.[175] Es mag viele Gruppierungen geben, doch letztlich nur eine einzige Gemeinde Jesu Christi und diese ist auf Petrus gegründet. Wer somit behauptet, er gehöre zur Gemeinde, jedoch Petrus ablehnt, der hat ein essentielles Problem. Das bedeutet noch nicht, dass ein solcher Mensch kein Jünger Jesu ist,[176] doch eben nicht mehr. Er ist nicht Teil der Gemeinde Jesus auf dem Felsen erbaut. Er muss sich die Frage gefallen lassen, ob

---

[174] Mt 16,18
[175] Eph 4,4
[176] Mk 9,38-40: Da sagte Johannes zu Jesus: Meister, wir haben gesehen, wie jemand in deinem Namen Dämonen austrieb; und wir versuchten, ihn daran zu hindern, weil er uns nicht nachfolgt. Jesus erwiderte: Hindert ihn nicht! Keiner, der in meinem Namen Wunder tut, kann so leicht schlecht von mir reden. Denn wer nicht gegen uns ist, der ist für uns.

er mit Jesus sammelt, oder ob er zerstreut.[177] Dann ist die Kirche Heilig, denn er, der Heilige, Jesus Christus, ist bei der Kirche bis zum Ende der Welt.[178] Dies ist sehr entscheidend, denn Jesus sagt nicht, er sei bei seiner Kirche bis zu seiner Wiederkunft, oder bis zum Beginn des Millenniums. Er ist bei der Kirche bis zum Ende des Millenniums, denn erst dann ist das Ende der Welt.[179]

64. Die Kirche ist sogar Unfehlbar, denn es ist die <u>Kirche des lebendigen Gottes, die die Säule und das Fundament der Wahrheit ist</u>.[180] Und in Christus selber unvergänglich, unbeachtet dessen, was nach dem Millennium ist.[181] Die Kirche ist zwingend apostolisch, denn Jesus hat sie auf deren Fundament gebaut: 'Ihr seid <u>auf das Fundament der Apostel</u> und Propheten <u>gebaut</u>; der Schlussstein ist Christus Jesus selbst.'[182] Und ja, sie ist <u>auch</u>, aber nicht nur, römisch, denn der

---

[177] Mt 12,30; Lk 11,23
[178] Mt 28,16-20 (<u>Ich bin bei euch alle Tage bis zum Ende der Welt.</u>)
[179] 2 Petr 3,13; Offb 21,1
[180] 1 Tim 3,15
[181] Mk 16,14-20
[182] Eph 2,20

Apostel schreibt: 'Es grüssen euch die Mitauserwählten in Babylon [kaiserliches Rom] und mein Sohn Markus.'[183] Und, sie ist selbstverständlich, was heute nicht mehr immer so gesehen wird, der mystischer Leib Christi: 'Alles hat Gott Jesus zu Füssen gelegt und Jesus, der als Haupt alles überragt, über die Kirche gesetzt. Sie ist sein Leib und wird von ihm erfüllt, der das All ganz und gar beherrscht.[184]

65. Obwohl die Eigenschaft der Kirche hier klar zu tragen kam, wird im Fortlauf des Buches auch von Kirchen gesprochen. Am besten ist dies zu erklären mit Umschreibungen. So meint "Die Kirche" die eine universale apostolische Kirche, die Jesus selber auf den Felsen gebaut hat. Ferner wird aber auch von den Kirchen gesprochen, diese verstehen sich als Neudeutsch Ortsgemeinden. Diese sind in sich Bestandteil der einen Gemeinde. Es ist grundsätzlich schwierig darüber zu sprechen. Bei den Evangelikalen wird vorwiegend das Wort "Gemeinde" gebraucht. Bei den "Reformierten" findet man sowohl die

---

[183] 1 Petr 5,13
[184] Eph 1,22-23

Begriffe "Gemeinde" und "Kirche" vor und im katholischen Umfeld ist fast ausschliesslich der Begriff "Kirche" und "Pfarrei" im Gebrauch. Dort umfasst der Begriff "Kirche" sowohl die Gemeinschaft der Menschen als auch der Bauwerke. Es spielt letztlich gar keine Rolle, welche Begriffe verwendet werden,[185] sie sollen aber in gegenseitigem Respekt Verwendung finden.

---

[185] Eph 5,6

Findet die Bibel in der Kirche Verwendung?

66. Ein weit verbreitetes Klischee ist, dass die reformatorischen Christen in ihren Gottesdiensten das grösste Gewicht der Bibel geben und die sakramentalen Christen, allen voran die Katholische Kirche nicht. Nun, kein Klischee könnte so daneben liegen, wie gerade dieses. Betrachten wir einmal einen evangelikalen Gottesdienst. Dieser besteht aus Liedern, Gebeten einigen Passagen aus der Schrift und einer langen Predigt. Das mag in einzelnen Gruppen etwas unterschiedlich gehandhabt werden, doch über den Daumen gepeilt kommt das doch hin. Dabei wählt der Prediger oder die Predigerin – die es übrigens gerade in evangelikalen Gemeinden gar nicht geben dürfte, laut Paulus[186] – die Bibeltexte für den Gottesdienst selber aus. Am Ende wird er ein paar dutzend Lieblingstexte haben, die er mit einer gewissen Regelmässigkeit, sozusagen im Turnus, wiederholt. Das Problem dabei ist, dass seine Gemeinde so über die Jahre ein sehr einseitiges Bild der Bibel bekommt.

---

[186] 1 Kor 14,33-35

67. Interessanterweise ist es gerade die katholische Kirche, die ihren Priestern[187] keine freie Wahl lässt. Sie schreibt ihnen in der Leseordnung für jeden Sonntag eine Lesung aus dem Alten Testament, eine Lesung aus dem Neuen Testament (nicht den Evangelien) und einen Text aus den Evangelien vor, also drei Lesungen aus der Bibel. Zudem zwischen der ersten und der zweiten Lesung einen Psalm aus dem Buch der Psalmen. Sämtliche Texte sind thematisch aufeinander abgestimmt, ja selbst die Gebete lehnen sich inhaltlich an diese Bibeltexte an. Dies ganze teilt sich in drei Lesejahre auf. Für die Werktage sind es zwei Lesejahre, mit in der Regel nur einer Lesung aus dem Alten- bzw. Neuen Testament und einer Lesung aus den Evangelien und einem Psalm. Dies gewährleistet, dass alle zentralen Themen der Bibel innert drei Jahren behandelt werden. Selbstverständlich, wenn ein Katholik nur Weihnachten und Ostern zur Messe geht, wird er nicht besonders viel von der Bibel mitbekommen. In der Osternacht sind es übrigens neun Lesungen. An der Vorschrift liegt

---

[187] Vgl. 1 Kor 14,33-35

es bei den Katholiken jedenfalls nicht. Doch wo Licht ist, da ist auch Schatten. Viele Priester lassen jeweils eine Lesung aus und sehr oft auch den Psalm. Doch selbst dann hören diese Gottesdienstbesucher mehr aus der Bibel, wie so mancher Evangelikaler in einem ihrer Gottesdienste.

68. Die Katholiken haben jedoch nicht nur die Messe als Gottesdienst. Jeder Priester und alle Mönche und Nonnen in den Klöstern pflegen das sogenannte Stundengebet. Dies wird in den Klöstern meist öffentlich gehalten und in manchen Pfarreien wird es wenigstens zum Teil öffentlich mit interessierten gebetet. Es besteht aus den Psalmen, den sogenannten Cantica, das sind Psalmweisen aus den anderen Büchern der Bibel und Bibellesungen. Dieses Psalmgebet wiederholt sich mit kleinen Einschränkung alle vier Wochen. Dabei ist eine Sache besonders interessant. Ändern sich die "Themen" bei den Messen im Laufe der drei Lesejahre über alle Bibelinhalte ab, so hat das Stundengebet grob gesagt nur ein einziges Thema, das sich praktisch wie ein roter Faden durchzieht: Die Wiederkunft

Christi und das kommende Millennium. Wenn also ein Katholik behauptet, er hätte noch nie etwas von der Wiederkunft Christi gehört in der Katholischen Kirche, dann entlarvt er sich selber als einer, der die Gottesdienste seiner Kirche nicht besucht. Nun, ein Arbeiter kann vielleicht die tägliche Frühmesse, wo sie denn noch stattfindet besuchen, doch das Stundengebet wird er kaum schaffen. Doch auch da hat die katholische Kirche einen bemerkenswerten Ausweg gefunden, das diese "Ausrede" nicht zählt: Den Rosenkranz. Genauer gesagt den Rosenkranzpsalter. Wie der Name Psalter besagt, lehnt er sich an die 150 Psalmen an. Denn für jeden Psalm wird ein "Ave Maria" gebetet. Doch das entscheidende dabei ist nicht das sich stete wiederholen des "Ave Maria". Entscheidend sind die Einschübe in dieses Gebet. Bis zu Benedikt dem XVI. gab es offiziell drei Rosenkränze, mit je 50 Gebeten, gefasst in je 5 Gesätzchen. Das machte dann eben die 150 Gebete in Anlehnung an die 150 Psalmen der Bibel in 15 verschiedenen Einschüben. Seit Benedikt XVI. gibt es nun sogar offiziell vier Rosenkränze. In ihnen, man wird es kaum glauben, wird nicht wirklich das Leben Mariens betrachtet, sondern - sozusagen als Mitpsalmistin Maria – das Leben und Wirken Jesu von seiner Empfängnis bis zu seiner Wiederkunft. Die fromme Volksseele hat über diese vier offiziellen Rosenkränze eine ganze Anzahl weiterer begründet, doch auch diese befassen sich in ihren Einschüben fast ausschliesslich mit dem Leben und Wirken Jesu.

69. Die katholische Kirche ruft somit am subtilsten, wenngleich nicht am lautesten, zur steten Vorbereitung auf die Wiederkunft Christi auf. Ihr ganzes Stundengebet ist nichts anderes, als genau dies. Getreulich dem Psalm: 'Siebenmal am Tag singe ich dein Lob wegen deiner gerechten Entscheide.'[188] Dieses Gebet teilt sich für Mönche ein in: Nocturne, Invitatorium, Laudes, kleine Hore (Terz, Sext, Non), Vesper, Lesehore & Komplet. Für Weltgeistliche in Invitatorium mit Laudes, Terz, Sext, Non, Vesper, Lesehore & Komplet.

70. Die Einschübe des Rosenkranzpsalters sind im Übrigen: <u>Freudenreicher Rosenkranz</u>: 1) Den

---

[188] Ps 119,164

du, o Jungfrau, vom Heiligen Geist empfangen hast; 2) Den du, o Jungfrau, zu Elisabeth getragen hast; 3) Den du, o Jungfrau, zu Bethlehem geboren hast; 4) Den du, o Jungfrau, im Tempel aufgeopfert hast; 5) Den du, o Jungfrau, im Tempel wieder gefunden hast. <u>Lichtreicher Rosenkranz</u>: 1) Der von Johannes getauft worden ist. 2) Der sich bei der Hochzeit von Kana offenbart hat. 3) Der uns das Reich Gottes verkündet hat (und zur Umkehr aufrief). 4) Der auf dem Berg verklärt worden ist. 5) Der uns die Eucharistie geschenkt hat. <u>Schmerzhafter Rosenkranz</u>: 1) Der für uns Blut geschwitzt hat; 2) Der für uns gegeisselt worden ist; 3) Der für uns mit Dornen gekrönt worden ist; 4) Der für uns das schwere Kreuz getragen hat; 5) Der für uns gekreuzigt worden ist. <u>Glorreicher Rosenkranz</u>: 1) Der von den Toten auferstanden ist; 2) Der in den Himmel aufgefahren ist; 3) Der uns den Heiligen Geist gesendet hat; 4) Der dich, o Jungfrau, in den Himmel aufgenommen hat; 5) Der dich, o Jungfrau, im Himmel gekrönt hat.

Statuen und Kruzifixe

71. Ein weiterer Streitpunkt unter den Christen sind Statuen und Kruzifixe. Gegner von ihnen kennen sehr gut die Worte: 'Ich bin Jahwe, dein Gott, der dich Israel aus Ägypten geführt hat, aus dem Sklavenhaus. Du sollst neben mir keine anderen Götter haben. Du sollst dir kein Gottesbild machen und keine Darstellung von irgendetwas am Himmel droben, auf der Erde unten oder im Wasser unter der Erde. Du sollst dich nicht vor anderen Göttern niederwerfen und dich nicht verpflichten, ihnen zu dienen. Denn ich, der Herr, dein Gott, bin ein eifersüchtiger Gott: Bei denen, die mir feind sind, verfolge ich die Schuld der Väter an den Söhnen, an der dritten und vierten Generation.'[189] Schon scheint klar zu sein, dass jeder Katholik, der vor einem Kruzifix oder einer Statue betet, ein Götzendiener ist. Oh, wie falsch diese Verurteiler doch liegen.

72. Denn es ist niemand geringerer als Gott selbst, der sagte: 'Macht eine Lade aus Akazienholz, zweieinhalb Ellen lang, anderthalb

---

[189] Ex 20,1-5

Ellen breit und anderthalb Ellen hoch! Überzieh sie innen und aussen mit purem Gold, und bring daran ringsherum eine Goldleiste an! Giess für sie vier Goldringe, und befestige sie an ihren vier Füssen, zwei Ringe an der einen Seite und zwei Ringe an der anderen Seite! Fertige Stangen aus Akazienholz an, und überzieh sie mit Gold! Steck die Stangen durch die Ringe an den Seiten der Lade, so dass man die Lade damit tragen kann. Die Stangen sollen in den Ringen der Lade bleiben; man soll sie nicht herausziehen. In die Lade sollst du die Bundesurkunde legen, die ich dir gebe. Verfertige auch eine Deckplatte aus purem Gold, zweieinhalb Ellen lang und anderthalb Ellen breit! <u>Mach zwei Kerubim aus getriebenem Gold, und arbeite sie an den beiden Enden der Deckplatte heraus! Mach je einen Kerub an dem einen und dem andern Ende; auf der Deckplatte macht die Kerubim an den beiden Enden! Die Kerubim sollen die Flügel nach oben ausbreiten, mit ihren Flügeln die Deckplatte beschirmen, und sie sollen ihre Gesichter einander zuwenden; der Deckplatte sollen die Gesichter der Kerubim zugewandt sein.</u> Setz die Deckplatte oben auf die Lade, und in die Lade leg die

Bundesurkunde, die ich dir gebe. <u>Dort werde ich mich dir zu erkennen geben und dir über der Deckplatte zwischen den beiden Kerubim</u>, die auf der Lade der Bundesurkunde sind, alles sagen, was ich dir für die Israeliten auftragen werde.[190]

73. Dies würde eigentlich schon genügen, doch im Innern hatte der Tempel Zedernverkleidung mit eingeschnitzten Blumengewinden und Blütenranken. Alles war aus Zedernholz, kein Stein war zu sehen. In der Gotteswohnung liess er <u>zwei Kerubim aus Olivenholz</u> anfertigen. Ihre Höhe betrug zehn Ellen. Fünf Ellen mass der eine Flügel des Kerubs und fünf Ellen sein anderer Flügel. Von einem Flügelende bis zum anderen waren es zehn Ellen. Auch der zweite Kerub war zehn Ellen hoch. Beide hatten gleiches Mass und gleiche Gestalt. Der eine Kerub war zehn Ellen hoch, und ebenso hoch war der andere. König Salomo stellte die Kerubim mitten in den innersten Raum. Ihre Flügel waren so ausgespannt, dass der Flügel des einen Kerubs die eine Wand, der Flügel des zweiten Kerubs die andere Wand, die Flügel in der Mitte des Raumes

---

[190] Ex 25,10-22

aber einander berührten. König Salomo liess die Kerubim mit Gold überziehen. An allen Wänden des Hauses, im inneren wie im äusseren Raum, liess er ringsum Kerubim, Palmen und Blütenranken einschnitzen. Auch die Fussböden des hinteren und des vorderen Raumes liess er mit Gold belegen. Für den Eingang zur Gotteswohnung liess er Türflügel aus Olivenholz anfertigen. Die Giebelbalken und die Seitenpfosten bildeten ein Fünfeck. An den beiden Türflügeln aus Olivenholz liess er Kerubim, Palmen und Blütenranken einschnitzen und sie mit Gold überziehen, indem er auf die Kerubim und die Palmen Gold auftragen liess. Ebenso liess er für den Eingang zum Hauptraum Türpfosten aus Olivenholz anfertigen, die ein Viereck bildeten, dazu zwei Türflügel aus Zypressenholz. Zwei drehbare Teile hatte der eine Türflügel, und zwei drehbare Teile der andere. Er liess auf ihnen Kerubim, Palmen und Blütenranken einschnitzen und auf das Schnitzwerk dünnes Blattgold legen. Er legte den inneren Hof an und umgab ihn mit einer Mauer aus drei Lagen Quadern und einer Lage Zedernbalken. Im vierten Jahr, im Monat Siw, war das Fundament für das Haus des Herrn gelegt worden, und im elften Jahr, im Monat Bul, das ist der achte Monat, wurde das Haus mit all seinem Zubehör vollendet, ganz so, wie es geplant war. Sieben Jahre hatte man an ihm gebaut.[191]

74. Ferner machte König Salomo Granatäpfel und legte sie in zwei Reihen ringsum über die Geflechte, so dass sie die Kapitelle oben auf den Säulen bedeckten. Ebenso verfuhr er mit dem zweiten Kapitell. Die Kapitelle oben auf den Säulen hatten die Form einer Lilienblüte. Dann machte er das "Meer". Es wurde aus Bronze gegossen und mass zehn Ellen von einem Rand zum andern; es war völlig rund und fünf Ellen hoch. Eine Schnur von dreissig Ellen konnte es rings umspannen. Unterhalb seines Randes waren rundum Rankengebilde. In einer Länge von dreissig Ellen umsäumten sie das Meer ringsum in zwei Reihen. Sie wurden beim Guss mitgegossen. Das Meer stand auf zwölf Rindern. Von ihnen schauten drei nach Norden, drei nach Westen, drei nach Süden und drei nach Osten. Das Meer ruhte oben auf den Rindern. Ihre Hinterteile waren nach

---

[191] 1 Kön 6,18.23-38

innen gekehrt. Die Wand des Meeres war eine Handbreit dick. Sein Rand war wie der Rand eines Bechers geformt, einer Lilienblüte gleich. Es fasste zweitausend Bat. König Salomo machte die zehn fahrbaren Gestelle aus Bronze. Jedes war vier Ellen lang, vier Ellen breit und drei Ellen hoch. Und so waren die Gestelle beschaffen: Sie hatten Querleisten, und zwar Querleisten zwischen den Eckleisten. Auf den Querleisten zwischen den Eckleisten waren Bilder von Löwen, Rindern und Kerubim, und ebenso auf den Eckleisten. Über den Löwen und Rindern sowie unter ihnen waren Kranzgewinde eingehämmert. Jedes Gestell hatte vier bronzene Räder und bronzene Achsen. An den vier Füssen waren Ansätze, die unterhalb des Kessels angegossen waren. Der Kasten des Gestells war eineinhalb Ellen hoch. Auch an seiner Öffnung waren Verzierungen. Die Querleisten waren nicht rund, sondern viereckig. Die vier Räder waren unter den Querleisten. Ihre Halter waren am Gestell befestigt. Jedes Rad war eineinhalb Ellen hoch. Sie waren gearbeitet wie Wagenräder. Ihre Halter, Felgen, Speichen und Naben waren alle gegossen. Die vier Ansätze waren an den vier

Ecken eines jeden Gestells angebracht und bildeten mit ihm ein Ganzes. Der Aufsatz des Gestells war eine halbe Elle hoch und völlig rund. An ihm waren seine Halter und Leisten angesetzt. <u>Auf die Wandflächen, Halter und Querleisten liess Salomo Bilder von Kerubim, Löwen und Palmen eingravieren.</u> In dieser Weise fertigte Hiram die zehn Gestelle an. Sie hatten alle gleichen Guss, gleiches Mass und gleiche Gestalt. Dazu machte er zehn bronzene Kessel. Jeder fasste vierzig Bat und hatte eine Weite von vier Ellen. Für jedes der zehn Gestelle war ein Kessel bestimmt. Fünf von den Gestellen brachte er an die Südseite des Hauses und fünf an die Nordseite. Das "Meer" stellte er an die Südseite des Hauses, gegen Südosten. Auch machte Hiram die Töpfe, Schaufeln und Schalen. So führte Hiram alle Arbeiten zu Ende, die er dem König Salomo für das Haus des Herrn anzufertigen hatte: Zwei Säulen, zwei beckenförmige Kapitelle oben auf den Säulen, die zwei Flechtwerke, mit denen man die beiden beckenförmigen Kapitelle oben auf den Säulen bedeckte, die <u>vierhundert Granatäpfel für die beiden Flechtwerke</u>, die in zwei Reihen an jedem Flechtwerk angebracht waren und die beiden beckenförmigen Kapitelle auf den Säulen bedeckten, die zehn fahrbaren Gestelle, die zehn Kessel für die Gestelle, das eine Meer, die <u>zwölf Rinder unter dem Meer</u>, die Töpfe, Schaufeln und Schalen. Alle diese Geräte, die Hiram dem König Salomo für das Haus des Herrn anfertigte, waren aus glatter Bronze. In der Jordanau zwischen Sukkot und Zaretan liess sie der König in Formen aus festem Lehm giessen. Und Salomo gab allen Geräten ihren Platz. <u>Wegen ihrer überaus grossen Menge war das Gewicht der Bronze nicht festzustellen</u>. Salomo liess alle Geräte, die zum Haus des Herrn gehörten, anfertigen: den <u>goldenen Altar</u>, den <u>goldenen Tisch</u>, auf den man die Schaubrote legte, die <u>fünf Leuchter auf der rechten und die fünf Leuchter auf der linken Seite</u> vor der Gotteswohnung, aus bestem Gold, dazu die <u>goldenen Blüten</u>, Lampen und Dochtscheren, ferner die Becken, Messer, Schalen, Schüsseln und Pfannen <u>aus bestem Gold</u>. Auch die Stirnseiten der Türen des inneren Raumes zum Allerheiligsten und die Stirnseiten der beiden Türflügel, die zum Hauptraum führten, waren mit Gold verkleidet. So wurden alle Arbeiten, die König Salomo für das Haus des Herrn ausführen liess, vollendet. Dann brachte er die Weihegaben seines Vaters David hinein und legte das Silber, das Gold und die Geräte in die Schatzkammern des Hauses des Herrn.[192] Darauf stellten die Priester die Bundeslade des Herrn an ihren Platz, in die Gotteswohnung des Tempels, in das Allerheiligste, unter die Flügel der Kerubim. Denn die Kerubim breiteten ihre Flügel über den Ort, wo die Lade stand, und bedeckten sie und ihre Stangen von oben her.[193]

75. All dies geschah nicht gegen den Willen Gottes, sondern in Übereinstimmung mit dem Willen Gottes. Denn der Herr sprach zum König: 'Wenn du dir vorgenommen hast, meinem Namen ein Haus zu bauen, hast du einen guten Entschluss gefasst.'[194] Als dann die Priester aus dem fertig gestellten Tempel traten, erfüllte die Wolke das Haus des Herrn. Sie konnten wegen der Wolke ihren Dienst nicht verrichten; denn die Herrlichkeit des Herrn erfüllte das Haus des

---

[192] 1 Kön 7,18.20.23-51
[193] 1 Kön 8,6-7
[194] 1 Kön 8,18

Herrn.[195] Gott hat all diese Figuren, Statuen von Rindern, Granatäpfel Darstellungen, Kerubim etc. nicht kritisiert, sondern den Tempel mit seiner Herrlichkeit erfüllt. Es braucht wohl nicht noch speziell erwähnt zu werden, dass die Priester sich in diesem Tempel niederwarfen, ihn verehrten und vor diesen Stieren <u>zu Gott</u> beteten. Ja selbst das Priestergewand war so verziert. Gott sprach zu Mose: <u>An seinem unteren Saum mach Granatäpfel aus violettem und rotem Purpur und aus Karmesin,</u> an seinem Saum ringsum, und <u>dazwischen goldene Glöckchen ringsum: ein Goldglöckchen und ein Granatapfel abwechselnd ringsum am Saum des Mantels. Mach eine Rosette aus purem Gold, und bring darauf nach Art der Siegelgravierung die Inschrift an: Heilig dem Herrn.</u> Befestige die Rosette an einer Schnur aus violettem Purpur, und bring sie am Turban an; sie soll an der Vorderseite des Turbans angebracht werden.[196]

---

[195] 1 Kön 8,10-11
[196] Ex 28,33-37

Erscheinungen.

76. Ein weiteres Streitthema in diesem Teil sollen die Erscheinungen sein. Nun, es ist ja nicht so, dass 2017 nur der 500. Reformationstag begangen wird, es gibt ja auch das Jubiläum 100 Jahre Fatima. Mit Marienerscheinungen haben Evangelikale eine besondere Mühe. Es ist nicht so, dass sie mit Erscheinungen an sich ein Problem hätten. Die Meisten ihrer Endzeitberichte im Internet beruhen auf der Erscheinung von einem Engel, Jesus, den Heiligen Geist oder gar Gott Vater selber. Zum einen dürfte es an der "Ablehnung" von Maria sein, zum anderen – und das bedauerlicherweise – viel mehr an der Tatsache, dass eine "Gestalt" aus dem Himmel Katholiken erscheint. Wenn himmlische Gestalten tatsächlich Katholiken erscheinen, dann stellt das das ganze Welt- oder Himmelsbild in Frage. Dann wäre die Feindschaft gegen diese Erscheinungen ja nicht nur Feindschaft gegen die Katholiken, sondern gegen Gott selbst. Wie in der Schrift steht: 'Wenn dieses Werk von Menschen stammt, wird es zerstört werden; stammt es aber von Gott, so könnt ihr sie

nicht vernichten; sonst werdet ihr noch als Kämpfer gegen Gott dastehen.'[197]

77. Erscheinungen von Engeln berichtet die Bibel eine ganze Menge. Doch wie ist es mit verstorbenen? König Saul erschien der verstorbene Prophet Samuel.[198] Der Prophet Elischa erhielt den Mantel des entrückten Propheten Elija und sah dessen Entrückung.[199] Jesus selber erschienen Mose und Elija.[200] Es gibt aber auch Erscheinungen von verstorbenen Heiligen. So ist dem Makkabäer der frühere Hohepriester Onias und der Prophet erschienen.[201] Wieder haben wir mehr als drei Belege. Somit ist klar, Maria oder andere Heilige können Kindern in Fatima oder anderswo erscheinen, selbst Katholiken. Es ist biblisch. Mehr dazu zu sagen ist gar nicht mehr nötig. Das gilt auch für die Wundmahle Christi bei Auserwählten.[202]

---

[197] Apg 5,34-40
[198] 1 Sam 28,1-25
[199] 2 Kön 2,10-14
[200] Mt 7,3; Lk 9,30
[201] 2 Makk 15,11-16
[202] Gal 6,17

Gerecht gemacht sein durch Glaube oder Werke?

78. Ein weiterer Streitpunkt ist, sind wir nun Gerecht gemacht durch unseren Glauben oder durch Werke? Die Schrift sagt, Wir sollen wissen: Durch Jesus wird uns die Vergebung der Sünden verkündet, und in allem, worin uns das Gesetz des Mose nicht gerecht machen konnte, wird jeder, der glaubt, durch ihn gerecht gemacht.[203] Was das Gesetz sagt, sagt es denen, die unter dem Gesetz leben, damit jeder Mund verstummt und die ganze Welt vor Gott schuldig wird. Denn durch <u>Werke des Gesetzes</u> wird niemand vor ihm gerecht werden; durch das Gesetz kommt es vielmehr zur Erkenntnis der Sünde. Jetzt aber ist unabhängig vom Gesetz die Gerechtigkeit Gottes offenbart worden, bezeugt vom Gesetz und von den Propheten: Die Gerechtigkeit Gottes aus dem Glauben an Jesus Christus, offenbart für alle, die glauben. Denn es gibt keinen Unterschied: Alle haben wir gesündigt und die Herrlichkeit Gottes verloren. Ohne es verdient zu haben, werden wir gerecht, dank seiner Gnade, durch die Erlösung in Christus Jesus. Diesen Jesus hat Gott dazu

---

[203] Apg 13,38-39

bestimmt, Sühne zu leisten mit seinem Blut, Sühne, wirksam durch Glauben. So erweist Gott seine Gerechtigkeit durch die Vergebung der Sünden, die früher, in der Zeit seiner Geduld, begangen wurden; Gott erweist seine Gerechtigkeit in der gegenwärtigen Zeit, um zu zeigen, dass er gerecht ist und den gerecht macht, der an Jesus Christus glaubt. Können wir uns da noch rühmen? Das ist ausgeschlossen. Durch welches Gesetz? Durch das der Werke? Nein, durch das Gesetz des Glaubens. Denn wir sind der Überzeugung, dass der Mensch gerecht wird durch Glauben, unabhängig von <u>Werken des Gesetzes</u>. Ist denn Gott nur der Gott der Juden, nicht auch der Christen? Ja, auch der Christen, da doch gilt: Gott ist "der Eine". Er wird aufgrund des Glaubens sowohl die Beschnittenen wie die Unbeschnittenen gerecht machen. Setzen wir nun durch den Glauben das Gesetz ausser Kraft? Im Gegenteil, wir richten das Gesetz auf.[204]

79. Nachdem wir jetzt durch Christi Blut gerecht gemacht sind, werden wir durch ihn erst

---

[204] Röm 3,19-31

recht vor dem Gericht Gottes gerettet werden.[205] Die aber, die Gott vorausbestimmt hat, hat er auch berufen, und die Gott berufen hat, hat Gott auch gerecht gemacht; die er aber gerecht gemacht hat, die hat er auch verherrlicht.[206] So hat das Gesetz uns in Zucht gehalten bis zum Kommen Christi, damit wir durch den Glauben gerecht gemacht werden.[207] Den Heiligen Geist hat Gott in reichem Mass über uns ausgegossen durch Jesus Christus, unseren Retter, damit wir durch Gottes Gnade gerecht gemacht werden und das ewige Leben erben, das wir erhoffen.[208] Was nützt es aber, wenn einer sagt, er habe Glauben, aber es fehlen die Werke? Kann denn der Glaube ihn retten? Wenn ein Mensch ohne Kleidung ist und ohne das tägliche Brot und einer von uns zu diesem sagt: Gch in Frieden, wärme und sättige dich!, wir geben ihm aber nicht, was er zum Leben braucht - was nützt das? <u>So ist auch der Glaube für sich allein tot, wenn er nicht Werke vorzuweisen hat</u>. Nun kann einer sagen: Du hast Glauben, und ich

---

[205] Röm 5,9
[206] Röm 8,30
[207] Gal 3,24
[208] Tit 3,6-7

kann Werke vorweisen; <u>zeige mir deinen Glauben ohne die Werke, und ich zeige dir meinen Glauben aufgrund der Werke.</u>[209]

80. Jesus sagte: 'Selig, die hungern und dürsten nach der Gerechtigkeit; denn sie werden satt werden.'[210] Ja, und so wird es sein, wer gerecht ist, wird satt werden. Diese ganze Diskussion von uns über Gerecht durch Glaube oder durch Werke ist an sich Dummheit, ja, alles Dummheit. Wir sind wie die Pharisäer, kennen die Schrift auswendig und haben doch keine Ahnung davon. Wir sind wie die Computer, alles gespeichert, doch von uns aus können wir nichts damit anfangen. Es ist wie die Aussage: "Wer nach dem Recht lebt, der ist gerecht?" Wenn das Recht vorsieht, dass du eine Ehebrecherin steinigen darfst und du tust es, dann bist du nach dem Recht gerecht, denn es steht ja so im Recht. Dann waren die Pharisäer die gerechtesten aller Menschen, denn niemand befolgte das Gesetzt so pingelig, wie gerade sie und dennoch waren sie vor Gott nicht gerecht.

---

[209] Jak 2,14-18
[210] Mt 5,6

81. Ja, was ist denn nun Gerecht sein? Das ist eine der schwierigsten Fragen und es hilft uns nur die Bibel weiter. So sagte Jesus: 'Gerechtigkeit ist: dass ich zum Vater gehe und ihr mich nicht mehr seht.'[211] Was soll daran gerecht sein? Dadurch sind wir doch alleine, natürlich mit dem Heiligen Geist, aber ohne Jesus leibhaft lebend in unserer Mitte. Und dennoch ist es gerecht, denn Jesus hatte in vollem Gehorsam gegenüber dem Vater alles getan, wozu er damals hier war und wurde mit der Verherrlichung beim Vater belohnt. Das ist gerecht. Wir haben seine Worte in der Schrift und den Heiligen Geist, sind also besser dran, wie die Menschen vor seiner Zeit. Der Prophet sagt es so: 'Das Werk der Gerechtigkeit wird der Friede sein, der Ertrag der Gerechtigkeit sind Ruhe und Sicherheit für immer.'[212] Dieses 'immer' ist in der Ewigkeit, denn: 'Ihn Jesus Christus hat Gott dazu bestimmt, Sühne zu leisten mit seinem Blut, Sühne, wirksam durch Glauben. So erweist Gott seine Gerechtigkeit durch die Vergebung der Sünden, die früher, in der Zeit seiner Geduld, begangen wurden; er erweist seine Gerechtigkeit

---

[211] Joh 16,10
[212] Jes 32,17

in der gegenwärtigen Zeit, um zu zeigen, dass er gerecht ist und den gerecht macht, der an Jesus glaubt.'[213] Gerecht gemacht zu werden von Gott bedeutet daher, von ihm alle Sünden vergeben zu bekommen und somit schuldlos vor ihm zu sein. Darum sagt der Apostel: 'Stellt die Glieder nicht der Sünde zur Verfügung als Waffen der Ungerechtigkeit, sondern stellt euch selbst Gott zur Verfügung als Menschen, die vom Tod zum Leben gekommen sind, und stellt eure Glieder als Waffen der Gerechtigkeit in den Dienst Gottes.' Die Sünde soll nicht über uns herrschen; denn wir stehen nicht unter dem Gesetz, sondern unter der Gnade.'[214] Jesus warnt uns zudem. Wenn unsere Gerechtigkeit nicht weit grösser ist als die der Schriftgelehrten und der Pharisäer, werden wir nicht in das Himmelreich kommen.[215]

82. Was ist denn nun Gerechtigkeit wirklich? Hören wir auf Jesus: Hüten wir uns, unsere Gerechtigkeit vor den Menschen zur Schau zu stellen; sonst haben wir keinen Lohn von unserem

---

[213] Röm 3,25-26
[214] Röm 6,13-14
[215] Mt 5,20

Vater im Himmel zu erwarten. Wenn wir Almosen geben, sollen wir es nicht publizieren, wie es die Heuchler in den Kirchen und in den Medien tun, um von den Leuten gelobt zu werden. Wir haben unseren Lohn dann bereits erhalten. Wenn wir Almosen geben, soll unsere linke Hand nicht wissen, was unsere rechte Hand tut. Unser Almosen soll verborgen bleiben, und unser Vater, der auch das Verborgene sieht, wird es uns vergelten. Wenn wir beten, machen wir es nicht wie die Heuchler. Sie stellen sich beim Gebet gern in die Kirchen und mit der Bibel in der Hand an die Strassenecken, damit sie von den Leuten gesehen werden. Sie haben ihren Lohn bereits erhalten. Wir aber gehen in unsere Kammer, wenn wir beten, und schliessen die Tür zu; dann beten wir zu unserem Vater, der im Verborgenen ist. Unser Vater, der auch das Verborgene sieht, wird es uns vergelten. Wenn wir beten, sollen wir nicht plappern wie die Götzendiener, die meinen, sie werden nur erhört, wenn sie viele Worte machen. Machen wir es nicht wie diese; denn unser Vater weiss, was wir brauchen, noch ehe wir ihn bitten.[216] Gerechtigkeit ist in drei Worten zusammengefasst Glaube an Gott, Almosen geben – also **Werke der Barmherzigkeit und nicht der Gerechtigkeit** vorweisen können – und Gebet. Es ist eine Kombination. Glaube ist bedingungsloses Vertrauen in Gott, Almosen geben ist ein Werk des Menschen, welches jedoch verborgen bleiben soll, genauso wie das Gebet, die intime Gesprächsbeziehung mit Gott im Vater, im Sohn und im Heiligen Geist. All das kann auch mit dem Wort "Treue" zusammengefasst werden. Der Makkabäer sagt: 'Wurde Abraham nicht für treu befunden in der Erprobung, und wurde ihm das nicht als Gerechtigkeit angerechnet?'[217] Und das Buch Genesis sagt: 'Abram glaubte dem Herrn, und der Herr rechnete es ihm als Gerechtigkeit an.'[218] Dann war Abraham aufgrund des Glaubens gerecht, weil er an die Verheissung von Nachkommenschaft, so zahlreich wie die Sterne, glaubte und nicht durch Werke, oder? Vergessen wir das Werk des Opfers nicht. Oder glaubt jemand, dass Abraham seinen Sohn Isaak

---

[216] Mt 6,1-8
[217] 1 Makk 2,52
[218] Gen 15,6

opfern sollte, war kein Werk? Dennoch glaubte er an die Verheissung, wenngleich er keine Ahnung hatte, wie sie sich erfüllen sollte. Trotz dieser Ungewissheit tat er das Werk und legte seinen Sohn auf den Opferaltar. Das war nicht nur Glaube, das war auch Werk und zudem ein grosses Werk. Lasst es nochmals mit dem Apostel gesagt sein: 'Willst du also einsehen, du unvernünftiger Mensch, dass der Glaube ohne Werke nutzlos ist! Wurde unser Vater Abraham nicht aufgrund seiner Werke als gerecht anerkannt? Denn er hat seinen Sohn Isaak als Opfer auf den Altar gelegt. Du siehst, dass bei ihm der Glaube und die Werke zusammenwirkten und dass erst durch die Werke der Glaube vollendet wurde.'[219] Zudem bezeugt der Psalmist: 'Pinhas trat auf und hielt Gericht; so wurde die Plage abgewandt. Das rechnete Gott ihm als Gerechtigkeit an, ihm und seinem Geschlecht für immer und ewig.'[220] Glaube für sich alleine ist nur ein Lippenbekenntnis. Werke ohne Glauben sind leere Formen. Der Glaube ist der Inhalt und das Werk das Gefäss. Beides gehört unabdingbar

---

[219] Jak 2,20-22
[220] Ps 106,30-31

zusammen. Wenn wir aber unsere 'Gefässe' allen herumzeigen, dann wird es sinnlos. Es sind 'Gefässe', die wir nur Gott zeigen sollen. So war das 'Gefäss' des Opfers Abrahams kein Opfer in der Öffentlichkeit. Nein, er liess die Knechte zurück und ging nur mit seinem Sohn, dem Opfer, auf den Berg. Was immer wir auch tun an guten Werken, tun wir sie im Verborgenen im Vertrauen auf Gott und reichen es ihm im stillen Gebet dar, so werden wir von Gott für gerecht befunden. Wenn wir das tun und unsere Entbehrungen nicht öffentlich machen, dann werden wir am Ende im Himmel satt werden.

Die Sakramente.

84. Das letzte Streitthema in diesem Teil sollen die Sakramente sein. Alle Sakramente bis auf die Krankensalbung werden in diesem Buch verstreut behandelt. Darum soll hier lediglich eine kurze Zusammenfassung angeführt sein. Die Sakramente sind ganz besondere "Zeichen" der Hoffnung auf dem Heilsweg. Das sind die sieben Sakramente: 'Taufe, Firmung (Empfang des Heiligen Geistes), Busse (Beichte), Eucharistie (Kommunion), Krankensalbung, Ehe und Priesterweihe.' Alle diese Sakramente gruppieren sich um das grosse zentrale Sakrament, die Eucharistie. Es ist das vierte. Davor sind drei und danach sind drei.

85. Aber was ist überhaupt ein Sakrament? Das Wort Sakrament kommt aus dem Lateinischen und bedeutet 'Fahneneid', 'heilige Handlung'. Es sind heilige Handlungen, die Christus selber eingesetzt hat, aber nichts mit Magie zu tun haben, sondern mit Bekenntnis. Sie verbürgen das verheissene Heil im gläubigen Vollzug der sichtbaren Handlung vom Spender zum Empfänger. – Die Taufe ist das grundlegende

Sakrament, durch das der gläubig gewordene der Erbsünde entrissen und in die Christusgemeinschaft eingegliedert wird. – Die Firmung ist die Vollendung der Taufe in der Gabe des Heiligen Geistes und die engere Verbindung des Gläubigen mit dem mystischen Leib Christi, der Kirche/Gemeinde. – Die Beichte ist die Feier der Versöhnung eines Sünders mit Gott, der Kirche und sich selbst, indem der Priester in der Vollmacht und Vertretung Christi die Sünden nachlässt. – Die Eucharistie ist das von Christus gestiftete Mahl, das den Opfertod Jesu am Kreuz verkörpert und in dem Jesus in der Gestalt von Brot und Wein leibhaft gegenwärtig ist. Jesus wird nicht immer neue geopfert in der Heiligen Messe, sondern es ist die, wie in einer Zeitkapsel, stetige Vergegenwärtigung des Geschehens auf Golgota. Dies ist die mächtigste Waffe gegen Satan, denn bei jeder Eucharistie muss er sein Scheitern im Geschehen von damals betrachten und sich vor Augen halten, dass er, was auch immer er unternimmt, den Kampf mit Gott verloren hat. Er kann Massen von einzelnen Seelen zu Fall bringen, doch nicht Gott, der ihn gerade durch sein Menschsein bezwang. Es ist das schmerzlichste Bild für Satan, dass er in Christus nichts von seinen eigenen Werken findet. Sein Stolz blendet ihn derart, dass er es trotz dieses immer wieder vor Augen geführt bekommen, nicht schaffen wird, einzusehen, dass er, trotz allem Schaden, den er anrichtet, endgültig verloren hat. Die Eucharistie wird von jedem zum Priester geweihten, durch die Sukzession der Apostel, immer gültig gefeiert, egal ob er selber noch daran glaubt oder nicht. Die Priesterweihe ist deshalb eines der grössten Geschenke an die Menschheit. Jeder, der einer Heiligen Messe beiwohnt, muss sich nicht erst mit der Frage beschäftigen, ob der Priester auch rechtgläubig ist oder genug konzentriert ist. Er kann sich sicher sein, dass durch seine Weihe die Eucharistie und die anderen Sakramente immer gültig für ihn sind. Selbst wenn ein Priester Götzendiener würde, wäre seine Heilige Messe immer noch gültig. – Die Krankensalbung soll den Kranken mit Christus verbinden und die heilende Wirkung des geweihten Öles soll den Kranken vor allem an der Seele, aber auch am Körper stärken. Sagt doch der Apostel: 'Ist einer von euch bedrückt, dann soll er beten. Ist einer fröhlich, dann soll er ein Loblied singen. Ist einer von euch aber krank, dann rufe er die Priester der Gemeinde zu sich; sie sollen Gebete über ihn sprechen und ihn im Namen des Herrn mit Öl salben. Das gläubige Gebet wird den Kranken retten, und der Herr wird ihn aufrichten; wenn er Sünden begangen hat, werden sie ihm vergeben.'[221] – Die Ehe ist eine lebenslängliche treue Gemeinschaft zwischen einem Mann und einer Frau, die besonders teilhat an der Schöpferkraft Gottes durch die Zeugung von Kindern. – Bei der Weihe, Diakon, Priester und Bischof wird durch Handauflegung und Gebet eines Bischofs (Nachfolger der Apostel), seit der Zeit der Apostel, ein Mann für seinen Dienst bestellt, damit der Geist der Kraft, der Liebe und der Besonnenheit ihn für seine Aufgaben befähigt. Egal, was für ein Leben dieser Mensch auch führt, seine Handlungen im sakramentalen Sinn werden immer gültig sein."

86. So sind die Sakramente also die Garanten der Gemeinde. Solange die Sakramente gespendet werden, ist immer Kirche vorhanden. An dem Tag, an dem die Sakramente nicht mehr gespendet

---

[221] Jak 5,13-15

werden, ist die Gemeinde tot. Das bedeutet nicht dass es dann keine Gläubigen mehr gibt. Doch diese werden einzelne Gläubige sein, denn die Verbindung mit Christus als seine Gemeinde ist dann nicht mehr gegeben in den Zeichen des 'Fahneneides' für Ihn.

87. Aber Gemeinde ist doch immer gegeben, wo einige im Namen Jesu beisammen sind, oder? Natürlich ist Jesus da zugegen. Deshalb sind sie aber noch nicht Gemeinde im Sinne seiner Verheissung. Es kann keine Gemeinde im Sinne seiner Verheissung geben, wenn gleichsam seine von ihm eingesetzten 'Feldzeichen' fehlen. Dass dies seinem Willen entspricht entnehmen wir klar der Verheissung seiner Gemeinde: 'Ich aber sage dir: Du bist Petrus, und auf diesen Felsen werde ich meine Kirche (Gemeinde) bauen, und die Mächte der Unterwelt werden sie nicht überwältigen.'[222] Das ist ja der Stein des Anstosses für sehr viele. Es ist aber so, dass es nur eine Kirche der Verheissung von Jesu gibt und das ist die petrinische. Das bedeutet aber nicht, dass die anderen Christen alle des Teufels sind, ganz und

---

[222] Mt 16,18

gar nicht. Sagt doch Jesus auch: 'Da sagte Johannes zu Jesus: Meister, wir haben gesehen, wie jemand in deinem Namen Dämonen austrieb; und wir versuchten, ihn daran zu hindern, weil er <u>uns</u> nicht nachfolgt. Jesus erwiderte: Hindert ihn nicht! Keiner, der in meinem Namen Wunder tut, kann so leicht schlecht von mir reden. Denn wer nicht gegen uns ist, der ist für uns.'[223] Mit diesem Satz gab er auch allen Christen, die nicht zur petrinischen Kirche gehören eine Daseinsberechtigung, doch eben nicht die Integration in die Gemeinde oder Kirche seiner Verheissung. Das bedeutet jedoch ganz und gar nicht, dass diese verloren sind.

---

[223] Mk 9,38-40; Lk 9,49-50

Teil 2 – Hilfestellungen

88. Nachdem im ersten Teil verschiedene Fragen aufgegriffen wurden, die in der Christenheit zu Zerwürfnissen und Spaltungen führ(t)en, wendet sich der zweite Teil mehr dem praktischen Leben zu. Es soll anhand der Heiligen Schrift aufzeigen, wie das tägliche Leben von Jüngern Jesus und Mitgliedern der Gemeinde Jesu ausschauen könnte, bzw. sollte. Warum hier eine Unterscheidung zwischen Jüngern und Gemeinde eingeflochten ist, wird der aufmerksame Leser im Verlaufe dieses Teils herausfinden. Das soll an dieser Stelle nicht vorgegriffen sein.

89. Wer in diesem Teil nun einfach nach Mängeln an anderen sucht, um erneut auf "die Anderen" zeigen zu können, der dürfte den ersten Teil kaum verinnerlicht haben. Hier geht es nun vielmehr darum, eine biblisch fundierte Selbstreflektion vornehmen zu können. Noch mehr als im ersten Teil wird in diesem Teil die Sprache der Bibel selber Verwendung finden. Wenn der Leser bislang bereits parallel zum Lesen dieses Buches die Bibel verwendet hat, so wird er unschwer erkennen, dass sich die Texte

nun noch mehr decken. Das ist nicht Zufall, sondern beabsichtigt. Gerade in der Sprache der Bibel kann so auch in unserer Zeit der grösste Nutzen für jeden erzielt werden. Durch diese Technik wird schnell klar, dass die Bibel nicht ein veraltetes Buch ist, das doch auf heutige Fragen keine Antwort hat. Vielmehr dient dies dazu, dass der heutige Mensch, der nur schwer die Zeit findet, an die 1'500 Seiten kleingedruckter Bibeltexte durchzusuchen, einige sehr wichtige Lebenshilfen auf wenigen und grossgedruckten Seiten finden kann.

Das Naturgesetz

90. Die Frage nach dem Naturgesetz ist eine sehr komplexe und je nach dem, wen man fragt, bekommt man eine andere Antwort. Würde jemand abgesondert auf dem Mond leben und man würde ihn fragen, was die Natur des Menschen sei, so würde dieser vermutlich antworten: Es ist der Krieg, denn ich sehe immer irgendwo Explosionen von einschlagenden Geschossen. Lebte dieser in einem Luftschiff, einige Kilometer über der Erde, so würde er sagen, es ist die Getriebenheit des Menschen. Alle Menschen scheinen andauernd unterwegs zu sein. Käme er noch näher, dann würde er vermutlich wiederum etwas anderes sagen. Doch was ist nun die Natur des Menschen? Das innerste Wesen und der innerste Antrieb? An einem Ort ist Krieg und doch gibt es da Menschen, die völlig selbstlos in die Kampfgebiete gehen und verwundete versorgen. Andere bemühen sich mit Hilfslieferungen um Flüchtlinge, wieder andere scheinen nur auf die Not dieser gewartet zu haben, um sie auszunutzen.

91. Die Erzählung von Petrus und dem Hauptmann Kornelius hilft uns da vielleicht weiter.[224] Da ist ein frommer Judenchrist, der in seinem Leben noch nichts gegessen hat, was ihm als unrein erscheint. Ja, es geht soweit, dass dieser Mann noch nicht einmal mit einem Nichtjuden in Kontakt stand, geschweige sein Haus besuchte. Dieser Judenchrist war Petrus. Gott lässt Petrus jedoch wissen, was er unter echter Frömmigkeit versteht. Der "Gegenpart" ist ein Hauptmann der Armee, ein Fremder, ein Heide der Besatzungsmacht. Gerade dieser Fremde hat jedoch erkannt, dass die "Götter" seiner Heimat nichts sind und dass der Gott Israels wahrer Gott ist. Doch als Besatzungsoffizier gehört er zu den Letzten, die Aufnahme finden, denn das würde ja als Kollaboration mit dem Feinde gelten. Zwar nehmen alle Juden gerne die Almosen dieses Fremden entgegen und rühmen ihn dafür, doch den letzten Schritt der Verbrüderung mit dem "Feind" wagen sie nicht. Genau der vermeintliche Feind ist es jedoch, der in seinem Herzen erkennt, dass am Ende nur Verbrüderung zu Frieden führt.

---

[224] Apg 10,1-35

Gott hätte ganz einfach Petrus in einer Vision mitteilen können, dass er diesen Fremden erwählt hat und Petrus wäre sofort gefolgt. Doch was dann? Petrus hätte kaum seine Essensbräuche akzeptiert. So wären die beiden nicht in wirklicher Weise Brüder geworden. Man könnte nun sagen, die Liebe geht durch den Magen. Gott "nutzt" das natürlichste des Menschen, das Gefühl des Hungers, um ihm in einer Vision zu zeigen, dass er alle Speisen für rein erachtet. Wenn er schon die Speisen als rein erachtet, um wieviel mehr die Menschen, die ihn von Herzen suchen. Im Hauptmann Cornelius begegnete Petrus exakt diesem Menschen, einen Menschen der Gott von Herzen suchte und getrieben durch sein Gewissen, gutes tat: Betete und Almosen gab. Wie sehr dieser Fremde das Gute suchte, zeigt, dass er vor dem, der ihm bei seiner Suche hilft, auf die Knie fällt, aus Freude und Dankbarkeit. Doch dies ist nicht nur ein Akt der Dankbarkeit, sondern auch eine Prüfung für Petrus. Petrus hätte diese Huldigung annehmen können und sich als Jude besser fühlen können, als eben der, der von Gott gesandt ist, zu unterweisen. Petrus besteht die Prüfung und richtet den Suchenden auf, hebt ihn auf dieselbe Stufe und lässt ihn zur Äusserung hinreissen: 'Wahrhaftig, jetzt begreife ich, dass Gott nicht auf die Person sieht, sondern dass ihm in jedem Volk willkommen ist, wer ihn fürchtet und tut, was Recht ist.'[225] Somit wären wir bereits beim Kernsatz der Antwort, was die Natur des Menschen ist. Gott zu fürchten und das rechte tun. Zwei Drittel der Menschen auf der Erde sind nicht Christen. Viele von ihnen haben noch nie etwas von Christus gehört, oder von Gott dem Vater oder dem Heiligen Geist; immer derselbe eine Gott, das eine Wesen, in drei Personen, drei Erscheinungsweisen. Viele von ihnen suchen doch in ihren Herzen exakt diesen Gott, den sie unterschiedlich benennen und tun, was Recht ist. Sie haben Ehrfurcht vor dem Schöpfer aller Dinge und geben Almosen.

92. Trotz all ihres Bemühens fühlen sie jedoch innerlich kein Licht, sondern Dunkelheit, das gilt auch für viele Christen. Wenn nun das Licht in ihnen Finsternis ist, wie gross muss dann die Finsternis sein![226] Wenn Ungläubige, die das

---

[225] Apg 10,34b-35
[226] Mt 6,23b

Gesetz der Bibel nicht haben, von Natur aus das tun, was im Gesetz der Bibel gefordert ist, so sind sie, die das Gesetz nicht haben, jedoch sich selbst Gesetz. Sie zeigen damit, dass ihnen die Forderung des Gesetzes der Bibel ins Herz geschrieben ist; ihr Gewissen legt Zeugnis davon ab, ihre Gedanken klagen sich gegenseitig an und verteidigen sich.[227] Alle Menschen sollten Gott suchen, ob sie ihn ertasten und finden könnten; denn keinem von allen ist er fern. Denn in ihm leben wir, bewegen wir uns und sind wir, wie auch einige von den Dichtern gesagt haben: Wir sind von seiner Art.[228] Gott will, dass alle Menschen gerettet werden und zur Erkenntnis der Wahrheit gelangen.[229] Der Wahrheit, die über Jahrtausende verkündet, aufgeschrieben und weitergegeben wurde: Jesus Christus.[230]

93. Wie es auch geschrieben steht:[231] Diejenigen endlich, die das Evangelium noch nicht empfangen haben, sind auf das Gottesvolk auf

---

[227] Röm 2,14-15
[228] Apg 17,25-28
[229] 1 Tim 2,4
[230] Joh 14,6
[231] LG [Lumen Gentium] 16

verschiedene Weise hingeordnet.[232] In erster Linie jenes Volk, dem der Bund und die Verheissungen gegeben worden sind und aus dem Christus dem Fleische nach geboren ist,[233] dieses seiner Erwählung nach um der Väter willen so teure Volk: Die Gaben und Berufung Gottes nämlich sind ohne Reue.[234] Der Heilswille umfasst aber auch die, welche den Schöpfer anerkennen, unter ihnen besonders die Muslime, die sich zum Glauben Abrahams bekennen und mit uns den einen Gott anbeten, den barmherzigen, der die Menschen am Jüngsten Tag richten wird. Aber auch den anderen, die in Schatten und Bildern den unbekannten Gott suchen, auch solchen ist Gott nicht ferne, da er allen Leben und Atem und alles gibt[235] und als Erlöser will, dass alle Menschen gerettet werden.[236] Wer nämlich das Evangelium Christi und seine Kirche ohne Schuld nicht kennt, Gott aber aus ehrlichem Herzen sucht, seinen im Anruf des Gewissens erkannten Willen unter dem

---

[232] Thomas von Aquin, Summa Theol. III., q. 8, a. 3, ad 1.
[233] Röm 9,4-5
[234] Röm 11,28-29
[235] Apg 17,25-28
[236] 1 Tim 2,4

Einfluss der Gnade in der Tat zu erfüllen trachtet, kann das ewige Heil erlangen.[237] Die göttliche Vorsehung verweigert auch denen das zum Heil Notwendige nicht, die ohne Schuld noch nicht zur ausdrücklichen Anerkennung Gottes gekommen sind, jedoch, nicht ohne die göttliche Gnade, ein rechtes Leben zu führen sich bemühen. Was sich nämlich an Gutem und Wahrem bei ihnen findet, wird von der Kirche als Vorbereitung für die Frohbotschaft[238] und als Gabe dessen geschätzt, der jeden Menschen erleuchtet, damit er schliesslich das Leben habe. Vom Bösen getäuscht, wurden freilich die Menschen oft eitel in ihren Gedanken, vertauschten die Wahrheit Gottes mit der Lüge und dienten der Schöpfung mehr als dem Schöpfer[239] oder sind, ohne Gott in dieser Welt lebend und sterbend, der äussersten Verzweiflung ausgesetzt. Daher ist die Kirche eifrig bestrebt, zur Ehre Gottes und zum Nutzen des Heils all dieser Menschen die Missionen zu fördern, eingedenk des Befehls des Herrn, der

---

[237] Brief des Heiligen Offiziums an den Erzbischof von Boston: Denz. 3869 bis 3872.
[238] Eusebius v. Cæs., Præparatio Evangelica 1, 1: PG 21, 28 AB.
[239] Röm 1,21.25

gesagt hat: "Predigt das Evangelium der ganzen Schöpfung".[240] Der ganzen Schöpfung soll somit durch das vorbildliche Leben der Menschen die Frohe Botschaft vermittelt werden.[241] Dies in seinem eigenen Leben zu verwirklichen, ist die erste Stufe zum Naturgesetz.

94. Dabei erschliesst sich die Notwendigkeit der Gebote für das Heil, oder andersgesagt zum Offenbarwerden als Sohn [Tochter] Gottes. Der eine bevorzugt für sein Tun und Handeln z.B. bestimmte Tage, der andere macht keinen Unterschied zwischen den Tagen. Jeder soll aber von seiner Auffassung überzeugt sein. Die Überzeugung, die er selbst hat, soll er vor Gott haben. Dann gilt auch wohl dem, der sich nicht zu verurteilen braucht bei dem, was er für recht hält.[242] Denn das ist der Ruhm - und dafür zeugt auch das Gewissen -, dass wir in dieser Welt, vor allem denen gegenüber, in der Aufrichtigkeit und Lauterkeit, wie Gott sie schenkt, gehandelt haben,

---

[240] Mk 16,16
[241] Röm 8,19: Denn die ganze Schöpfung wartet sehnsüchtig auf das Offenbarwerden der Söhne Gottes.
[242] Röm 14,5.22

nicht aufgrund menschlicher Weisheit, sondern aufgrund göttlicher Gnade.²⁴³ Die Zehn Gebote sind: 1. Ich bin der Herr, dein Gott. Du sollst keine fremden Götter neben mir haben! ²⁴⁴ 2. Du sollst den Namen Gottes nicht verunehren! 3. Du sollst den Sabbat (Sonntag – Tag des Herrn) heiligen!²⁴⁵ 4. Du sollst Vater und Mutter ehren, auf dass es dir wohl ergehe und du lange lebst auf Erden! 5. Du sollst nicht morden/töten! 6. Du sollst nicht Unkeuschheit treiben! 7. Du sollst nicht stehlen! 8. Du sollst kein falsches Zeugnis geben wider deinen Nächsten! 9. Du sollst nicht begehren deines Nächsten Frau/Mann! 10. Du sollst nicht begehren deines Nächsten Hab und Gut!²⁴⁶ Das elfte Gebot ist: Ein neues Gebot gebe ich euch:

---

²⁴³ 2 Kor 1,12
²⁴⁴ Hier ist auch das 'Bildnis' von etwas machen enthalten. Dies könnte gut mit 'Vorstellung machen' umschreiben werden. Denn all unsere Fantasie wird der Wirklichkeit ohnedies nicht gerecht und ist letztlich nicht viel anderes als Klatsch und Tratsch in abgewandelter Weise.
²⁴⁵ Ob Sabbat oder Sonntag ist nicht zentral. Feiere ich die Grabesruhe Jesu oder seine Auferstehung? Was ist wohl zentraler im Heilsgeschehen? Viel wichtiger scheint, dass wir überhaupt einen Tag in der Woche Gott weihen. Sagt doch Jesus: Denn der Menschensohn ist Herr über den Sabbat. (Mt 12,8; Lk 6,5)
²⁴⁶ Ex 20,1-20

'Liebt einander, wie ich (Christus, Jesus) euch geliebt habe. Es gibt keine grössere Liebe, als wenn einer sein Leben für seine Freunde hingibt.'[247]

95. Die Gebote sind deshalb zentral, weil Jesus nicht gekommen ist, um das Gesetz und die Propheten aufzuheben. Er ist nicht gekommen, um aufzuheben, sondern um zu erfüllen. Bis Himmel und Erde vergehen, wird auch nicht der kleinste Buchstabe des Gesetzes vergehen, bevor nicht alles geschehen ist, bekräftigt Jesus. Wer auch nur eines von den kleinsten Geboten aufhebt und die Menschen entsprechend lehrt, der wird im Himmelreich der Kleinste sein. Wer sie aber hält und halten lehrt, der wird gross sein im Himmelreich. Darum sagte Jesus auch, dass unsere Gerechtigkeit weit grösser sein muss als die der Schriftgelehrten und der Pharisäer, sonst werden wir nicht in das Himmelreich kommen.[248] Die Schriftgelehrten und Pharisäer kannten zwar

---

[247] Joh 13,34; Joh 15,12-13 – Wer über die elf Gebote und ihren tiefen Gehalt mehr erfahren möchte, dem sei das Büchlein empfohlen: Der alte Jusuf und die Himmelsleiter, ISBN - 978-3-7412-9728-1 (Hard-Cover), ISBN - 978-3-7412-0100-4 (E-Book)
[248] Mt 5,17-20

das Gesetz, erkannten aber den Gesetzgeber nicht, Jesus Christus.[249] Genau dieser Jesus wies jedoch selber immer wieder auf die Wichtigkeit hin, diese Gebote zu halten.[250] Ja mehr noch, Jesus erklärt die Gebote ganz eindeutig zu seinen eigenen Geboten, denn er sagt: 'Wer meine Gebote hat und sie hält, der ist es, der mich liebt; wer mich aber liebt, wird von meinem Vater geliebt werden und auch ich werde ihn lieben und mich ihm offenbaren.'[251] Das Halten der Gebote und das Erkennen des Gesetzgebers in Jesus Christus sind somit die Liebeserklärung an Gott schlechthin. Die Apostel sahen es daher als ihre Pflicht die Gebote als Ermahnungen Christi den Jüngern weiterzugeben.[252] Wer Jesus verkündet, die Gebote jedoch aus der Verkündigung ausklammert, betreibt somit Liebesentzug an Jesus selbst.[253] Dies ist eine Tatsache, die gerade heute von vielen Predigern vergessen wird. In der Verkündigung werden heute sehr gerne nette

---

[249] Joh 8,19
[250] Mk 10,17-20
[251] Joh 14,21
[252] 1 Thess 4,2
[253] Joh 14,21

Geschichten erzählt, was der Prediger gerade diese Tage erlebt hat, wo ihn der Schuh drückt und viele ähnliche Episoden aus seinem Leben. Merken sie es? Sie reden nur von sich selbst, aber nicht von dem, den sie verkündigen sollten, auch in der Lehre der Gebote. Wie wir sahen, ist eine Liebeserklärung an Gott nicht möglich, ohne auch die Gebote zu halten und sie zu lehren.

Funktion der Vorschriften der Kirche

96. Manche Gruppen von Gläubigen sind der Ansicht, dass es in der Kirche keine Regeln der Kirche selber geben dürfe. Doch dies ist nicht biblisch. Paulus selber hat die Priester [Presbyter/Älteste] vor Ort offenbar ganz klar instruiert, wie sie ihr Amt auszuführen hatten. Den er sagt, sollte er, Paulus, aber länger ausbleiben, sollte der Priester wissen, wie man sich im Hauswesen Gottes verhalten müsse, das heisst in der Kirche des lebendigen Gottes, welche die Säule und das Fundament der Wahrheit sei.[254] Den Aposteln war von Beginn weg klar, dass alle Menschen Fehler machen und Sünden haben, auch in der Leitung der Gemeinden, und sie ermahnten mit Nachdruck, gerade sich der Sünden bewusst zu machen, denn wenn einer sage, dass er keine Sünde hätte, führte er sich selbst in die Irre, und die Wahrheit sei nicht in ihm. Wenn wir jedoch unsere Sünden bekennen, sei Gott treu und gerecht; er vergebe uns die Sünden und reinige uns von allem Unrecht. Wenn wir sagten, dass wir nicht gesündigt hätten,

---

[254] 1 Tim 3,15

machten wir Gott zum Lügner, und sein Wort sei nicht in einem.[255] Darum ist es wichtig, dass die Gemeinde, durchaus vertreten durch den Priester in der Beichte, die Sünden vergibt, denn dann sind sie vergeben. Wenn ein solcher Diener der Kirche die Vergebung jedoch verweigert, dann ist die Vergebung verweigert.[256] Dies ist kein eigenmächtiges Handeln eines Amtsträgers in der Kirche. Es gründet viel mehr auf der Weisung Jesu an Simon Barjona als erstem Petrus die Lämmer und Schafe in der ganzen Liebe zu Jesus zu weiden.[257] Es ist Jesus damit sehr ernst, denn er insistiert förmlich, die Apostel mögen die Menschen alles lehren zu befolgen, was er den Aposteln geboten hat. Dazu gehört wesentlich mehr, als in den Schriften dezidiert niedergeschrieben wurde.[258] Und Jesus ermutigt die Apostel: Seid gewiss: Ich bin bei euch alle Tage bis zum Ende der Welt.[259] Eine besondere Rolle unter den Aposteln gab Jesus dem Inhaber

---

[255] 1 Joh 1,8-10
[256] Joh 20,23
[257] Joh 21,15-17
[258] Joh 16,12
[259] Mt 28,20

des Kefasamtes, des Papstamtes. Jesus sagte zu ihm: 'Ich werde dir die Schlüssel des Himmelreichs geben; was du auf Erden binden wirst, das wird auch im Himmel gebunden sein, und was du auf Erden lösen wirst, das wird auch im Himmel gelöst sein.'[260] Damit jedoch der Papst nicht völlig ungebunden ist, steht er in Gemeinschaft mit den Bischöfen. Auch die Bischöfe können nicht einfach binden und lösen ohne den Papst. Sie bedingen sich quasi gegenseitig.[261] In der Kirchengeschichte ist das am besten darin zu sehen, dass ein Konzil, eine Zusammenkunft aller Bischöfe den Glauben betreffend, immer nur dann Gültigkeit hat, wenn deren Beschlüsse auch vom Papst unterzeichnet werden. Ein Konzilsbeschluss ohne Zustimmung des Papstes ist nicht gültig. Wenn man die Tiefe dieses Zusammenspieles betrachtet, ist es beeindruckend, wie Jesus gerade in der Leitung seiner Kirche auf Einheit und Einigung bedacht war. Selbstverständlich würde es den Rahmen in diesem Büchlein sprengen, eine ganze Papst- oder Konzilsgeschichte abhandeln zu wollen. Das

---

[260] Mt 16,19
[261] Mt 18:18

Thema dieses Büchleins ist es ja auch nicht, dies zu vertiefen, sondern aufzuzeigen, wo die einzelnen christlichen Gruppierungen überall der Bibel entsprechen. Es ist auch nicht Sinn und Zweck einzelnen Gruppierungen eine Entsprechung mit der Bibel abzusprechen. Vielmehr ist es eine Möglichkeit, vielleicht inskünftig, mit weniger Abneigung anderen Christlichen Gemeinschaften zu begegnen.

Freiheit und Gewissen

97. Das Gesetz zertritt die Freiheit nicht. Ein gutes Beispiel dafür ist das Wort Gottes an König Salomo. Gott verspricht ihm, nach dem Bau des Tempels, inmitten des Volkes Israels zu wohnen und es nicht zu verlassen, vorausgesetzt, König und Volk halten sich an das Gesetz. Doch Gott lässt ihnen die Wahl, ob sie dem Gesetz folgen möchten oder ob sie andere Wege gehen wollen.[262] Der Apostel Paulus drückt es noch deutlicher aus, indem er schreibt, dass wir nicht einen Geist empfangen haben, der uns zu Sklaven macht, so dass wir uns immer noch fürchten müssten, sondern wir haben den Geist empfangen, der uns zu Söhnen macht, den Geist, in dem wir rufen: Abba, Vater![263] Jesus führt sogar aus, dass die Pharisäer und Schriftgelehrten, die ihn nicht anerkennen Sklaven seien, obschon sie menschlich gesehen zu dieser Zeit nie Sklaven waren. Jesus macht unmissverständlich klar, wer Frei ist und wer Sklave ist. Wer die Sünde tut, ist Sklave der Sünde. Der Sklave aber bleibt nicht für

---

[262] 1 Kön 6,11-13
[263] Röm 8,15

immer im Haus; nur der Sohn bleibt für immer im Haus. Wenn uns also der Sohn befreit, dann sind wir wirklich frei.[264]

98. Paulus klagt die Menschen seines Volkes, die Jesus nicht folgen, sogar an, dass sie Gott erkannt haben, ihn aber nicht als Gott geehrt und ihm nicht gedankt haben. Sie verfielen in ihrem Denken der Nichtigkeit, und ihr unverständiges Herz wurde verfinstert. Sie behaupteten, weise zu sein, und wurden zu Toren. Sie vertauschten die Herrlichkeit des unvergänglichen Gottes mit Bildern und Götzendienst. Darum lieferte Gott sie durch die Begierden ihres Herzens der Unreinheit aus, so dass sie ihren Leib durch ihr eigenes Tun entehrten. Sie vertauschten die Wahrheit Gottes mit der Lüge, sie beteten das Geschöpf an und verehrten es anstelle des Schöpfers. Darum lieferte Gott sie entehrenden Leidenschaften aus: Ihre Frauen vertauschten den natürlichen Verkehr mit dem widernatürlichen; ebenso gaben die Männer den natürlichen Verkehr mit der Frau auf und entbrannten in Begierde zueinander; Männer trieben mit Männern Unzucht und erhielten den

---

[264] Joh 8,33-36

ihnen gebührenden Lohn für ihre Verirrung. Und da sie sich weigerten, Gott anzuerkennen, lieferte Gott sie einem verworfenen Denken aus, so dass sie tun, was sich nicht gehört: <u>Sie sind voll Ungerechtigkeit, Schlechtigkeit, Habgier und Bosheit, voll Neid, Mord, Streit, List und Tücke, sie verleumden und treiben üble Nachrede, sie hassen Gott, sind überheblich, hochmütig und prahlerisch, erfinderisch im Bösen und ungehorsam gegen die Eltern, sie sind unverständig und haltlos, ohne Liebe und Erbarmen.</u> Sie erkennen, dass Gottes Rechtsordnung bestimmt: Wer so handelt, verdient den Tod. Trotzdem tun sie es nicht nur selber, sondern stimmen bereitwillig auch denen zu, die so handeln.[265]

99. Paulus verteidigt sogar ungläubige Heiden, denn wenn Heiden, die das Gesetz nicht haben, von Natur aus das tun, was im Gesetz gefordert ist, so sind sie, die das Gesetz nicht haben, sich selbst Gesetz. Sie zeigen damit, dass ihnen die Forderung des Gesetzes ins Herz geschrieben ist; ihr Gewissen legt Zeugnis davon ab, ihre

---

[265] Röm 1,21-32

Gedanken klagen sich gegenseitig an und verteidigen sich.[266]

100. 'Gaudium et spes'[267] bringt es auf den Punkt und lobt die hohe Bedeutung der Freiheit. Nur frei kann der Mensch sich zum Guten hinwenden. Und diese Freiheit schätzen unsere Zeitgenossen hoch und erstreben sie leidenschaftlich. Mit Recht. Oft jedoch vertreten sie sie in verkehrter Weise, als Berechtigung, alles zu tun, wenn es nur gefällt, auch das Böse. Die wahre Freiheit aber ist ein erhabenes Kennzeichen des Bildes Gottes im Menschen: Gott wollte nämlich den Menschen "in der Hand seines Entschlusses lassen",[268] so dass er seinen Schöpfer aus eigenem Entscheid suche und frei zur vollen und seligen Vollendung in Einheit mit Gott gelange. Die Würde des Menschen verlangt daher, dass er in bewusster und freier Wahl handle, das heisst personal, von innen her bewegt und geführt und nicht unter blindem innerem Drang oder unter blossem äusserem Zwang. Eine solche Würde erwirbt der Mensch,

---

[266] Röm 2,14-15
[267] Gaudium et spes 17
[268] Sir 15,14

wenn er sich aus aller Knechtschaft der Leidenschaften befreit und sein Ziel in freier Wahl des Guten verfolgt sowie sich die geeigneten Hilfsmittel wirksam und in angestrengtem Bemühen verschafft. Die Freiheit des Menschen, die durch die Sünde verwundet ist, kann nur mit Hilfe der Gnade Gottes die Hinordnung auf Gott zur vollen Wirksamkeit bringen. Jeder aber muss vor dem Richterstuhl Gottes Rechenschaft geben von seinem eigenen Leben, so wie er selber Gutes oder Böses getan hat.[269]

101. Das Gewissen soll verbessert und erleuchtet werden. Dies zeigt sich sehr beeindruckend in der Geschichte von König David und Batseba, die Tochter Ammiëls, der Frau des Hetiters Urija. Die Soldaten Davids befanden sich in der Schlacht im Land der Ammoniter und belagerten Rabba. Er selbst blieb in Jerusalem und sah einmal zur Abendzeit von seinem Flachdach aus, wie Batseba in einem Haus in der Nachbarschaft ein Bad nahm. Sie gefiel ihm derart, dass er sie rufen liess und mit dieser verheirateten Frau mehrfach

---

[269] 2 Kor 5,10

Ehebruch beging, während der Mann von Batseba in der Schlacht bei Rabba für David kämpfte. Es kam, wie es kommen musste, sie wurde schwanger. Nun könnte man sagen, dass für David eine Abtreibung nicht in Frage kam, die es übrigens damals schon gab. Er wollte lieber das Kind als Kuckuckskind dem Urija unterschieben. Kurzerhand bestellte er diesen vom Schlachtfeld zurück und lud ihn mehr als einmal zum Essen ein, in der Hoffnung, dass Urija die Nacht mit seiner Frau verbringen würde. Doch Urija folgte dem Beispiel seines Königs nicht. Er war der Ansicht, wenn seine Kameraden in der Schlacht waren, könne er selber nicht bei seiner Frau liegen, denn seine Kameraden könnten dies ja auch nicht. So ging er in das nächste Soldatenkamp und übernachtete jeweils dort. Der König lernte nichts aus dem Vorbild seines Soldaten, vielmehr sandte er diesen Soldaten wieder an die Front, mit dem schriftlichen Befehl an den Heerführer, Urija sei so zu postieren, dass er falle. Dies geschah auch. Nach diesem "Mordkomplott" heiratete David die Witwe Batseba. David fühlte sich als Herr über Leben und Tod, war er doch der König. Sein Gewissen war fehlgebildet. Er verabscheute eine Abtreibung, jedoch nicht den Ehebruch und den "Mordkomplott" am Ehemann. Er heiratete sogar die Frau, mit der er Ehebruch beging, nach dem Tod ihres Mannes. Gott aber missfiel, was David getan hatte.[270] Es ist ein fast klassisches Beispiel an einem fehlgeleiteten Gewissen. Jeden anderen, der so gehandelt hätte, wäre vom selben König hart bestraft worden. Bei sich selber erkannte er die Sünde jedoch nicht.

102. Jesus beschreibt so ein fehlgeformtes Gewissen mit dem fehlenden Licht der Augen. Das Auge gibt dem Körper Licht. Wenn das Auge gesund ist, dann wird der ganze Körper hell sein. Wenn aber das Auge krank ist, dann wird der ganze Körper finster sein. Wenn nun das Licht in diesem Finsternis ist, wie gross muss dann die Finsternis sein![271] Mit dem Licht, das noch im Körper ist, deutet Jesus genau auf das bisschen Gewissen hin, das noch da ist, wie bei König David. Der Mensch muss immer an seinem

---

[270] 2 Sam 11,1-27
[271] Mt 6,22-23

Gewissen arbeiten denn das Trachten des Menschen ist böse von Jugend an.[272]

103. Kehren wir zurück zu König David. Nun kommt der Prophet Natan ins Spiel. Gott hätte Natan einfach mit einem Urteilsspruch zu David senden können und jede Bestrafung wäre für dessen Verbrechen gerechtfertigt gewesen. Doch Gott erkannte auch, dass David ein völlig verformtes Gewissen hatte, doch willig war zu lernen. So kommt nun Natan zu David und unterbreitet ihm ein Rechtsanliegen. Eigentlich eine simple Sache. Ein reicher Mann raubt zur Bewirtung seiner Gäste das Lamm eines armen Mannes und nimmt ihm auf diese Weise den Lebensunterhalt und somit das Leben. David ist über so viel Verwegenheit dieses reiche Mannes derart empört, dass er ausruft: 'So wahr der Herr lebt: Der Mann, der das getan hat, verdient den Tod. Das Lamm soll er vierfach ersetzen, weil er das getan und kein Mitleid gehabt hat.' Wohlverstanden, David verurteilt diesen Mann nicht zum Tod, er hält nur fest, dass er den Tod verdient. Da sagte Natan zu David: 'Du selbst bist

---

[272] Gen 8,21

der Mann.' David erkennt, dass er mit seinem Handeln an Urija genauso verwegen gehandelt hat. Nun kommt es zu einer der beeindruckensten Beichten, die uns die Bibel schildert. David bittet mit reumütigem Herzen Gott bei Natan um Vergebung. Natan spricht ihm im Namen Gottes die Absolution zu und verkündet ihm gleichzeitig das Busswerk. Gott wird ihm das Kind des Ehebruches nehmen. Daraufhin begibt sich David reumütig in seine Kammer, fastet und betet und zeigt, dass sein Gewissen nun besser gebildet ist.[273]

104. Der Vergleich mit dem Wort Gottes fördert und erhebt den Menschen. Wenn wir die Gewissensschulung des Königs David durch den Propheten Natan vor Augen haben, dann erkennen wir, dass der Mensch zwar 'alles kann', aber vieles ihm selber schadet. Paulus formuliert es – für Menschen mit gebildetem Gewissen – wie folgt: '"Alles ist mir erlaubt"; aber nicht alles nützt mir. Alles ist mir erlaubt, aber nichts soll Macht haben über mich.'[274] Dass der Mensch ein "schlechtes

---

[273] 2 Sam 12,1-15
[274] 1 Kor 6,12

Gewissen" haben kann und oft auch hat, zeigt sehr schön die Begegnung zwischen Kain und Gott. Der Herr sprach zu Kain: 'Warum überläuft es dich heiss, und warum senkt sich dein Blick? Nicht wahr, wenn du recht tust, darfst du aufblicken; wenn du nicht recht tust, lauert an der Tür die Sünde als Dämon. Auf dich hat er es abgesehen, doch du werde Herr über ihn!'[275] Es ist eines der bildhaftesten Darstellungen eines schlechten Gewissens. Wer stand nicht schon einmal vor einem Mitmenschen mit gesenktem Blick? Wir sagen dazu: Der oder die kann mir nicht in die Augen schauen. Natürlich gibt es auch die, welche unabhängig einer Schandtat einem ohne Wimperzucken in die Augen schauen können. Sie sind die, welche kein Gewissen herangebildet haben. Diese Menschen erwecken schnell den Eindruck von Arroganz. Sie sind es, die vor allen anderen zu bedauern sind. Jede Seite im "Lehrbuch" der Gewissensbildung sollte sofort im Leben umgesetzt werden. Paulus vergleicht dieses Umsetzen mit einem Sportanlass. Im Stadion laufen zwar alle Läufer, aber nur einer

---

[275] Gen 4,6-7

gewinnt den Siegespreis. Wir sollen so laufen, dass wir ihn gewinnen. Paulus nennt dazu auch gleich die vergleichbaren Hilfsmittel. Jeder Wettkämpfer lebt in der Wettkampfzeit völlig enthaltsam; jene tun dies, um einen vergänglichen, wir aber, um einen unvergänglichen Siegeskranz zu gewinnen. Darum laufe er selber nicht, wie einer, der ziellos läuft, und kämpfe mit der Faust nicht wie einer, der in die Luft schlägt; vielmehr züchtige und unterwerfe er seinen Leib, damit er nicht anderen predige und selbst verworfen werde.[276] Auch Paulus ist es voll bewusst, dass das Wort der Freiheit missverstanden werden kann. Er sagt daher, dass wir zur Freiheit berufen sind. Doch sollen wir die Freiheit nicht zum Vorwand nehmen für das Fleisch, sondern vielmehr einander in Liebe dienen.[277] Überhaupt ist für Paulus die Freiheit grundsätzlich eine Freiheit zum freiwilligen Dienst am Nächsten. Diese Freiheit des Dienens nennt er Geistbestimmt, die andere Unfreiheit Fleischbestimmt. Alle, die vom Fleisch bestimmt sind, trachten nach dem, was

---

[276] 1 Kor 9,24-27
[277] Gal 5,13

dem Fleisch entspricht, alle, die vom Geist bestimmt sind, nach dem, was dem Geist entspricht. Das Trachten des Fleisches führt zum Tod, das Trachten des Geistes aber zu Leben und Frieden. Denn das Trachten des Fleisches ist Feindschaft gegen Gott; es unterwirft sich nicht dem Gesetz Gottes und kann es auch nicht. Wer vom Fleisch bestimmt ist, kann Gott nicht gefallen.[278]

105. Im Übrigen ermahnt Paulus uns im Namen Jesu, des Herrn. Er lehrte uns, wie wir leben sollen, so wie Christus selber gelebt hat. Dann gefallen wir Gott. Paulus ruft uns aber auf, wie Sportlern, darin immer vollkommener zu werden. Das ist es, was Gott will: Unsere Heiligung. Das bedeutet, dass wir die Unzucht meiden, dass jeder von uns lernen kann, mit seiner Frau in heiliger und achtungsvoller Weise zu verkehren. Nicht in leidenschaftlicher Begierde wie die Heiden, die Gott nicht kennen, und dass keiner seine Rechte überschreitet und seinen Bruder bei Geschäften betrügt, denn all das rächt der Herr, wie Paulus uns auch an anderen Stellen gesagt und bezeugt

---

[278] Röm 8,5-8

hat. Denn Gott hat uns nicht dazu berufen, unrein zu leben, sondern heilig zu sein. Wer das verwirft, der verwirft also nicht Menschen, sondern Gott, der uns seinen Heiligen Geist schenkt.[279] Gott aber ist der Geist des Herrn, und wo der Geist des Herrn wirkt, da ist Freiheit.[280] Freiheit ist somit nicht dort, wo die Begierden des Fleisches, der Welt, locken, sondern die echte reine Liebe zum Mitmenschen.

106. Die Wahrheit ist Freiheit. Die Wahrheit ist weniger alles ungefiltert herauszulassen, was keine Lüge ist, das wäre Torheit,[281] sondern In Jesu Wort zu bleiben. Denn Jesus sagte zu den Juden, die an ihn glaubten: 'Wenn ihr in meinem Wort bleibt, seid ihr wirklich meine Jünger.'[282] Wer somit weder die Botschaft von Nächstenliebe zu hören vermag, geschweige sie zu fördern, der ist wahrlich in der Finsternis, denn mit dem Gericht verhält es sich so: 'Das Licht kam in die Welt, und die Menschen liebten die Finsternis

---

[279] 1 Thess 4,1-8
[280] 2 Kor 3,17
[281] Tob 12,11b: Es ist gut, das Geheimnis eines Königs zu wahren; die Taten Gottes aber soll man offen rühmen.
[282] Joh 8,31

mehr als das Licht; denn ihre Taten waren böse. Jeder, der Böses tut, hasst das Licht und kommt nicht zum Licht, damit seine Taten nicht aufgedeckt werden. Wer aber die Wahrheit tut, kommt zum Licht, damit offenbar wird, dass seine Taten in Gott vollbracht sind.[283] Die Wahrheit tut im Übrigen nicht einer, der alle Fehler eines anderen aufdeckt. Das ist Sache Gottes. Zudem wird dadurch den Menschen kein Dienst erwiesen. Besser ist es die guten Taten eines jeden Menschen zu rühmen, damit sie diese nachahmen und nicht die schlechten Taten. Denn das ist unser Ruhm - und dafür zeugt auch unser Gewissen -, dass wir in dieser Welt, vor allem den Gläubigen gegenüber, in der Aufrichtigkeit und Lauterkeit, wie Gott sie schenkt, handeln, nicht aufgrund menschlicher Weisheit, sondern aufgrund göttlicher Gnade.[284] Es ist jedoch kein "Zuckerschlecken" dem Willen Gottes immer und überall zu folgen. Das zeigt uns nicht nur das Beispiel des Jona, der vor dem Auftrag Gottes flüchtete, sondern auch Elija. Auch er haderte und wollte lieber sterben, als sich weiter dem

---

[283] Joh 3,19-21
[284] 2 Kor 1,12

Unwillen der Menschen auszusetzen. Gott tat bei beiden dasselbe. Er akzeptierte ihr kurzzeitiges Ausschreiten aus dem Auftrag, gab ihnen neuen Mut, Kraft und Trost. Gott bildete ihr Gewissen, wie das des Königs David und so fanden die Propheten schliesslich zurück in ihren Dienst.[285]

107. Auch wir sind gerufen, in dem wie alles an den Taten Jesu messen, unser Gewissen zu bilden und so voranzuschreiten auf dem Weg zum Heil. Die Bildung des Gewissens ist jedoch nicht etwas, das man, solange man lebt, als abgeschlossen bezeichnen könnte. Der Umgang mit allem, kann nicht in richtiger Art und Weise gepflegt werden, wenn das Gewissen des Menschen ausser Acht gelassen wird. Ob man vom Begriff nur als 'Mitwissen' ausgeht, ihn also als inneres Wissen bzw. Bewusstsein seines Handelns versteht, als Selbstbewusstsein, mit Wissendwerden von sich selbst oder ob man die verschiedenen Einstellungen und Erwartungen an die Wirklichkeit des sittlichen Lebens in den Begriff einschliesst ist zuförderst unwichtig. Wichtig ist, dass der Mensch grundsätzlich weiss, was er tut

---

[285] 1 Kön 19,2-15; Jona 1,1-4,11

und dazu 'stehen kann', sich somit seines Handelns gewiss ist. Das Gewissen veranlasst den Menschen zum unmittelbaren Bewusstwerden seiner selbst: Es macht ihn seines Handelns als das seines eigenen Selbst bewusst, und zwar als seines Selbst, das in Konflikt ist mit sich selbst. Erst wenn der Mensch sich seines Tuns bezüglich der Welt und Gott sicher – eben gewiss – ist, besteht eine fundierte Möglichkeit einer Bewertung seines Handelns hinsichtlich der Richtigkeit und/oder der Gutheit desselben. Somit kann das Gewissen als die verborgenste Mitte und das Heiligtum im Menschen, wo er allein ist mit Gott, dessen Stimme in diesem seinem Innersten zu hören ist, verstanden werden. Das alleinige Bewusstsein seines Handelns, vor allem aufgrund der warnenden 'Stimme' des Gewissens, wird für den Menschen letztlich fruchtlos bleiben, wenn er aus seinem Handeln nicht Schlüsse zieht, die dieses gegebenenfalls 'verbessern'. Das alleinige Wissen über den 'Inhalt' eines Handelns bleibt fruchtlos, wenn dem 'Mitwissen' nicht eine innere Wertigkeit zu eigen ist, die den Antrieb für eine Korrektur des Handelns darstellt oder diesen zumindest bilden kann.

Liebe zu Gott und Nächstenliebe

108. Um Gott lieben zu können, muss man zuerst wissen, wer dieser Gott ist. Kein Mensch ist in der Lage, jemanden wirklich zu lieben, von dem er keine Ahnung hat. Das ging Mose nicht anders. Mose erscheint uns in der Bibel als eine Person, die Gott wie kaum jemand anders geliebt hat. Doch auch für Mose war diese Liebe nicht einfach etwas, das er im Wüstensand fand. Dies zeigt sehr Eindrücklich die Erzählung mit dem brennenden Dornbusch. Mose, der Flüchtling vor dem Pharao, sieht in fremdem Land einen brennenden Dornbusch, der nicht verbrennt. Alleine diese Begebenheit könnte eine Verehrung dessen bewirken, der den Dornbusch brennen und doch nicht verbrennen lässt. Doch die Liebe zu Gott beginnt nicht mit dem Zeichen des Dornbusches, sondern vielmehr durch die persönliche Beziehung, die Mose durch dieses Ereignis aufbaut. Gott spricht zu Mose, er gibt ihm einen Auftrag und die notwendigen "Hilfsmittel" mit, um den Auftrag Gottes zu erfüllen. Wohlverstanden: Die nötigen "Hilfsmittel", nicht einfach alles, was Mose sonst noch dienlich hätte sein können. Wer sich somit nicht mit Gott

auseinandersetzt, der kann ihn auch nicht wirklich lieben. Es kann auch kaum jemanden lieben, mit dem er sich noch nie beschäftigt hat. Das gäbe nicht viel anderes, als das folgen von Fantasien und würde letztlich nur zu Selbsttäuschung und Enttäuschung führen.[286]

109. Das jüdische Glaubensbekenntnis zeigt auch selbst den Grund für diese Liebe zu Gott auf: 'Höre, Israel! <u>Jahwe, unser Gott, Jahwe ist einzig</u>. Darum sollst du den Herrn, deinen Gott, lieben mit ganzem Herzen, mit ganzer Seele und mit ganzer Kraft.'[287] Jahwe, unser Gott, ist einzig. Er ist nicht etwas Beliebiges, etwas Alltägliches oder etwas Triviales. Nein, er ist einzig, einzigartig, besonders. Kein Mann würde eine Frau echt lieben, die für ihn nichts Besonderes ist. Genau diese Besonderheit will jedoch in jeder Frau und in jedem Mann erkannt werden. Das gilt auch für Gott. Ohne diese Erkenntnis wäre das Gebot der Gottesliebe eine tägliche Pflichterfüllung. Sie soll jedoch eine tägliche Freude sein, weil Gott für einem etwas ganz Besonderes ist. Ja, Gott soll zur

---

[286] Ex 3,2-15
[287] Dtn 6,4-5

wahren Leidenschaft werden, die durchaus auch Leiden schafft. Etwas, das in uns oft Leiden schafft, ist die Tatsache, dass nicht nur ich als Abbild Gottes geschaffen bin,[288] sondern jeder andere Mensch auch. Nur darum kann Jesus auf die Frage: 'Meister, welches Gebot im Gesetz ist das wichtigste?' antworten: 'Du sollst den Herrn, deinen Gott, lieben mit ganzem Herzen, mit ganzer Seele und mit all deinen Gedanken. Das ist das wichtigste und erste Gebot. Ebenso wichtig ist das zweite: Du sollst deinen Nächsten lieben wie dich selbst. An diesen beiden Geboten hängt das ganze Gesetz samt den Propheten.'[289]

110. Dieselbe Antwort erhält auch ein Schriftgelehrter von Jesus. Dieser Schriftgelehrte ergänzte schliesslich die Bedeutung der Liebe zu Gott und den Mitmenschen, in dem er hinzufügt, dass das weit mehr ist als alle Brandopfer und anderen Opfer. Jesus sah, dass er mit Verständnis geantwortet hatte, und sagte zu ihm: 'Du bist nicht fern vom Reich Gottes.'[290] Dies von Herzen zu

---

[288] Gen 1,27
[289] Mt 22,36-40; Lk 10,25-27
[290] Mk 12,28-34

pflegen ist somit das, was uns das uns Entfernen vom Reich Gottes verhindert.

111. Wenn diese Liebe erkannt ist und gelebt wird, dann geht es uns ganz automatisch zuerst um Gottes Reich und um seine Gerechtigkeit; dann wird uns alles andere von Gott dazugegeben. Darum sind Sorgen über das Morgen sinnlos, denn Gott sorgt heute und morgen für uns, zudem wird der morgige Tag für sich selbst sorgen. Jeder Tag hat genug eigene Plage.[291] Wer jemanden liebt und von diesem geliebt wird, teilt auch des anderen Sorgen. Darum können wir unsere Sorgen förmlich auf den Herrn werfen, denn er hält uns aufrecht! Er lässt den Gerechten niemals wanken.[292] Durch den Glauben wohnt auch Christus in unseren Herzen. In der Liebe verwurzelt und auf sie gegründet, sollen wir zusammen mit allen Gläubigen dazu fähig sein, die Länge und Breite, die Höhe und Tiefe zu ermessen und die Liebe Christi zu verstehen, die alle Erkenntnis übersteigt. So werden wir mehr

---

[291] Mt 6,33-34
[292] Ps 55,23

und mehr von der ganzen Fülle Gottes erfüllt.[293] Wenn wir in dieser Liebe, in diesem Glauben und in dieser Hoffnung leben, dann kann uns letztlich nichts von der Liebe Gottes trennen. Nicht einmal Hunger, Verfolgung oder Tod. Denn wir erkennen und glauben, dass wir durch all das Gott immer näher kommen, der all das für uns bereits in Christus überwunden hat, selbst Geister und die Zeit.[294]

112. Jesus selbst gibt uns auch das "Hilfsmittel", wie wir in ihm, also in Gott, bleiben können. Wer Jesu Fleisch isst und sein Blut trinkt, in der Feier des Brotbrechens der Eucharistie, der bleibt in ihm, und er bleibt in mir. Wie ihn der lebendige Vater gesandt hat und wie er durch den Vater lebt, so wird jeder, der ihn isst, durch ihn leben.[295] Dieses Essen und Trinken ist jedoch nicht alleine auf die Kommunion beschränkt. Darüber hinaus sind wir gerade in diesem Geschehen, berufen, Christus in unserem ganzen Leben zu verinnerlichen, indem wir nicht mehr uns selbst

---

[293] Eph 3,17-19
[294] Röm 8,35-39
[295] Joh 6,56-57

leben, sondern ihn leben; so leben, wie er gelebt hat.[296] Der Apostel Johannes ruft uns dazu auf, wir sollen in Jesus bleiben, dann bleibe Jesus in uns. Wie die Rebe aus sich keine Frucht bringen kann, sondern nur, wenn sie am Weinstock bleibt, so können auch wir keine Frucht bringen, wenn wir nicht in Jesus bleiben. Jesus ist der Weinstock, wir sind die Reben. Wer in Jesus bleibt und in wem Jesus bleibt, der bringt reiche Frucht; denn getrennt von Jesus können wir nichts vollbringen. Wer nicht in Jesus bleibt, wird wie die Rebe weggeworfen, und er verdorrt; zuerst seelisch und letztlich auch körperlich. Die Engel sammeln diese Reben, werfen sie ins Feuer, und sie verbrennen. Wenn wir in Jesus bleiben und wenn seine Worte, durch unser Handeln[297] in uns bleiben, dann können wir um alles bitten, was wir wollen: Wir werden es erhalten. Gott Vater wird dadurch verherrlicht, dass wir reiche Frucht bringen und Jesu Jünger werden. Wie Jesus vom Vater geliebt wurde, so hat Jesus auch uns geliebt. Wir sollen daher in Jesu Liebe bleiben.[298] Wenn

---

[296] Gal 2,20
[297] Jak 2,20
[298] Joh 15,4-9

wir schon Christus Jesus als Herrn angenommen haben, dann müssen wir auch in ihm leben.[299] Leben bedeutet jedoch nicht einfach nichts tun und zu meinen, der Glaube alleine helfe schon, denn ob wir essen oder trinken oder etwas anderes tun, tun wir alles zur Verherrlichung Gottes![300]

113. Die Nächstenliebe ist sozusagen die Rückseite der Liebe zu Gott auf dieser geistigen Medaille. Denn daran haben wir ja die Liebe erkannt, dass Jesus sein Leben für uns hingegeben hat. So müssen auch wir für die Brüder und Schwestern das Leben hingeben. Wenn jemand Vermögen hat und sein Herz vor dem Bruder verschliesst, den er in Not sieht, wie kann die Gottesliebe in ihm bleiben? Wir sollen nicht mit Wort und Zunge lieben, sondern in Tat und Wahrheit.[301]

114. Kein Mensch ausser Jesus Christus hat Gott Vater je geschaut;[302] wenn wir einander lieben, bleibt Gott in uns, und seine Liebe ist in uns

---

[299] Kol 2,6
[300] 1 Kor 10,31
[301] 1 Joh 3,16-18
[302] Joh 1,18

vollendet. Daran erkennen wir, dass wir in ihm bleiben und er in uns bleibt: Er hat uns von seinem Geist gegeben. Wir haben erkannt und bezeugen auch heute noch, dass der Vater den Sohn gesandt hat als den Retter der Welt. Wer bekennt, dass Jesus der Sohn Gottes ist, in dem bleibt Gott, und er bleibt in Gott. Wir haben die Liebe, die Gott zu uns hat, erkannt und gläubig angenommen. Gott ist die Liebe, und wer in der Liebe bleibt, bleibt in Gott, und Gott bleibt in ihm. Darin ist unter uns die Liebe vollendet, dass wir am Tag des Gerichts Zuversicht haben. Denn wie er, so sind auch wir in dieser Welt. Furcht gibt es in der Liebe nicht, sondern die vollkommene Liebe vertreibt die Furcht. Denn die Furcht rechnet mit Strafe, und wer sich fürchtet, dessen Liebe ist nicht vollendet. Wir wollen lieben, weil er uns zuerst geliebt hat. Wenn jemand sagt: Ich liebe Gott!, aber seinen Bruder hasst, ist er ein Lügner. Denn wer seinen Bruder nicht liebt, den er sieht, kann Gott nicht lieben, den er nicht sieht.[303] Also schätzen wir hoffentlich von jetzt an niemand mehr nur nach menschlichen Massstäben ein; auch wenn wir

---

[303] 1 Joh 4,12-20

früher Christus nach menschlichen Massstäben eingeschätzt haben, jetzt schätzen wir ihn hoffentlich nicht mehr so ein.[304]

115. Wenn sich einer in seinem Gewissen nach Gott richtet, wenn jemand deswegen Kränkungen erträgt und zu Unrecht leidet, weil er sich in seinem Gewissen wie gesagt nach Gott richtet, dann ist es sogar eine Gnade. Ist es vielleicht etwas Besonderes, wenn wir wegen einer Verfehlung Schläge erdulden? Wenn wir aber recht handeln und trotzdem Leiden erdulden, dann ist das eine Gnade in den Augen Gottes. Dazu sind wir berufen worden; denn auch Christus hat für uns gelitten und uns ein Beispiel gegeben, damit wir seinen Spuren folgen. Er hat keine Sünde begangen, und in seinem Mund war kein trügerisches Wort. Er wurde geschmäht, schmähte aber nicht; er litt, drohte aber nicht, sondern überliess seine Sache dem gerechten Richter. Er hat unsere Sünden mit seinem Leib auf das Holz des Kreuzes getragen, damit wir tot seien für die Sünden und für die Gerechtigkeit leben. Durch seine Wunden sind wir geheilt. Denn wir hatten

---

[304] 2 Kor 5,16

uns verirrt wie Schafe, jetzt aber können wir heimkehren zum Hirten und Bischof unserer Seelen, in der Kirche/Gemeinde.[305]

116. Jesus selbst sagte uns schliesslich, wir sollen unsere Feinde lieben und für die beten, die uns verfolgen, damit wir Söhne unseres Vaters im Himmel werden; denn Gott lässt seine Sonne aufgehen über Bösen und Guten, und er lässt regnen über Gerechte und Ungerechte. Wenn wir nämlich nur die lieben, die uns lieben, welchen Lohn können wir dafür erwarten? Tun das nicht auch die Gauner? Und wenn wir nur unsere Brüder grüssen, was tun wir damit Besonderes? Tun das nicht auch die Moslems und Juden?[306]

117. Soweit es uns möglich ist, sollen wir daher mit allen Menschen Frieden halten! Wir sollen uns auf keinen Fall selber rächen, sondern Raum lassen für den Zorn Gottes; denn in der Schrift steht: Mein ist die Rache, ich werde vergelten, spricht der Herr.[307] Vielmehr: Wenn dein Feind Hunger hat, gib ihm zu essen, wenn er Durst hat,

---

[305] 1 Petr 2,19-25
[306] Mt 5,44-47
[307] Dtn 32,35

gib ihm zu trinken; tust du das, dann sammelst du glühende Kohlen auf sein Haupt. Lass dich nicht vom Bösen besiegen, sondern besiege das Böse durch das Gute![308] Noch einmal: Strebe voll Eifer nach Frieden mit allen und nach der Heiligung, ohne die keiner den Herrn sehen wird.[309]

118. Das Leben in der Liebe zum Nächsten ist keinesfalls der bequeme Weg, denn die Liebe ist langmütig, die Liebe ist gütig. Sie ereifert sich nicht, sie prahlt nicht, sie bläht sich nicht auf. Sie handelt nicht ungehörig, sucht nicht ihren Vorteil, lässt sich nicht zum Zorn reizen, trägt das Böse nicht nach. Sie freut sich nicht über das Unrecht, sondern freut sich an der Wahrheit. Sie erträgt alles, glaubt alles, hofft alles und hält allem stand.[310]

119. Viele meinen, sie sollen den Nächsten lieben und den Feind hassen. Jesus aber sagt: 'Liebt eure Feinde und betet für die, die euch verfolgen, damit ihr Söhne eures Vaters im Himmel werdet; denn er lässt seine Sonne aufgehen über Bösen und

---

[308] Röm 12,18-21
[309] Hebr 12,14
[310] 1 Kor 13,4-7

Guten, und er lässt regnen über Gerechte und Ungerechte. Wenn ihr nämlich nur die liebt, die euch lieben, welchen Lohn könnt ihr dafür erwarten? Tun das nicht auch die Betrüger? Und wenn ihr nur eure Brüder grüsst, was tut ihr damit Besonderes? Tun das nicht auch die Heiden? Ihr sollt also vollkommen sein, wie es auch euer himmlischer Vater ist.[311]

120. Wenn wir das ernst nehmen, dann ist da wirklich für kein Blatt Papier Platz für gegenseitige kindische Beschuldigungen und Herabwürdigungen von Mitchristen in ihren etwas unterschiedlichen Bekenntnissen und Gebetskulturen. Vielmehr sollen wir <u>Ein</u> Leib und <u>Ein</u> Geist sein, wie uns durch unsere Berufung auch eine gemeinsame Hoffnung gegeben ist.[312]

121. Wenn es also Ermahnung in Christus gibt, Zuspruch aus Liebe, eine Gemeinschaft des Geistes, herzliche Zuneigung und Erbarmen, dann können wir die Freude der Apostel dadurch vollkommen machen, dass wir eines Sinnes sind,

---

[311] Mt 5,43-48
[312] Eph 4,4

einander in Liebe verbunden, einmütig und einträchtig, dass wir nichts aus Ehrgeiz und nichts aus Prahlerei tun. Sondern in Demut schätze einer den andern höher ein als sich selbst. Jeder achte nicht nur auf das eigene Wohl, sondern auch auf das der anderen. Wir sollten untereinander so gesinnt sein, wie es dem Leben in Christus Jesus entspricht: Er war Gott gleich, hielt aber nicht daran fest, wie Gott zu sein, sondern er entäusserte sich und wurde <u>wie ein Sklave</u> und den Menschen gleich. Sein Leben war das eines Menschen; er erniedrigte sich und war gehorsam bis zum Tod, bis zum Tod am Kreuz. <u>Darum</u> hat ihn Gott über alle <u>erhöht</u> und ihm den Namen verliehen, der grösser ist als alle Namen, damit alle im Himmel, auf der Erde und unter der Erde ihre Knie beugen vor dem Namen Jesu und jeder Mund bekennt: "Jesus Christus ist der Herr" - zur Ehre Gottes, des Vaters.[313]

122. Wir sind gefordert, barmherzig zu sein, wie es auch Gott der Vater ist! Wenn wir nicht richten, dann werden auch wir nicht gerichtet werden. Wenn wir nicht verurteilen, dann werden auch wir

---

[313] Phil 2,1-11

nicht verurteilt werden. Wenn wir einander die Schuld erlassen, dann wird auch uns die Schuld erlassen werden. Geben wir, dann wird auch uns gegeben werden. In reichem, vollem, gehäuftem, überfliessendem Mass wird man uns beschenken; denn nach dem Mass, mit dem wir messen und zuteilen, wird auch uns zugeteilt werden.[314]

---

[314] Lk 6,36-38

Gerechtigkeit und Barmherzigkeit

123. Die Wahrheit, die Gerechtigkeit und die Barmherzigkeit sind alles Tugenden, die in einem Zusammenhang stehen. Sie bringen uns in Gottes Heiligtum. So heisst es auch in den Psalmen: 'Ein einziger Tag in den Vorhöfen von Gottes Heiligtum ist besser als tausend andere. Lieber an der Schwelle stehen im Haus unseres Gottes als wohnen in den Zelten der Frevler.'[315] Denn die Liebe freut sich nicht über das Unrecht, sondern freut sich an der Wahrheit und bringt Gerechtigkeit.[316] Das Werk der Gerechtigkeit ist jedoch der Friede, der Ertrag der Gerechtigkeit ist Ruhe und Sicherheit für immer.[317] Und wo Frieden herrscht, wird von Gott für die Menschen, die Frieden stiften, wiederum die Saat der Gerechtigkeit ausgestreut.[318]

124. Die Gerechtigkeit im Alten Testament unterscheidet sich zur Gerechtigkeit und Barmherzigkeit im Neuen Testament. Im Alten

---

[315] Ps 84,11
[316] 1 Kor 13,6
[317] Jes 32,17
[318] Jak 3,18

Testament finden wir ein Suchen Gottes in der Not und ein Schreinen in den Qualen, aufgrund der Strafen Gottes.[319] Dem Entgegen steht die Warnung des Paulus im Neuen Testament, dass wir zusehen sollen, dass niemand die Gnade Gottes verscherzt, dass keine bittere Wurzel wächst und Schaden stiftet und durch sie alle vergiftet werden.[320] Doch auch die Menschen im Alten Testament erkannten ihr Unrecht, die Schuld ihrer Väter und beteten: 'Ja, wir haben gegen dich, Gott, gesündigt. Um deines Namens willen verschmäh nicht, verstoss nicht den Thron deiner Herrlichkeit, den Tempel in Jerusalem, Gedenke deines Bundes mit uns, und löse ihn nicht!'[321] Auch sie erfuhren immer wieder Gottes Erbarmen. Sie erkannten sogar, dass Gott mit allen Erbarmen hat, weil er alles vermag, und er sieht über die Sünden der Menschen hinweg, damit sie sich bekehren. Er liebt alles, was in der Schöpfung ist, und verabscheut nichts von allem, was er gemacht hat; denn hätte er etwas gehasst, so hätte er es nicht geschaffen. Die Menschen

---

[319] Jes 26,16
[320] Hebr 12,5-11
[321] Jer 14,20-21

fragten sich, wie etwas ohne Gottes Willen Bestand haben könnte, oder wie etwas erhalten bleiben könnte, das nicht von Gott ins Dasein gerufen wäre. Sie erkannten, dass Gott alles schont, weil es sein Eigentum ist, denn Gott ist der Freund des Lebens.[322] Dennoch erfuhren sie, dass Gott zum Erhalt der guten Schöpfung bereit ist, schlecht gewordene Teile zu entfernen. Doch auch hier handelt Gott stets aufgrund der Bitten und Klagen von Gerechten. Er behält sich jedoch vor, dies auch vor Ort zu überprüfen: Das Klagegeschrei über Sodom und Gomorra, ja, das wurde laut, und ihre Sünde, ja, die waren schwer. Gott selber 'ging hinunter' um zu sehen, ob deren Tun wirklich dem Klagegeschrei entspricht, das zu ihm gedrungen war. Gott wollte es selber wissen. Er sandte seine Boten [Engel] und diese gingen auf Sodom zu. Abraham aber stand noch immer vor dem Herrn und flehte um Verschonung der Gerechten. 'Willst du auch den Gerechten mit den Ruchlosen wegraffen?'[323] Dieses Ereignis zeigt uns gleichzeitig, was ein Gerechter ist. Ein Gerechter schreit zu Gott wegen der

---
[322] Weish 11,23-26
[323] Gen 18,20-23

Ungerechtigkeit und übt gleichzeitig Bitte um Verschonung derer, die nicht ungerecht sind.

125. Die Gerechtigkeit im Neuen Testament ist ergänzt durch die Barmherzigkeit. Barmherzigkeit ist jedoch nicht etwas, das einfach so da ist. Die Menschen des Alten Bundes hatten zwar die Gesetze und Propheten, doch nicht das Vorbild in der Lebensführung Gottes selbst, in Christus Jesus, wie die Menschen des neuen Bundes. Vor Jesus konnte Gott nicht sagen, lebt, wie ich es euch vorlebe, denn die Menschen sahen dies nicht. Nach Jesu kann Gott das sagen, denn wir wissen, auch aufgrund des Neuen Testamentes, wie Gott sich das Leben der Menschen vorstellt, denn er hat es uns in Jesus selber vorgelebt. Ein beachtlicher Teil dieses Vorlebens ist eben die Barmherzigkeit. Diese kannten zwar die Menschen früher schon aufgrund des Gesetzes, doch nicht aufgrund des Vorbildes. Darum gilt seit Jesu, wer sich an Jesu Wort hält, in dem ist die Gottesliebe wahrhaft vollendet. Wir erkennen daran, dass wir in ihm sind. Wer sagt, dass er in ihm bleibt, muss auch

leben, wie Gott in Jesus gelebt hat.³²⁴ Demgegenüber ist im Alten Bund nur der Hinweis auf das verlorene Paradies, wo Gottes Vorbild auch gegenwärtig war, denn Gott sprach: Lasst uns Menschen machen als unser <u>Abbild</u>, uns ähnlich. Sie sollen herrschen über die Fische des Meeres, über die Vögel des Himmels, über das Vieh, über die ganze Erde und über alle Kriechtiere auf dem Land.³²⁵

126. Das letzte Vorbild Gottes war zur Zeit der Sündlosigkeit im Paradies. In Christus lebt Gott den Menschen nun vor, in den Umständen der Sündhaftigkeit sündlos zu leben. Er fordert: 'Vergeltet niemand Böses mit Bösem! Seid allen Menschen gegenüber auf Gutes bedacht! Soweit es euch möglich ist, haltet mit allen Menschen Frieden! Rächt euch nicht selber, sondern lasst Raum für den Zorn Gottes; denn in der Schrift steht: Mein ist die Rache, ich werde vergelten, spricht der Herr. ³²⁶ Vielmehr: Wenn dein Feind Hunger hat, gib ihm zu essen, wenn er Durst hat,

---

[324] 1 Joh 2,5-6
[325] Gen 1,26
[326] Dtn 32,35

gib ihm zu trinken; tust du das, dann sammelst du glühende Kohlen auf sein Haupt. Lass dich nicht vom Bösen besiegen, sondern besiege das Böse durch das Gute![327]

127. Wie genau diese Barmherzigkeit aussehen soll, zeigt sich sehr schön am Gleichnis Jesu über die beiden Söhne. Der jüngere Sohn bittet um seinen Erbteil und verprasst diesen in jugendlichem Leichtsinn mit Glückspiel und Hurerei. Der ältere Sohn hingegen arbeitet brav auf den Gütern des Vaters. Als nun der jüngere reumütig und völlig mittellos zurück ins Vaterhaus geht, nimmt ihn der Vater wieder als Sohn auf. Dem älteren gefällt das gar nicht, denn dies bedeutet nichts anderes, als dass er wieder aufs Neue Erbe ist. Der Vater stellt dann den älteren Sohn zur Rede und fragt ihn, was nun wichtiger sei, das Vermögen oder die Tatsache, dass er seinen Bruder lebendig zurückerhalten habe. Ja, mehr noch, der Vater bezeichnet den Zustand, in den der jüngere Sohn vor seiner Rückkehr war, als tot und verloren sein.

---

[327] Röm 12,17-21

Barmherzigkeit ist somit auch ehrliche und herzliche Freigebigkeit.[328]

128. Es versteht sich fast von selbst, das so eine Haltung, wie sie der Vater im Gleichnis zu Tage legte, im elterlichen Gehöft zu Auseinandersetzungen führt. Der Vater klärt den älteren Sohn auf und zeigt ihm das Handeln aufgrund seiner Barmherzigkeit. Darüber hinaus lässt er sich jedoch auf keine weitere Diskussion ein. Und so rät denn auch der Apostel Paulus: 'Lass dich nicht auf törichte und unsinnige Auseinandersetzungen ein; du weisst, dass sie nur zu Streit führen. Ein Knecht des Herrn soll nicht streiten, sondern zu allen freundlich sein, ein geschickter und geduldiger Lehrer, der auch die mit Güte zurechtweist, die sich hartnäckig widersetzen. Vielleicht schenkt Gott ihnen dann die Umkehr, damit sie die Wahrheit erkennen, wieder zur Besinnung kommen und aus dem Netz des Teufels befreit werden, der sie eingefangen und sich gefügig gemacht hat.'[329]

---

[328] Lk 15,11-32
[329] 2 Tim 2,23-26

129. Und so ist die Botschaft, die wir von Jesus haben, eben eine Botschaft des Lichtes, welches die Finsternis unserer Herzen erhellen soll. Gott ist Licht, und keine Finsternis ist in ihm. Wenn wir sagen, dass wir Gemeinschaft mit Gott haben, und doch in der Finsternis leben, lügen wir und tun nicht die Wahrheit. Wenn wir aber im Licht leben, wie Gott im Licht ist, haben wir Gemeinschaft miteinander, und das Blut seines Sohnes Jesus reinigt uns von aller Sünde. Wenn wir sagen, dass wir keine Sünde haben, führen wir uns selbst in die Irre, und die Wahrheit ist nicht in uns. Wenn wir unsere Sünden bekennen, ist er treu und gerecht; er vergibt uns die Sünden und reinigt uns von allem Unrecht. Wenn wir sagen, dass wir nicht gesündigt haben, machen wir ihn zum Lügner, und sein Wort ist nicht in uns.[330]

130. Daraus ergibt sich, dass wir Jesus Christus in unserem Herzen Christus, den Herrn, heilig halten. In diesem Sinne sollen wir stets bereit sein, jedem Rede und Antwort zu stehen, der nach der <u>Hoffnung</u> fragt, <u>die uns erfüllt</u>.[331] Diese uns

---

[330] 1 Joh 1,5-10
[331] 1 Petr 3,15

erfüllende Hoffnung lässt dann auch handeln, wie der barmherzige Samariter im Gleichnis gehandelt hat. In einem fremden Land hilft der Fremde, ohne zu zögern, einem ihm völlig fremden, von Räubern spitalreif geschlagenen und ausgeplünderten. Ja, er macht nicht nur die Erstversorgung, sondern, er übernimmt auch gleich noch die Krankenhausrechnung. Diese Geschichte beschämt nicht nur jeden Einheimischen, der seinem Landsmann nicht hilft, sondern alle, die zur Hilfe gerufen sind und diese unterlassen. Dazu gibt es auch heute viele Ausreden: Keine Zeit haben; nicht zuständig zu sein; anderen nicht in ihre Kompetenzbereiche eindringen zu wollen, obwohl man genau sieht, dass die, welche zuständig wären nichts tun. Besonders in den etablierten Kirchen ist dieses Übel besonders peinlich. Viele Priester sind z.B. bei ihrem Bischof in Ungnade gefallen und werden von allen anderen im Stich gelassen. So gibt es nicht wenige, die völlig mittellos sind.[332]

131. Wenn man diese 'im Stich gelassenen' heute sieht, versteht man, warum Jesus sagte: Selig die

---

[332] Lk 10,30-37

Barmherzigen; denn sie werden Erbarmen finden.[333] Und im Gegenzug sagt: Wenn aber einer denkt: Mein Herr kommt noch lange nicht zurück!, und anfängt, die Knechte und Mägde zu schlagen; wenn er isst und trinkt und sich berauscht, dann wird der Herr an einem Tag kommen, an dem der Knecht es nicht erwartet, und zu einer Stunde, die er nicht kennt; und der Herr wird ihn in Stücke hauen und ihm seinen Platz unter den Ungläubigen zuweisen.[334] Daher sind besonders die Hirten in der Kirche, aber auch alle anderen in gleicher Weise aufgerufen: Seid barmherzig, wie es auch euer Vater im Himmel ist! Richtet nicht, dann werdet auch ihr nicht gerichtet werden. Verurteilt nicht, dann werdet auch ihr nicht verurteilt werden. Erlasst einander die Schuld, dann wird auch euch die Schuld erlassen werden. Gebt, dann wird auch euch gegeben werden. In reichem, vollem, gehäuftem, überfliessendem Mass wird man euch beschenken; denn nach dem Mass, mit dem ihr

---

[333] Mt 5,7
[334] Lk 12,45-46

messt und zuteilt, wird auch euch zugeteilt werden.[335]

132. Anhand der geübten Barmherzigkeit kann man die Frucht der Liebe am besten erkennen, denn die Liebe ist langmütig, die Liebe ist gütig. Sie ereifert sich nicht, sie prahlt nicht, sie bläht sich nicht auf. Sie handelt nicht ungehörig, sucht nicht ihren Vorteil, lässt sich nicht zum Zorn reizen, trägt das Böse nicht nach. Sie freut sich nicht über das Unrecht, sondern freut sich an der Wahrheit. Sie erträgt alles, glaubt alles, hofft alles, hält allem stand.[336] Wahrhaftig, das Geheimnis unseres Glaubens ist gross: Jesus wurde offenbart im Fleisch, gerechtfertigt durch den Geist, geschaut von den Engeln, verkündet unter den Heiden, geglaubt in der Welt, aufgenommen in die Herrlichkeit.[337] Aber er hat unsere Krankheit getragen und unsere Schmerzen auf sich geladen. Wir meinen auch heute noch, er sei von Gott geschlagen, von ihm getroffen und gebeugt. Doch er wurde durchbohrt wegen meiner

---

[335] Lk 6,36-38
[336] 1 Kor 13,4-7
[337] 1 Tim 3,16

und deiner Verbrechen, wegen meiner und deiner Sünden zermalmt. Zu unserem Heil lag die Strafe auf ihm, durch seine Wunden sind wir geheilt.[338]

---

[338] Jes 53,4-5

Jesus der Gekreuzigte

133. Jesus ist der Gekreuzigte. Es ist sozusagen die obligatorische und goldene Strasse für jeden Christen. Doch auch hier gilt: 'Der Menschensohn muss zwar den Weg gehen, der ihm bestimmt ist. Aber <u>weh dem Menschen, durch den er verraten wird</u>.'[339] Nicht zuletzt darum sagt Paulus: Ich aber will mich allein des Kreuzes Jesu Christi, unseres Herrn, rühmen, durch das mir die Welt gekreuzigt ist und ich der Welt. Denn es kommt nicht darauf an, ob einer beschnitten oder unbeschnitten ist, sondern darauf, dass er neue Schöpfung ist. Friede und Erbarmen komme über alle, die sich von diesem Grundsatz leiten lassen, und über das Israel Gottes. In Zukunft soll niemand mehr grosse Schwierigkeiten bereiten. Denn ich trage die Zeichen Jesu an meinem Leib.'[340] Denn Paulus hatte sich entschlossen, bei uns nichts zu wissen ausser Jesus Christus, und zwar als den Gekreuzigten.[341] All den Spaltern in der Gemeinde sei gesagt: Ihr unvernünftigen, wer hat euch verblendet? Ist euch Jesus Christus nicht deutlich

---
[339] Lk 22,22; Mt 26,24; Mk 14,21
[340] Gal 6,14-17
[341] 1 Kor 2,2

als der Gekreuzigte vor Augen gestellt worden?[342] Und all den Paragraphenreitern und Pharisäern, die den Buchstaben des Gesetzes über den Sinn des Gesetzes stellen, sei gesagt: 'Ich aber bin durch das Gesetz dem Gesetz gestorben, damit ich für Gott lebe. Ich bin mit Christus gekreuzigt worden; nicht mehr ich lebe, sondern Christus lebt in mir. Soweit ich aber jetzt noch in dieser Welt lebe, lebe ich im Glauben an den Sohn Gottes, der mich geliebt und sich für mich hingegeben hat,[343] denn alle, die zu Christus Jesus gehören, haben das Fleisch und damit ihre Leidenschaften und Begierden gekreuzigt.'[344] Die Liebe Christi drängt jeden, wenn er erkannt hat: Einer ist für alle gestorben, also sind alle gestorben. Also schätzen wir von jetzt an niemand mehr nur nach menschlichen Massstäben ein; auch wenn wir früher Christus nach menschlichen Massstäben eingeschätzt haben, jetzt schätzen wir ihn nicht mehr so ein.[345] Er hat unsere Sünden mit seinem Leib auf das Holz des Kreuzes getragen, damit wir

---

[342] Gal 3,1
[343] Gal 2,19-20
[344] Gal 5,24
[345] 2 Kor 5,14.16

tot seien für die Sünden und für die Gerechtigkeit leben. Durch seine Wunden sind wir geheilt.[346] Denn uns wurde die Gnade zuteil, für Christus da zu sein, also nicht nur an ihn zu glauben, sondern auch seinetwegen zu leiden.[347] Jetzt freue ich mich in den Leiden, die ich für euch, die ihr mich am Wegrand liegen lässt, ertrage. Für den Leib Christi, die Kirche, ergänze ich so in meinem irdischen Leben das, was an den Leiden Christi noch fehlt.[348] Und das ist unser Mitleid mit dem Erlöser. Mitleid ist die beste Form der Dankbarkeit gegenüber der Erlösungstat Gottes in Jesus Christus. Das heisst nicht, dass Christus nicht genug gelitten hätte zu Vergebung unserer Sünden, es bedeutet viel mehr, dass wir ihm immer ähnlicher werden, eben auch im Leiden. Jesus hat unsere Schuld getilgt durch sein Leiden. Unser Beitrag im Leiden gilt somit eher der Dynamik des Geschehens in dieser Welt, für die Gott unser 'Mitleiden' fordert, um eben in diese Weltdynamik einzugreifen, um einen Grund zu haben, einzugreifen. Dieser Grund ist unter

---

[346] 1 Petr 2,24
[347] Phil 1,29
[348] Kol 1,24

anderem die Aufopferung unserer Leiden aus Liebe und Dankbarkeit zu ihm durch uns, für seine Erlösung an uns.

134. Der Gekreuzigte und die Probleme von Leben und Kraft, Weisheit und Reichtum Gottes scheinen ein Widerspruch in sich zu sein. Das Wort vom Kreuz ist denen, die verlorengehen, Narretei; denen aber, die gerettet werden, ist es Gottes Kraft.[349] Jede Züchtigung scheint für den Augenblick keine Freude zu bringen, sondern Schmerz; später aber schenkt sie denen, die durch diese Schule gegangen sind, als Frucht den Frieden und die Gerechtigkeit.[350] Nicht zuletzt deshalb sagte Jesus zu seinen Jüngern: 'Wer mein Jünger sein will, der verleugne sich selbst, nehme sein Kreuz auf sich und folge mir nach.'[351] Dieses sich selbst verleugnen bedeutet nichts anderes, als dass wir immer weniger uns selbst sind, sondern Christus. Also, nicht mehr ich lebe, sondern Christus lebt in mir. Soweit ich aber jetzt noch in dieser Welt lebe, lebe ich im Glauben an den Sohn

---

[349] 1 Kor 1,18-25
[350] Hebr 12,11
[351] Mt 16,24; Mk 8,34; Lk 9,23

Gottes, der mich geliebt und sich für mich hingegeben hat.³⁵² Auf diese Weise werden wir echte Kinder Gottes. Sind wir aber Kinder Gottes, dann auch Erben; wir sind Erben Gottes und sind Miterben Christi, wenn wir mit ihm leiden, um mit ihm auch verherrlicht zu werden.³⁵³ Denn wie Mose die Schlange in der Wüste erhöht hat, so musste der Menschensohn erhöht werden. Darum gewinnt das ewige Leben, wer durch diese von Gott erhöhten Menschen das Wort Gottes annimmt und danach handelt.³⁵⁴ Auch damals, als die schreckliche Wut wilder Tiere über das Volk hereinbrach und sie durch die Bisse tückischer Schlangen umkamen, dauerte der Zorn Gottes nicht bis ans Ende. Zur Warnung wurden sie nur kurz in Schrecken versetzt und bekamen ein Rettungszeichen, damit sie sich an die Vorschrift des Gesetzes Gottes erinnerten. Wer sich dorthin wandte, wurde nicht durch das gerettet, was er anschaute, sondern durch Gott, den Retter aller. Dadurch hat Gott die Feinde überzeugt, dass er es bist, der aus allem Übel erlöst. So werden die

---

[352] Gal 2,20
[353] Röm 8,17
[354] Joh 3,14; Num 21,8-9

Menschen auch nicht durch die Prediger errettet, sondern durch die Prediger werden sie lediglich an das Wort Gottes erinnert und sie werden gerettet, wenn sie das Wort Gottes befolgen, welches Jesus Christus ist.[355]

135. Jesus aber deutete durchaus an, welches "Schicksal" ihn erwartet und auf welche Weise er sterben würde.[356] Letztlich blicken die Menschen immer auf den, den sie in Leiden erhöhen.[357] Wie ein bekanntes Wort sagt: Der Same der Kirche ist das Blut der Märtyrer. Diese Besinnung über die, welche man gerade noch gequält hat, insofern noch ein Gewissen vorhanden ist, treibt Scham in die Herzen der Schmäher und durch die Scham sinnen viele nach über ihre Taten und bekehren sich unter Tränen. Das macht sie dann wiederum offen für den Geist Gottes.[358] So werden auch von diesen vielen wieder viele sich selbst verleugnen und Christus nachfolgen.[359] Die geschmähten aber, die als selbstverleugnete mit Christus, ja als

---

[355] Weis 16,5-8
[356] Joh 12,32-33
[357] Joh 19,37
[358] Sach 12,10
[359] Lk 9,23

Christus, leiden, gilt die Verheissung: 'Musste nicht der Messias all das erleiden, um so in seine Herrlichkeit zu gelangen?'[360] Es bleibt zu hoffen, dass nicht alle in gleicher Weise, wie Christus sterben werden, wie uns die Vergangenheit ja auch gezeigt hat. Mit Christus Mit-Leiden kann man auf vielfältige Weise und in jeglicher Position. Die Versklavten, in welcher Form im Arbeitsleben auch immer, ordnen sich in aller Ehrfurcht ihren Herren unter, nicht nur den guten und freundlichen, sondern auch den launenhaften. Denn es ist eine Gnade, wenn jemand deswegen Kränkungen erträgt und zu Unrecht leidet, weil er sich in seinem Gewissen nach Gott richtet. Ist es vielleicht etwas Besonderes, wenn wir wegen einer Verfehlung Schläge erdulden? Wenn wir aber recht handeln und trotzdem Leiden erdulden, das ist eine Gnade in den Augen Gottes. Dazu sind wir berufen worden; denn auch Christus hat für uns gelitten und uns ein Beispiel gegeben, damit wir seinen Spuren folgen.[361]

---

[360] Lk 24,26
[361] 1 Petr 2,18-21

136. Der Gekreuzigte selbst ist das Buch der Wahrheit, der Gerechtigkeit und der Barmherzigkeit.[362] Der jedoch keinen Spott mit sich treiben lässt; was der Mensch sät, wird er ernten.[363] Verachten wir etwa den Reichtum seiner Güte, Geduld und Langmut? Wissen wir nicht, dass Gottes Güte uns zur Umkehr treibt? Weil wir aber starrsinnig sind und unser Herz nicht umkehrt, sammeln wir Zorn gegen uns für den "Tag des Zornes", den Tag der Offenbarung von Gottes gerechtem Gericht. Er wird jedem vergelten, wie es seine Taten verdienen und nicht nur nach unserem Glauben: Denen, die beharrlich Gutes tun und Herrlichkeit, Ehre und Unvergänglichkeit erstreben, gibt er ewiges Leben, denen aber, die selbstsüchtig nicht der Wahrheit, sondern der Ungerechtigkeit gehorchen, widerfährt Zorn und Grimm. Not und Bedrängnis wird jeden Menschen treffen, der das Böse tut, zuerst den Juden, aber ebenso den Christen; Herrlichkeit, Ehre und Friede werden jedem zuteil, der das Gute tut, zuerst dem Juden,

---

[362] 1 Joh 1,8-10
[363] Gal 6,7

aber ebenso dem Christen.³⁶⁴ Gott zögert nicht mit der Erfüllung der Verheissung, wenn es auch schon 2000 Jahre dauert. Gott ist nur geduldig mit uns, weil er nicht will, dass jemand zugrunde geht, sondern dass alle sich bekehren.³⁶⁵ Gott hat die Welt sogar so sehr geliebt, dass er seinen einzigen Sohn hingab, damit jeder, der an ihn glaubt, nicht zugrunde geht, sondern das ewige Leben hat.³⁶⁶ Wir handeln daher nach dem Evangelium, wenn wir unser tägliches Kreuz auf uns nehmen, weil Gott uns geprüft und uns das Evangelium anvertraut hat, nicht also um den Menschen, sondern um Gott zu gefallen, der unsere Herzen prüft.³⁶⁷

137. In diesen Zeilen über das Kreuz geht es in keiner Weise um eine Verherrlichung von Leiden und einer Ansammlung von Masochisten. Das Leiden ist nicht etwas, das wir suchen müssten. Wer sich selbst geisselt, der geisselt den Tempel Gottes, der wir sind.³⁶⁸ Das kann nie und nimmer

---

[364] Röm 2,4-10
[365] 2 Petr 3,9
[366] Joh 3,16
[367] 1 Tim 2,4
[368] 1 Kor 3,16

Ziel und Zweck sein. Es geht vielmehr darum, zu verändern, was wir zu verändern vermögen und in Liebe zu Gott als unser Kreuzesopfer annehmen, was wir eben nicht zu verändern vermögen. Wir sollen das Leiden auch nicht suchen. Wer nur das Leiden liebt, der hat da etwas falsch verstanden. Wer das Leiden, das er hat um Christi willen liebt, der hat es richtig verstanden. Wir versuchen nicht wie die Buddhisten das Leid, oft auch durch Ignoranz, zu überwinden, noch verherrlichen wir das Leiden als etwas Göttliches. Das ist es nicht. Wir nutzen zuförderst in göttlicher Geduld, was nicht zu ändern ist, um dadurch Christus in seinem Leiden ähnlich zu werden. Das ist ein gewaltiger qualitativer Unterschied.

Gott Vater und die göttliche Vorsehung

138. Gott ist Vater für die ganze Menschheit. Er will uns aufnehmen und unser Vater sein, und wir sollen seine Söhne und Töchter sein. Das sagt Gott, der Herr, der Herrscher über die ganze Schöpfung.[369] Gott ist sogar so eifersüchtig,[370] dass er will, dass wir sonst niemanden auf der Erde Vater nennen; denn nur einer ist unser Vater, der im Himmel.[371] Gott ist so sehr für uns Vater, dass wir ihn sogar im Gebet anrufen sollen mit: 'Unser Vater im Himmel, dein Name werde geheiligt.'[372]

139. Weil Gott unser Vater ist, sah sein Plan von Anbeginn an vor, dass er sich uns offenbarte und Fleisch für uns wurde, sozusagen, einer von uns.[373] Dies macht ihn jedoch nicht zu einem X-beliebigen. Es fordert auch den Respekt, der dem Vater gebührt. Ja, mehr noch, sogar Grund und

---

[369] 2 Kor 6,18
[370] Ex 20,5
[371] Mt 23,9
[372] Mt 6,9
[373] Joh 1,14: Und das Wort ist Fleisch geworden und hat unter uns gewohnt, und wir haben seine Herrlichkeit gesehen, die Herrlichkeit des einzigen Sohnes vom Vater, voll Gnade und Wahrheit.

Boden sind geheiligt, wo Gott Vater zu den Menschen spricht. So sagte Gott zu Mose: 'Komm nicht näher heran! Leg deine Schuhe ab; denn der Ort, wo du stehst, ist heiliger Boden. Dann fuhr er fort: 'Ich bin der Gott deines Vaters, der Gott Abrahams, der Gott Isaaks und der Gott Jakobs. Da verhüllte Mose sein Gesicht; denn er fürchtete sich, Gott anzuschauen.'[374] Alleine die Vorstellung, dass Gott, als einer von uns, unter uns lebte, macht vielen Menschen Mühe. Es fällt uns offenbar sehr schwer, vor Gott den nötigen Respekt zu haben, wenn er doch wie einer von uns ist. Mit dieser inneren Zerrissenheit hatten schon die Apostel zu kämpfen. So sagte Jesus zu Philippus: 'Schon so lange bin ich bei euch, und du hast mich nicht erkannt?' Jesus gibt auch gleich selbst die richtige Antwort, sozusagen als Erklärung. 'Wer mich gesehen hat, hat den Vater gesehen. Wie kannst du sagen: Zeig uns den Vater? Glaubst du nicht, dass ich im Vater bin und dass der Vater in mir ist? Die Worte, die ich zu

---

[374] Ex 3,5-6

euch sage, habe ich nicht aus mir selbst. Der Vater, der in mir <u>bleibt</u>, vollbringt seine Werke.'[375]

140. Wie sehr Himmel und Erde ineinander "verflochten" sind, zeigt sich sehr deutlich am Ereignis der Verklärung Jesu. Jesus nahm Petrus, Johannes und Jakobus beiseite und stieg mit ihnen auf einen Berg, um zu beten. Und während er betete, veränderte sich das Aussehen seines Gesichtes, und sein Gewand wurde leuchtend weiss. Und plötzlich redeten zwei Männer mit ihm. Es waren Mose und Elija; sie erschienen in strahlendem Licht und sprachen von seinem Ende, das sich in Jerusalem erfüllen sollte. Petrus und seine Begleiter waren aber eingeschlafen, sie wurden jedoch wach und sahen Jesus in strahlendem Licht und die zwei Männer, die bei ihm standen. Als die beiden sich von Jesus trennen wollten, sagte Petrus zu Jesus: 'Meister, es ist gut, dass wir hier sind. Wir wollen drei Hütten bauen, eine für dich, eine für Mose und eine für Elija.' Er wusste aber einfach nicht, was er sagen sollte. Während er noch redete, kam eine Wolke und warf ihren Schatten auf sie. Sie gerieten in die

---

[375] Joh 14,9-10

Wolke hinein und bekamen Angst. Da rief eine Stimme aus der Wolke: Das ist mein auserwählter Sohn, auf ihn sollt ihr hören. Als aber die Stimme erklang, war Jesus wieder allein. Die Jünger schwiegen über das, was sie gesehen hatten, und erzählten in jenen Tagen niemand davon,[376] denn es hätte ihnen ohnedies niemand geglaubt. Entscheidend ist hier jedoch, dass wir in diesem Ereignis die Vorsehung Gottes sehr schön erkennen können. Gott hat seinen Plan der Erlösung gefasst und zieht ihn durch. Jesus hätte auch ganz alleine auf den Berg gehen können, um mit Mose und Elija über seinen Tod in Jerusalem zu sprechen. Dieses Ereignis fand somit nicht für Jesus statt, der sein Werk ja kannte, sondern für die Menschen. Sie sollten erkennen, dass das was geschieht, schon von Mose und Elija angekündigt war und dem Plan Gottes, eben seiner Vorsehung, entspricht.

141. Gott vergisst uns nicht, das ist mit der Kern der göttlichen Vorsehung. Nur die Menschen vergessen in ihrem mangelnden Vertrauen und in der daraus resultierenden Verblendung Gottes

---

[376] Lk 9,28-36

Gegenwart, seine Präsenz in unserer Mitte. Darum mahnt Gott durch die Propheten immer wieder: 'Ist das euer Dank an den Herrn, du dummes, verblendetes Volk? Ist Gott nicht dein Vater, dein Schöpfer? Hat Gott dich nicht geformt und hingestellt?'[377] Dass wir von Gott eben nicht vergessen werden, wenngleich wir ihn oft vergessen, vergleicht die Schrift mit der natürlichen Bindung einer Mutter zu ihrem Kind. Kann eine Frau ihr Kindlein vergessen, eine Mutter ihren leiblichen Sohn? Und selbst wenn sie ihn vergessen sollte: Gott vergisst uns nicht.[378] Gott der Vater, Jesus Christus der Sohn, der Heilige Geist als Beistand – ein und derselbe Gott, ein Einziger – ist bei uns alle Tage bis zum Ende der Welt.[379]

142. Gott ist ein guter und vorsorglicher Vater und wir sind für ihn wahre Söhne/Töchter. Somit sind wir als Kinder des Geistes, der zwar Fleisch wurde, nicht dem Fleisch verpflichtet, so dass wir

---

[377] Dtn 32,6
[378] Jes 49,15
[379] Mt 28,20

nach dem Fleisch leben müssten.[380] Viel mehr sind wir dem Geist – und dadurch auch dem Geistlichen – verpflichtet. Dennoch leben wir hier auf Erden im Fleische, wenn auch nicht als Fleisch. Doch dieses Fleisch, das ja vergänglich ist, fordert allzu oft seinen Tribut. Wie erleiden Hunger und Durst und werden müde. Diese Angebundenheit an das vergängliche Fleisch lässt Gott jedoch nicht unberührt. Wenn keine Helfer unter den Menschen da sind, die für Gott helfen, dann hilft Gott selber, selbst wenn wir statt Beten Murren – oder auf Neudeutsch Motzen. So spricht Gott zu Mose: 'Ich habe das Murren der Israeliten gehört. Sag ihnen: Am Abend werdet ihr Fleisch zu essen haben, am Morgen werdet ihr satt sein von Brot, und ihr werdet erkennen, dass ich der Herr, euer Gott, bin.'[381] Und das Volk bekam von Gott das Manna und die Wachteln, also Brot und Fleisch. Selbst das wichtigste Nahrungsmittel für den Menschen vergisst Gott dabei nicht, das Trinkwasser. Gott spricht zu Mose: 'Auf dem Felsen am Horeb werde ich vor dir stehen. Dann schlag an den Felsen! Es wird Wasser

---

[380] Röm 8,12
[381] Ex 16,12

herauskommen, und das Volk kann trinken. Das tat Mose vor den Augen der Ältesten Israels.'[382]

143. Gott sorgte für sein Volk in der Wüste, das ihn suchte. Gott sorgte auch im Neuen Testament für das Volk, das in suchte. Jesus rief seine Jünger zu sich und sagte: 'Ich habe Mitleid mit diesen Menschen; sie sind schon drei Tage bei mir und haben nichts mehr zu essen. Ich will sie nicht hungrig wegschicken, sonst brechen sie unterwegs zusammen.'[383] Bemerkenswert ist, dass Gott nicht mit einem Gedeck aufwartet, wenn die Menschen kommen. Gott "riskiert" schon, dass die Menschen auch hungern. Der Mensch soll dabei erkennen, dass er nicht nur von Brot lebt, sondern von jedem Wort, das aus Gottes Mund kommt.[384] Für Gott hat das Geistige immer Priorität, doch negiert er das Überlebensnotwendige des Fleisches nicht. Dies zeigt auch die Verheissung an Mose beim Dornbusch. Er verspricht auch den irdischen Lohn für das Ausharren für ihn. Er zeigt doch auch ganz

---

[382] Ex 17,6
[383] Mt 15,32
[384] Mt 4,4; Lk 4,4

deutlich, dass er all diese Dinge wieder wegnehmen kann, wenn die Menschen sich gegen ihn wenden. Dies ist weniger Strafe, als vielmehr Hinweis, dass die Menschen wissen sollen, von wem das Gute kommt: Von Gott. Wenn wir uns von ihm abwenden, so nimmt uns Gott nicht den Wohlstand, er entzieht uns seinen Schutz und die Folge davon ist, dass wir auch den Wohlstand verlieren.[385]

144. Wenn wir die oben genannten Hinweise richtig deuten, dann erfassen wir einen Grundtenor der Bibel: Der Mensch soll sich beschäftigen und für seine Ernährung arbeiten, aber nicht in Sorge sein. Dies ist dann exakt auch der Auftrag Gottes an die Menschen nach der Vertreibung aus dem Paradies: 'Im Schweisse deines Angesichts sollst du dein Brot essen, bis du zurückkehrst zum Ackerboden; von ihm bist du ja genommen. Denn Staub bist du, zum Staub musst du zurück.'[386] Dass dies nicht nur eine alte Metapher ist, zeigt uns auch Paulus. Er verweist eindringlich auf das Beispiel, das er selber

---

[385] Ex 3,1-22
[386] Gen 3,19

gegeben hat. Er hat bei den Christen kein unordentliches Leben geführt und bei niemand sein Brot umsonst gegessen; er hat sich gemüht und geplagt, Tag und Nacht hat er gearbeitet, um keinem von ihnen zur Last zu fallen. Nicht als hätte er keinen Anspruch auf Unterhalt gehabt; er wollte ihnen aber ein Beispiel geben, damit sie ihn nachahmen könnten. Denn als Paulus und seine Begleiter bei den Gemeinden waren, haben sie diesen die Regel eingeprägt: 'Wer nicht arbeiten will, soll auch nicht essen.' Doch die Apostel hörten, dass einige von den Christen ein unordentliches Leben führten und alles Mögliche trieben, nur nicht arbeiteten. Die Apostel ermahnten diese und gebieten ihnen im Namen Jesu Christi, des Herrn, in Ruhe ihrer Arbeit nachzugehen und ihr selbstverdientes Brot zu essen. Dennoch forderte er die Christen auf nicht müde zu werden, Gutes zu tun. Paulus insistiert sogar, wenn jemand auf diese Mahnung nicht höre, dann solle man sich diesen merken, und den Umgang mit ihm meiden, damit dieser sich schäme. Man soll einen solchen jedoch nicht als

Feind ansehen, sondern ihn als Bruder zurechtweisen.[387]

145. Wenn jemand das ihm Mögliche zu seinem eigenen Unterhalt tut, ermuntert Jesus: 'Sorgt euch nicht um euer Leben und darum, dass ihr etwas zu essen habt, noch um euren Leib und darum, dass ihr etwas anzuziehen habt. Ist nicht das Leben wichtiger als die Nahrung und der Leib wichtiger als die Kleidung? Seht euch die Vögel des Himmels an: Sie säen nicht, sie ernten nicht und sammeln keine Vorräte in Scheunen; der himmlische Vater ernährt sie dennoch.' Jesus weist auch darauf hin, dass jeder einzelne Mensch wesentlich mehr wert ist, als viele von ihnen. Wer von uns kann mit all seiner Sorge sein Leben auch nur um eine kleine Zeitspanne verlängern? Und was sorgen wir uns um unsere Kleidung? Wir sollen lernen von den Lilien, die auf dem Feld wachsen: 'Sie arbeiten nicht und spinnen nicht. Doch ich, Jesus, sage euch: Selbst Salomo war in all seiner Pracht nicht gekleidet wie eine von ihnen.' Wenn aber Gott schon das Gras so prächtig kleidet, das heute auf dem Feld steht und morgen

---

[387] 2 Thess 3,7-15

ins Feuer geworfen wird, wieviel mehr dann uns, wir Kleingläubigen! Machen wir uns also keine Sorgen und fragen nicht: Was sollen wir essen? Was sollen wir trinken? Was sollen wir anziehen? Denn um all das geht es den Ungläubigen. Unser himmlischer Vater weiss, dass wir das alles brauchen. Uns aber muss es zuerst um Gottes Reich und um seine Gerechtigkeit gehen; dann wird uns alles andere dazugegeben.[388] Tun wie somit was wir können und vertrauen bei dem, was uns nicht gelingt auf Gott, denn der Herr öffnet den Blinden die Augen, er richtet die Gebeugten auf. Der Herr beschützt die Fremden und verhilft den Waisen und Witwen zu ihrem Recht. Der Herr liebt die Gerechten, doch die Schritte der Frevler leitet er in die Irre.[389]

146. Wer dies jedoch nun zum Anlass nehmen will, nur weil er keinen Mangel leidet, den Mangelleidern nicht zu helfen, der hat das Wort nicht verstanden. Helfen wir unserem Nächsten! Denn allen, die gerecht handeln, hilf aus Barmherzigkeit mit dem, was du hast. Sei nicht

---

[388] Mt 6,25-33
[389] Ps 146,8-9

kleinlich, wenn du Gutes tust. Wende deinen Blick niemals ab, wenn du einen Armen siehst, dann wird auch Gott seinen Blick nicht von dir abwenden. Hast du viel, so gib reichlich von dem, was du besitzt; hast du wenig, dann zögere nicht, auch mit dem Wenigen Gutes zu tun. Auf diese Weise wirst du dir einen kostbaren Schatz für die Zeit der Not ansammeln. Denn Gutes zu tun rettet vor dem zweiten Tod, dem der Seele, und bewahrt vor dem Weg in die Finsternis. Wer aus Barmherzigkeit hilft, der bringt dem Höchsten eine Gabe dar, die ihm gefällt. Was dir selbst verhasst ist, das mute auch einem anderen nicht zu! Betrink dich nicht; der Rausch soll nicht dein Begleiter sein. Gib dem Hungrigen von deinem Brot und dem Nackten von deinen Kleidern! Wenn du Überfluss hast, dann tu damit Gutes, und sei nicht kleinlich, wenn du Gutes tust.[390] Denn Jesus wird dir sonst dereinst sagen: Ich war hungrig, und du hast mir nichts zu essen gegeben; ich war durstig, und du hast mir nichts zu trinken gegeben.[391]

---

[390] Tob 4,7-11.15-16
[391] Mt 25,42

147. Gott sorgt für unser Heil, auch mit dem Kreuz. Gott geht es nie in erster Linie um unseren Leib, sondern immer um unsere Seele, denn auch unser himmlischer Vater will nicht, dass einer von den Kleinen verlorengeht.[392] Darum sage ich euch: Bittet Gott, dann wird euch gegeben; sucht, dann werdet ihr finden; klopft an, dann wird euch geöffnet.[393] Denn wer bittet, der empfängt; wer sucht, der findet; und wer anklopft, dem wird geöffnet.[394] Du wirst Gott nicht irgendwo finden in der Welt, sondern immer nur in dir selber. Suche ihn in dir, klopfe an dein eigenes Herz. Wenn du ihn in dir nicht finden kannst, dann liegt es vielleicht daran, dass vor der Türe deines Herzens zu viel Schutt der Sünde liegt. Dann beginnst du am besten damit, dich schonungslos selber zu erforschen und Schicht für Schicht die Sünden deines Herzens, die du findest, abzutragen, indem du in echter herzlicher Reue und unter Tränen Gott um Vergebung bittest. Der Beste Ort dafür ist immer die Beichte, wie es uns ja bereits König David bei Natan gezeigt hat. Ohne Änderung

---

[392] Mt 18,14
[393] Lk 11,9
[394] Lk 11,10

deines Lebens wirst du jedoch keinen Erfolg haben. Wenn du deine Sünden erkennst, dann tu sie nicht mehr, das heisst, ändere dich.[395] Wenn du danach handelst, bringst du Frucht und bist in Christus, denn er ist der wahre Weinstock, und sein Vater ist der Winzer. Jede Rebe an ihm, die keine Frucht bringt, schneidet er ab, und jede Rebe, die Frucht bringt, reinigt er, damit sie mehr Frucht bringt.[396] Denn im Feuer wird das Gold geprüft, und jeder, der Gott gefällt, im Schmelzofen der Bedrängnis.[397] Doch nur ein wenig werden wir gezüchtigt; doch wir empfangen grosse Wohltat. Denn Gott hat uns geprüft und fand uns seiner würdig.[398] Diese Prüfungen sind immer in gewisser Art Leiden. Paulus schenkte diese Leiden, bei ihm, Gott als sein Mitleiden, wie wir schon sahen. Gerne sei es hier aber wiederholt.[399]

---

[395] Apg 20,19; Hebr 12,17; Hebr 5,7; Phil 3,18; Apg 20,31; 2 Makk 13,12
[396] Joh 15,1-2
[397] Sir 2,5
[398] Weish 3,5
[399] Kol 1,24

Geduld, Vertrauen und Hingabe an Gott

148. Geduld, Vertrauen und Hingabe sind wohl etwas vom Schwierigsten. Zumal jedes Vertrauen in Menschen letztlich nur mit Enttäuschungen enden kann. Besser ist es, sich zu bergen beim Herrn, als auf Menschen zu bauen.[400] Verlasst euch nicht auf Mächtige, auf Menschen, bei denen es doch keine Hilfe gibt.[401] Denn der Mann ist verflucht, der auf Menschen vertraut, sich auf schwaches Fleisch stützt, und dessen Herz sich abwendet vom Herrn.[402] Unser Glaube soll sich nicht auf Menschenweisheit stützen, sondern auf die Kraft Gottes.[403] Es ist daher nicht Sinnvoll, sich irgendjemandem völlig anzuvertrauen. Auch Jesus vertraute sich niemandem an, denn er kannte alle und brauchte über keinen ein Zeugnis von einem Menschen; denn er wusste, was im Menschen ist.[404]

---

[400] Ps 118,8
[401] Ps 146,2
[402] Jer 17,5
[403] 1 Kor 2,5
[404] Joh 2,24-25

149. Wer nun denkt, dies sei doch lieblos, der sieht nicht, dass die Liebe von Gott aus geht und durch uns zu den Mitmenschen "fliesst". Vertrauen sollen wir einzig und alleine Gott und die Liebe Gottes den Menschen weiterreichen durch unser Handeln und tun. Im Übrigen besteht die Liebe nicht darin, dass wir Gott geliebt haben, sondern dass er uns geliebt und seinen Sohn als Sühne für unsere Sünden gesandt hat.[405] Auf Gott zu vertrauen, den wir nicht sehen und dem nicht zu vertrauen, den wir sehen, scheint eine Negierung zu sein, dass wir Gott nicht lieben können, den wir nicht sehen, wenn wir den Menschen nicht lieben, den wir sehen.[406] Doch wie kann ich einem Mächtigen vertrauen, wenn ich nicht einmal mir selber vertrauen kann? Den Nächsten kann jeder immer lieben, denn jeder liebt sich selbst.[407] So bleibt mir nur, auf das zu hoffen, was ich nicht sehe, dann harre ich aus in Geduld.[408]

---

[405] 1 Joh 4,10
[406] 1 Joh 4,20
[407] Eph 5,29
[408] Röm 8,25

150. Dieses Ausharren auf Gott ist eine besondere Form der Demut, denn sie lässt uns automatisch klein werden vor Gott und nimmt uns so Stück für Stück den Stolz. Dann ist mein Herz nicht stolz, meine Augen blicken nicht hochmütig. Dann gehe ich nicht um mit Dingen, die mir zu wunderbar und zu hoch sind. Dann lasse ich meine Seele ruhig werden und still; wie ein kleines Kind bei der Mutter ist meine Seele dann still in mir. In solcher Weise soll auch Israel harren auf den Herrn, von nun an bis in Ewigkeit![409] Nur so ist zu verstehen, was Paulus sagte: 'Wenn ihr euch beschneiden lasst, wird Christus euch nichts nützen.'[410] Wenn ich auf den Weg des Gesetzes vertraue, den Weg des alten Bundes, dann lehne ich den Weg der Gnade ab, den Weg des Neuen Bundes. Dieser schliesst, wie der Weg des Gesetzes, Bedrängnis nicht aus. Darum können wir in der Gnade uns unserer Bedrängnis rühmen; denn wir wissen: Bedrängnis bewirkt Geduld, Geduld aber Bewährung, Bewährung Hoffnung. Die Hoffnung aber lässt nicht zugrunde gehen; denn die Liebe Gottes ist

---

[409] Ps 131,1-3
[410] Gal 5,2

ausgegossen in unsere Herzen durch den Heiligen Geist, der uns gegeben ist.[411]

151. Die entgegengesetzte Haltung zu diesem Weg ist die Ungeduld. Denkt daran: Jeder Mensch soll schnell bereit sein zu hören, aber zurückhaltend im Reden und nicht schnell zum Zorn bereit; denn im Zorn tut der Mensch nicht das, was vor Gott recht ist.[412] Lass dich also nicht aufregen, so dass du dich ärgerst, denn Ärger steckt in den Ungebildeten.[413]

152. Der Vorteil der Tugend der Geduld liegt somit auf der Hand. So können wir voll Freude sein, wenn wir in mancherlei Versuchungen geraten. Wir wissen nun, dass die Prüfung unseres Glaubens Ausdauer bewirkt. Die Ausdauer aber soll zu einem vollendeten Werk führen; denn so werden wir vollendet und untadelig sein, es wird uns nichts mehr fehlen. Glücklich ist, wer in der Versuchung standhält. Denn wenn er sich bewährt, wird er den Kranz des Lebens erhalten,

---

[411] Röm 5,3-5
[412] Jak 1,19-20
[413] Koh 7,9

der denen verheissen ist, die Gott lieben.[414] Denn wir sind von Gott geliebt, sind seine auserwählten Heiligen. Darum bekleiden wir uns mit aufrichtigem Erbarmen, mit Güte, Demut, Milde, Geduld! Wir ertragen uns gegenseitig, und vergeben einander, wenn einer dem andern etwas vorzuwerfen hat. Wie der Herr uns vergeben hat, so vergeben auch wir![415]

153. Paulus hatte diese Geduld selbst im Gefängnis. Er betrachtete seine Gefangenschaft als Gefangenschaft um Jesu willen. Er ermahnt uns, ein Leben zu führen, das des Rufes würdig ist, der an uns erging. Noch im Gefängnis ruft er auf: 'Seid demütig, friedfertig und geduldig, ertragt einander in Liebe, und bemüht euch, die Einheit des Geistes zu wahren durch den Frieden, der euch zusammenhält.'[416] Diese Erkenntnis wurzelt bereits in der Weisheit aus der Zeit des alten Bundes. So heisst es da: 'Mein Sohn, wenn du dem Herrn dienen willst, dann mach dich auf Prüfung gefasst! Sei tapfer und stark, zur Zeit der

---

[414] Jak 1,2-4.12
[415] Kol 3,12-13
[416] Eph 4,1-3

Heimsuchung überstürze nichts! Hänge am Herrn, und weiche nicht ab, damit du am Ende erhöht wirst. Nimm alles an, was über dich kommen mag, halt aus in vielfacher Bedrängnis! Denn im Feuer wird das Gold geprüft, und jeder, der Gott gefällt, im Schmelzofen der Bedrängnis. Vertrau auf Gott, er wird dir helfen, hoffe auf ihn, er wird deine Wege ebnen. Wer den Herrn fürchtet, hofft auf sein Erbarmen, weicht nicht ab, damit er nicht zu Fall kommt. Ihr, die ihr den Herrn fürchtet, vertraut auf ihn.'[417]

154. Mittel, um in Geduld, Vertrauen und Hingabe zu beharren gibt uns ebenso wieder die Schrift. Es ist wieder ein Mittel der Gnade Gottes, denn er nimmt uns nicht nur in der Stärke an, sondern bereits in der Schwäche, wenn wir seinem Ruf folgen wollen. Denn Christus ist schon zu der Zeit, da wir noch schwach und gottlos waren, für uns gestorben. Dabei wird jedoch nur schwerlich jemand für einen Gerechten sterben; vielleicht wird er aber für einen guten Menschen sein Leben wagen. Doch Gott hat seine Liebe zu uns darin erwiesen, dass Christus für uns gestorben ist, als

---

[417] Sir 2,1-8a

wir noch Sünder waren. Nachdem wir jetzt durch sein Blut gerecht gemacht sind, werden wir durch ihn erst recht vor dem Gericht Gottes gerettet werden.[418] Denn Gott ist der Vater des Erbarmens und der Gott allen Trostes und dafür ist er von uns zu preisen.[419]

155. Ein Mittel um Beständig zu sein ist daher der Lobpreis Gottes und so singt denn auch der Psalmist: 'Behüte mich, Gott, denn ich vertraue dir. Ich sage zum Herrn: "Du bist mein Herr; mein ganzes Glück bist du allein." An den Heiligen im Lande, den Herrlichen, an ihnen nur habe ich mein Gefallen. Viele Schmerzen leidet, wer fremden Göttern folgt. Ich will ihnen nicht opfern, ich nehme ihre Namen nicht auf meine Lippen. Du, Herr, gibst mir das Erbe und reichst mir den Becher; du hältst mein Los in deinen Händen. Auf schönem Land fiel mir mein Anteil zu. Ja, mein Erbe gefällt mir gut.'[420] Dies Erbe und dieses Land ist letztlich das Land der Verheissung im neuen

---

[418] Röm 5,6-9
[419] 2 Kor 1,3
[420] Ps 15,1-6

Himmel und auf der neuen Erde.[421] Dass dies mit irdischer Logik kaum zu erfassen ist, sagt schon Jesus, wenn er ruft: 'Ich preise dich, Vater, Herr des Himmels und der Erde, weil du all das den Weisen und Klugen verborgen, den Unmündigen aber offenbart hast. Ja, Vater, so hat es dir gefallen.'[422] Es ist also besser, unmündig vor Gott zu sein, als sich selbst "mündiger Christ" zu schimpfen. Denn wir unmündige haben nicht einen Geist empfangen, der uns zu Sklaven macht, so dass wir uns immer noch fürchten müssten, sondern wir haben den Geist empfangen, der uns zu Söhnen macht, den Geist, in dem wir rufen: Abba, Vater! So bezeugt der Geist selber unserem Geist, dass wir Kinder Gottes sind.[423]

156. In diesem Geist werfen wir dann auch alle unsere Sorgen auf Gott in Jesus Christus, denn er kümmert sich um uns.[424] Bis heute ist noch keine Versuchung über die Menschen gekommen, die den Menschen überfordert. Gott ist treu; er wird

---

[421] Jes 65,17; 2 Petr 3,13; Offb 21,1
[422] Mt 11,25-26
[423] Röm 8,15-16
[424] 1 Petr 5,7

nicht zulassen, dass wir über unsere Kraft hinaus versucht werden. Er wird uns in der Versuchung einen Ausweg schaffen, so dass wir sie bestehen können.[425] Daher Freut euch im Herrn zu jeder Zeit! Noch einmal sage ich: Freut euch! Eure Güte werde allen Menschen bekannt. Der Herr ist nahe. Sorgt euch um nichts, sondern bringt in jeder Lage <u>betend und flehend</u> eure Bitten <u>mit Dank</u> vor Gott! Und der Friede Gottes, der alles Verstehen übersteigt, wird unsere Herzen und unsere Gedanken in der Gemeinschaft mit Christus Jesus bewahren.[426] Wir wissen, dass Gott bei denen, die ihn lieben, alles zum Guten führt, das sind die, die nach seinem ewigen Plan berufen sind.[427] Allen aber sei gesagt, wenn ihr nicht umkehrt und wie vor Gott hilflos wie die Kinder werdet, könnt ihr nicht in das Himmelreich kommen. Wer so klein sein kann wie ein hilfloses Kind, der ist im Himmelreich der Grösste.[428] So wirf deine Sorgen, wie ein hilfloses Kind auf seinen Vater und seine

---

[425] 1 Kor 10,13
[426] Phil 4,4-7
[427] Röm 8,28; Ps 131,1-3
[428] Mt 18,3-4

Mutter, auf den Herrn, er hält dich aufrecht! Er lässt den Gerechten niemals wanken.[429]

157. Wenn du immer noch nicht weisst, wie das gehen soll, dann hilft dir bestimmt die Geschichte der Martha und der Maria weiter. Jesus kam in ein Dorf. Eine Frau namens Martha nahm ihn freundlich auf. Sie hatte eine Schwester, die Maria hiess. Maria setzte sich Jesus zu Füssen und hörte seinen Worten zu. Martha aber war ganz davon in Anspruch genommen, für Jesus zu sorgen. Sie kam zu ihm und sagte: Herr, kümmert es dich nicht, dass meine Schwester die ganze Arbeit mir allein überlässt? Sag ihr doch, sie soll mir helfen! Das bedeutet, den Gast alleine zu lassen, zugunsten der Vorbereitung von Kaffee und Kuchen. Jesus antwortete: 'Martha, Martha, du machst dir viele Sorgen und Mühen. Aber nur eines ist notwendig. Maria hat das Bessere gewählt, das soll ihr nicht genommen werden.'[430] Das still werden vor Gott und das Zuhören wäre die bessere Wahl gewesen.[431]

---

[429] Ps 55,23; Mt 6,25-34
[430] Lk 10,38-42
[431] Joh 15,2; Hebr 7,9

Gott Heiliger Geist – Leben der Gnade und der Vereinigung mit dem Herrn

158. Kennzeichen des Heiligen Geistes im Alten und Neuen Testament lassen sich viele finden. Wenn der Geist aus der Höhe über uns ausgegossen wird, dann wird die Wüste zum Garten, und der Garten wird zu einem Wald. In der Wüste wohnt das Recht, die Gerechtigkeit weilt jedoch in den Gärten. Das Werk der Gerechtigkeit wird der Friede sein, der Ertrag der Gerechtigkeit sind Ruhe und Sicherheit für immer. Gottes Volk wird an einer Stätte des Friedens wohnen, in sicheren Wohnungen, an stillen und ruhigen Plätzen.[432] Nach dem Tag des Herrn, das heisst im Millennium, wird es geschehen, dass Gott seinen Geist ausgiesst über alles Fleisch. Unsere Söhne und Töchter werden Propheten sein, unsere Alten werden Träume haben, und unsere jungen Männer haben Visionen. Auch über Knechte und Mägde wird Gott seinen Geist ausgiessen in jenen Tagen.[433]

---

[432] Jes 32,15-18
[433] Joël 3,1-2

159. Gott hat jedoch seinen Geist auch Johannes dem Täufer, bereits im Mutterschoss geschenkt. Er war gross vor dem Herrn. Wein und andere berauschende Getränke hat er nicht getrunken, und schon im Mutterleib wurde er vom Heiligen Geist erfüllt. War Johannes schon im Mutterleib vom Geist erfüllt, jedoch nicht seine Mutter, so ist das bei Maria anders. Sie war so von Gottes Geist erfüllt, dass sie dadurch Jesus empfing. Der Engel antwortete Maria: 'Der Heilige Geist wird über dich kommen, und die Kraft des Höchsten wird dich überschatten. <u>Deshalb</u> wird auch das Kind heilig und Sohn Gottes genannt werden.'[434] Dass Jesus die Frucht des Heiligen Geistes war, machte er unmissverständlich am letzten Tag des Laubhüttenfestes klar. Jesus stellte sich hin und rief: 'Wer Durst hat, komme zu mir, und es trinke, wer an mich glaubt. Wie die Schrift sagt: Aus seinem Inneren werden Ströme von lebendigem Wasser fliessen.'[435] Damit meinte Jesus den Geist, den alle empfangen sollten, die an ihn glauben;

---

[434] Lk 1,15.35
[435] Ez 47,1; Sach 14,8; Jes 43,20

denn der Geist war bis dahin noch nicht gegeben, weil Jesus noch nicht verherrlicht war.[436]

160. Woher der Geist Gottes kommen wird und aus welchem Grund erklärt Jesus auch selber: 'Und <u>ich</u> werde den Vater bitten, und <u>er</u> wird euch einen anderen Beistand geben, der <u>für immer</u> bei euch bleiben soll. Es ist <u>der Geist der Wahrheit</u>, den die Welt nicht empfangen kann, weil sie ihn nicht sieht und nicht kennt.' Wir aber kennen ihn, weil er bei uns bleibt und in uns ist. Der Beistand aber, der Heilige Geist, den der Vater im Namen Jesu sandte, lehrt uns alles und erinnert uns an alles, was Jesus gesagt hat.[437] Dieser Geist Gottes legt selber Zeugnis für Jesus ab.[438]

161. Jesus sagt auch, warum er in den Himmel auffahren musste: 'Doch ich sage euch die Wahrheit: Es ist gut für euch, dass ich fortgehe. Denn wenn ich nicht fortgehe, wird der Beistand nicht zu euch kommen; gehe ich aber, so werde ich ihn zu euch senden. Und wenn er kommt, wird er die Welt überführen und aufdecken, was Sünde,

---

[436] Joh 7,37-39
[437] Joh 14,16-17.26
[438] Joh 15,26

Gerechtigkeit und Gericht ist.' Sünde ist, dass wir nicht an Jesus glauben. Gerechtigkeit ist, dass Jesus zum Vater ging, da er sein Werk auf der Erde geleistet hatte, und wir Jesus somit nicht mehr sehen. Gericht ist, dass der Herrscher dieser Welt, Satan, gerichtet ist. Jesus sagte unmittelbar danach auch, dass er uns noch vieles zu sagen hätte, aber wir können es ohne den Geist Gottes nicht ertragen. Wenn aber jener in uns ist, der Geist der Wahrheit, wird er uns in die ganze Wahrheit führen. Denn er wird nicht aus sich selbst heraus reden, sondern er wird sagen, was er hört, und uns verkünden, was kommen wird. Er wird Jesus verherrlichen; denn er wird von dem, was Jesu ist, nehmen und es uns verkünden. Alles, was der Vater hat, ist Jesu eigen; darum hat Jesus gesagt: Der Geist nimmt von dem, was Jesu ist, und wird es uns verkünden.[439]

162. Der Heilige Geist ist Gott! All die, welche dies nicht erkennen, auch aus dem Volk des Alten Bundes, erleben eine Verhärtung ihrer Seele. Ihr Denken ist verhärtet. Bis zum heutigen Tag liegt die gleiche Hülle auf dem Alten Bund, wenn

---

[439] Joh 16,7-15

daraus vorgelesen wird, und es bleibt verhüllt, dass er in Christus ein Ende hat. Bis heute liegt die Hülle auf deren Herzen, wenn Mose vorgelesen wird. Sobald sich aber einer dem Herrn Jesus Christus zuwendet, wird die Hülle entfernt. Der Herr aber ist der Geist, und wo der Geist des Herrn wirkt, da ist Freiheit. Wir alle spiegeln mit enthülltem Angesicht die Herrlichkeit des Herrn wider und werden so in sein eigenes Bild verwandelt, von Herrlichkeit zu Herrlichkeit, durch den Geist des Herrn.[440]

163. Dieser Heilige Geist ist übernatürlich und gibt auch übernatürliche Kraft. Dies war bereits im Alten Testament so. So kam z.B. der Geist des Herrn über Simson, und Simson zerriss einen Löwen mit blossen Händen, als würde er ein Böckchen zerreissen. Aber seinem Vater und seiner Mutter teilte er davon nichts mit.[441] Dies bedeutet, dass man nicht mit den Geistesgaben hausieren soll, auch hier ist Reden Silber und Schweigen Gold.[442] Nichts desto trotz haben wir

---

[440] 2 Kor 3,14-18
[441] Ri 14,6
[442] Spr 10,20; Koh 3,7

durch Jesus Christus in dem einen Geist Zugang zum Vater,[443] denn das Reich Gottes ist nicht Essen und Trinken, es ist Gerechtigkeit, Friede und Freude im Heiligen Geist.[444]

164. Es gibt nur <u>einen</u> Gott, <u>ein</u> Wesen. Dennoch erscheint uns dieser eine Gott in <u>drei Personen</u>. Dies ist wahrlich nicht einfach zu verstehen. Wenn ich ein Bild dazu hernehmen müsste, wäre es ein Hühnerei. Es besteht aus dem Dotter, dem Eiweiss und der Schale und ist doch nur ein einziges Ei. Doch lassen wir besser die Bibel selber sprechen. Jesus sagt: 'Ich und der Vater sind eins.'[445] Kaum war Jesus getauft und aus dem Wasser gestiegen, da öffnete sich der Himmel, und er sah den Geist Gottes <u>wie</u> eine Taube auf sich herabkommen. Und eine Stimme aus dem Himmel sprach: 'Das ist mein geliebter Sohn, an dem ich Gefallen gefunden habe.'[446] Hier haben wir zum ersten Mal alle drei Personen zusammen, den geliebten Sohn, der Geist, der sichtbar

---

[443] Eph 2,18
[444] Röm 14,17
[445] Joh 10,30
[446] Mt 3,16-17

herabstieg und die Stimme des Vaters. Darum gibt uns Jesus den Auftrag: 'Geht zu allen Völkern, und macht alle Menschen zu meinen Jüngern; tauft sie auf den Namen des Vaters und des Sohnes und des Heiligen Geistes.'[447] Dieses Wort beinhaltet jedoch noch mehr: Die Jüngerschaft ist in der Taufe begründet, die Gemeinde Jesu aber auf den Felsen (Petrus) gebaut. Jesus nimmt in diesem Wort bereits vorweg, dass es Jünger geben wird, die sich nicht zu seiner auf Petrus begründeten Gemeinde zählen. Retten wird jedoch nicht zwingend die "Mitgliedschaft" in der verheissenen Gemeinde auf dem Felsen/Petrus, sondern bereits die Jüngerschaft, dem entspricht die Taufe, die uns jetzt rettet. Sie dient nicht dazu, den Körper von Schmutz zu reinigen, sondern sie ist eine Bitte an Gott um ein reines Gewissen aufgrund der Auferstehung Jesu Christi.[448] Dann sagte Jesus noch zu ihnen: 'Geht hinaus in die ganze Welt, und verkündet das Evangelium allen Geschöpfen! Wer glaubt und sich taufen lässt, wird gerettet; wer aber nicht glaubt, wird

---

[447] Mt 28,19
[448] 1 Petr 3,21

verdammt werden.'[449] Rettung bringt somit die Taufe im Glauben und Brautschaft Jesu die Teilhaftigkeit als Jünger in der verheissenen Gemeinde.

165. Das Leben der Gnade ist die Vereinigung mit dem Herrn. Dies entnehmen wir einmal mehr dem Gleichnis vom Rebstock. Jesus ist der wahre Weinstock, und sein Vater ist der Winzer. Jede Rebe an ihm, die keine Frucht bringt, schneidet er ab, und jede Rebe, die Frucht bringt, reinigt er, damit sie mehr Frucht bringt. Wir sind schon rein durch das Wort, das Jesus zu uns gesagt hat: 'Bleibt in mir, dann bleibe ich in euch. Wie die Rebe aus sich keine Frucht bringen kann, sondern nur, wenn sie am Weinstock bleibt, so könnt auch ihr keine Frucht bringen, wenn ihr nicht in mir bleibt. Ich bin der Weinstock, ihr seid die Reben. Wer in mir bleibt und in wem ich bleibe, der bringt reiche Frucht; denn getrennt von mir könnt ihr nichts vollbringen. Wer nicht in mir bleibt, wird wie die Rebe weggeworfen, und er verdorrt. Man sammelt die Reben, wirft sie ins Feuer, und sie verbrennen. Wenn ihr in mir bleibt und wenn

---

[449] Mk 16,15-16

meine Worte in euch bleiben, dann bittet um alles, was ihr wollt: Ihr werdet es erhalten. Mein Vater wird dadurch verherrlicht, dass ihr reiche Frucht bringt und meine Jünger werdet. Wie mich der Vater geliebt hat, so habe auch ich euch geliebt. Bleibt in meiner Liebe![450] Nur durch Jesus haben wir somit in dem einen Geist Zugang zum Vater.[451]

166. Als die Güte und Menschenliebe Gottes, unseres Retters, erschien, hat er uns gerettet - nicht weil wir Werke vollbracht hätten, die uns gerecht machen können, sondern aufgrund seines Erbarmens - durch das Bad der Taufe, das in Wahrheit die einzige Wiedergeburt ist, und der Erneuerung im Heiligen Geist. Diesen Geist hat Gott in reichem Mass über uns ausgegossen durch Jesus Christus, unseren Retter.[452] So müssen wir Gott zu jeder Zeit für alle Jünger der ersten Stunden der Christenheit danken, weil Gott diese als Erstlingsgabe dazu auserwählt hat, aufgrund der Heiligung durch den Geist und aufgrund ihres

---

[450] Joh 15,1-9
[451] Eph 2,18
[452] Tit 3,4-6

Glaubens an die Wahrheit gerettet zu werden.[453] Denn alle, die sich vom Geist Gottes leiten lassen, sind Söhne Gottes. So nimmt sich auch der Geist unserer Schwachheit heute an. Denn wir wissen immer noch nicht, worum wir in rechter Weise beten sollen; der Geist selber tritt jedoch für uns ein mit unserem Seufzen, da wir nicht in Worte fassen können, was wir eigentlich erbitten sollten. Und Gott, der die Herzen erforscht, weiss, was die Absicht des Geistes in uns ist. Dieser tritt so, wie Gott es will, für uns selber ein.[454]

167. Darum sollen wir uns vom Geist Gottes leiten lassen, der in uns wohnt, dann werden wir das Begehren des Fleisches nicht erfüllen. Denn das Begehren des Fleisches richtet sich gegen den Geist, das Begehren des Geistes aber gegen das Fleisch; beide stehen sich als Feinde gegenüber, so dass wir nicht imstande sind, das zu tun, was wir eigentlich wollen.[455] Denn alle, die vom Fleisch bestimmt sind, trachten nach dem, was dem Fleisch entspricht, alle, die vom Geist

---

[453] 2 Thess 2,13
[454] Röm 8,14.26-27
[455] Gal 5,16-17

bestimmt sind, trachten nach dem, was dem Geist entspricht. Das Trachten des Fleisches führt zum Tod, das Trachten des Geistes aber zu Leben und Frieden. Denn das Trachten des Fleisches ist Feindschaft gegen Gott; es unterwirft sich nicht dem Gesetz Gottes und kann es auch nicht. Wer vom Fleisch bestimmt ist, kann Gott nicht gefallen. Wir aber sind hoffentlich nicht vom Fleisch, sondern vom Geist bestimmt, da ja der Geist Gottes in uns wohnt. Wer den Geist Christi nicht hat, der gehört nicht zu ihm. Wenn Christus in uns ist, dann ist zwar der Leib tot aufgrund der Sünde, der Geist aber ist Leben aufgrund der Gerechtigkeit. Wenn der Geist dessen in uns wohnt, der Jesus von den Toten auferweckt hat, dann wird er, der Christus Jesus von den Toten auferweckt hat, auch unseren sterblichen Leib lebendig machen, durch seinen Geist, der in uns wohnt. Wir sind also nicht dem Fleisch verpflichtet, so dass wir nach dem Fleisch leben müssten. Wenn wir nach dem Fleisch leben, müssen wir sterben; wenn wir aber durch den Geist die sündigen Taten des Leibes töten, werden wir leben. Denn alle, die sich vom Geist Gottes leiten lassen, sind Söhne Gottes.[456] Und eben diese Frucht des Geistes aber ist Liebe, Freude, Friede, Langmut, Freundlichkeit, Güte, Treue, Sanftmut und Selbstbeherrschung.[457]

168. Wer von uns ist weise und verständig? Der soll in weiser Bescheidenheit die Taten eines rechtschaffenen Lebens vorweisen. Wenn aber unser Herz voll ist von bitterer Eifersucht und von Ehrgeiz, dann sollen wir nicht prahlen und nicht die Wahrheit verfälschen! Das ist nicht die Weisheit, die von oben kommt, sondern eine irdische, eigennützige, teuflische Weisheit. Wo nämlich Eifersucht und Ehrgeiz herrschen, da gibt es Unordnung und böse Taten jeder Art. Doch die Weisheit von oben ist erstens heilig, sodann friedlich, freundlich, gehorsam, voll Erbarmen und reich an guten Früchten, sie ist unparteiisch, sie heuchelt nicht. Wo Frieden herrscht, wird von Gott für die Menschen, die Frieden stiften, die Saat der Gerechtigkeit ausgestreut.[458]

---

[456] Röm 8,5-14
[457] Gal 5,22-23a
[458] Jak 3,13-18

169. Die Werke des Fleisches aber entsprechen nicht dem, was wir von Christus gelernt haben. Wir haben doch gehört und sind unterrichtet worden in der Wahrheit, die Jesus ist. So legt den alten Menschen ab, der in Verblendung und Begierde zugrunde geht, ändert euer früheres Leben, und erneuert euren Geist und Sinn! Zieht den neuen Menschen an, der nach dem Bild Gottes geschaffen ist in wahrer Gerechtigkeit und Heiligkeit. Legt daher die Lüge ab, und redet untereinander die Wahrheit; denn wir sind als Glieder miteinander verbunden. So lasst euch durch Zorn nicht zur Sünde hinreissen! Die Sonne soll über keinem Zorn untergehen. Gebt dem Teufel keinen Raum! Der Dieb soll nicht mehr stehlen, sondern arbeiten und sich mit seinen Händen etwas verdienen, damit er den Notleidenden davon geben kann. Über unsere Lippen komme kein böses Wort, sondern nur ein gutes, das den, der es braucht, stärkt, und dem, der es hört, Nutzen bringt. Beleidigt also nicht den Heiligen Geist Gottes, dessen Siegel ihr tragt für den Tag der Erlösung.[459]

---

[459] Eph 4,20-30

170. Die Wirkung des Heiligen Geistes für ein heiliges Leben zeigt sich in der Veränderung des inneren Menschen. Dieser "neue Mensch" legt alles Schmutzige und Böse ab, ist zusehends sanftmütig und nimmt sich das Wort zu Herzen, das in ihn eingepflanzt worden ist und das die Macht hat, ihn zu retten. Er hört das Wort nicht nur an, bzw. liest es, sondern handelt danach; sonst betrügt er sich ja selbst.[460] Dabei kann er sehr lange auf Gottes Barmherzigkeit hoffen, doch auch diese hat eine Grenze, denn auch dem, der etwas gegen den Menschensohn, Jesus Christus, sagt, wird vergeben werden; wer aber etwas gegen den Heiligen Geist sagt, dem wird nicht vergeben, weder in dieser noch in der zukünftigen Welt.[461] So steht Jesus durch den Heiligen Geist bei jedem vor der Tür seines Herzens und klopft an. Wer seine Stimme hört und die Tür öffnet, bei dem wird er eintreten, und sie werden Mahl halten, Gott mit ihm und er mit Gott.[462]

---

[460] Jak 1,21-22
[461] Mt 12,32
[462] Offb 3,20

171. Dies sind wahrlich wundervolle Worte, die Gott in Jesus uns da gibt. Das rührt daher, weil wir nun seine Freunde sind, wenn wir tun, was er uns aufträgt. Er nennt uns nicht mehr Knechte; denn der Knecht weiss nicht, was sein Herr tut. Vielmehr nennt er uns Freunde; denn er hat uns alles mitgeteilt, was er von seinem Vater gehört hat.[463] Wir sind nicht nur Freunde. Ein Freund ist immer noch ein Fremder. Wir werden sogar Gottes Kinder genannt. Sind wir aber Kinder, dann auch Erben; wir sind Erben Gottes und sind Miterben Christi, wenn wir mit ihm leiden, um mit ihm auch verherrlicht zu werden. Denn die ganze Schöpfung wartet sehnsüchtig auf das Offenbarwerden der Söhne Gottes. Die Schöpfung ist der Vergänglichkeit unterworfen, nicht aus eigenem Willen, sondern durch den, der sie unterworfen hat; aber zugleich gab er ihr Hoffnung: Auch die Schöpfung soll von der Sklaverei und Verlorenheit befreit werden zur Freiheit und Herrlichkeit der Kinder Gottes. Denn wir wissen, dass die gesamte Schöpfung bis zum heutigen Tag seufzt und in Geburtswehen liegt.

---

[463] Joh 15,14-15

Aber auch wir, obwohl wir als Gabe den Geist Gottes empfangen haben, seufzen in unserem Herzen und warten darauf, dass wir mit der Erlösung unseres Leibes als Söhne offenbar werden. Denn wir sind gerettet, doch in der Hoffnung. Hoffnung aber, die man schon erfüllt sieht, ist keine Hoffnung. Wie kann man auf etwas hoffen, das man schon sieht? Hoffen wir aber auf das, was wir nicht sehen, dann harren wir aus in Geduld.[464] Wenn nun schon wir, die wir böse sind, unseren Kindern geben, was gut ist, wieviel mehr wird der Vater im Himmel den Heiligen Geist denen geben, die ihn bitten.[465]

---

[464] Röm 8,17.19-25
[465] Lk 11,13

Vokal- und Geistesgebet im Allgemeine und im Einzelnen

172. Was ist das Gebet und wie soll man eigentlich richtig beten? Diese Fragen haben sich schon viele gestellt. Eigentlich zeigt uns Maria am schönsten, wie wir beten sollen. Sie sagt in Kanaan bei der Hochzeit lediglich zu Jesus: 'Sie haben keinen Wein mehr.'[466] Jesus musste nicht eine lange Erklärung von Maria haben. Er wusste sofort selber, was am besten zu tun ist. Da dieses Beispiel der Maria den Jüngern jedoch nicht reichte, fragten sie bei ihm nach. Seine Antwort war kurz und knapp, wie das Gebet der Maria. Jesus sagte zu den Jüngern: 'Wenn ihr betet, sollt ihr nicht plappern wie die Heiden, die meinen, sie werden nur erhört, wenn sie viele Worte machen. Macht es nicht wie sie; denn euer Vater weiss, was ihr braucht, noch ehe ihr ihn bittet.' Er gibt dann auch gleich das passende Beispiel; ein kurzes Gebet, in dem eigentlich alles enthalten ist. Er sagte: 'So sollt ihr beten: Unser Vater im Himmel, dein Name werde geheiligt, dein Reich komme, dein Wille geschehe wie im Himmel, so auf der

---

[466] Joh 2,3

Erde. Gib uns heute das Brot, das wir brauchen. Und erlass uns unsere Schulden, wie auch wir sie unseren Schuldnern erlassen haben. Und führe uns nicht in [die][467] Versuchung, sondern rette uns vor dem Bösen.[468]

173. Dennoch sagt der Apostel: 'Betet ohne Unterlass! Dankt für alles; denn das will Gott von euch, die ihr Christus Jesus gehört.'[469] Für Paulus war das Danken somit wesentlicher Bestandteil des richtigen Betens. Und auch Jesus selber sieht das allzeitige Gebet als etwas Zentrales.[470] Er mahnt: 'Wacht und betet allezeit, damit ihr allem, was geschehen wird, entrinnen und vor den Menschensohn hintreten könnt.'[471] Und wieder fasst Paulus es als Haltung des Geistes zusammen, wie wir weiter oben bereits sahen: 'So nimmt sich der Geist unserer Schwachheit an. Denn wir wissen nicht, worum wir in rechter Weise beten

---

[467] Offb 3,10: Es ist die Stunde der Versuchung am Ende der Tage gemeint. Wir beten somit, Gott möge uns nicht in diese Zeit der Trübsal führen, sondern uns zuvor von dem Bösen erlösen.
[468] Mt 6,7-13
[469] 1 Thess 5,17-18
[470] Lk 18,1
[471] Lk 21,36

sollen; der Geist selber tritt jedoch für uns ein mit Seufzen, das wir nicht in Worte fassen können. Und Gott, der die Herzen erforscht, weiss, was die Absicht des Geistes in uns ist: Dieser tritt so, wie Gott es will, für uns ein.[472] Paulus hilft uns da etwas weiter, er rückt das Gebet in die Nähe der Verherrlichung Gottes: 'Ob ihr also esst oder trinkt oder etwas anderes tut: tut alles zur Verherrlichung Gottes!'[473] Gebete werden jedoch nicht immer nach unserer Vorstellung erhört. Dies zeigte uns bereits die Begebenheit der Martha und Maria. Wenn wir darum bitten, Gott möge jemanden von ihm "entfernen", so werden wir nicht erhört.[474]

174. Grundsätzlich schildert uns die Bibel zwei Formen des Gebetes. Zum einen das Vokalgebet und zum anderen das Geistesgebet. Beide Formen sind wichtig. Das Vokalgebet: 'Wenn ihr in Jesus bleibt und wenn seine Worte in euch bleiben, dann bittet um alles, was ihr wollt: Ihr werdet es erhalten. Gott Vater wird dadurch verherrlicht,

---

[472] Röm 8,26-27
[473] 1 Kor 10,31
[474] Lk 10,38-42

dass ihr reiche Frucht bringt und Jesu Jünger werdet. Dann aber auch das Geistesgebet: Jesus sagte: 'Die Stunde kommt, und sie ist schon da, zu der die wahren Beter den Vater anbeten werden im Geist und in der Wahrheit; denn so will der Vater angebetet werden. Gott ist Geist, und alle, die ihn anbeten, müssen im Geist und in der Wahrheit anbeten.[475] Wer somit das Vokalgebet pflegt, muss dies auch im Geist haben. Wer betet und dabei z.B. an die nächste Sportsendung denkt und nicht an das, worum er bittet, der betet kaum im Geist und in der Wahrheit an.

175. Dann gibt es natürlich auch das Gemeinschaftsgebet. Das ist das Gebet der Gemeinde im Gottesdienst. Die Gemeinden der jungen Kirche hielten an der Lehre der Apostel fest und an der Gemeinschaft, am Brechen des Brotes, das ist die Eucharistie, die heilige Messe, und an den Gebeten. Sie verkauften Hab und Gut und gaben davon allen, jedem so viel, wie er nötig hatte. Tag für Tag verharrten sie einmütig im Tempel, brachen in ihren Häusern das Brot und hielten miteinander Mahl in Freude und Einfalt

---

[475] Joh 4,23-24

des Herzens.[476] Wir sehen, dass auch die Wohltätigkeit in Christus – das heisst nicht zum Selbstzweck und dem Zweck etwas von der Steuer absetzen zu können – eine Form des Gebetes ist, die eben auch im Geiste stattfindet, wenngleich sie sich materiell nachvollziehen lässt. Wenn ich einfach nur Wohltätig bin, weil ich es von der Steuer absetzen kann, dann bete ich kaum im Geiste, sondern kalkuliere hart und weltlich.

176. In der Gemeinde kenn wir auch das gemeinsame Fürbittgebet und das gemeinsame Lobpreisen Gottes. Als die Mitglieder der Gemeinde hörten, dass die Apostel aus dem Gefängnis freigelassen wurden, erhoben sie einmütig ihre Stimme zu Gott und sprachen: 'Herr, du hast den Himmel, die Erde und das Meer geschaffen und alles, was dazugehört; du hast durch den Mund unseres Vaters David, deines Knechtes, durch den Heiligen Geist gesagt: Warum toben die Völker, warum machen die Nationen vergebliche Pläne? Die Könige der Erde stehen auf, und die Herrscher haben sich

---

[476] Apg 2,42.45-46

verbündet gegen den Herrn und seinen Gesalbten.⁴⁷⁷ Wahrhaftig, verbündet haben sich in dieser Stadt gegen deinen heiligen Knecht Jesus, den du gesalbt hast, Herodes und Pontius Pilatus mit den Heiden und den Stämmen Israels, um alles auszuführen, was deine Hand und dein Wille im Voraus bestimmt haben. Doch jetzt, Herr, sieh auf ihre Drohungen und gib deinen Knechten die Kraft, mit allem Freimut dein Wort zu verkünden. Streck deine Hand aus, damit Heilungen und Zeichen und Wunder geschehen durch den Namen deines heiligen Knechtes Jesus.' Als sie gebetet hatten, bebte der Ort, an dem sie versammelt waren, und alle wurden mit dem Heiligen Geist erfüllt, und sie verkündeten freimütig das Wort Gottes. Die Gemeinde der Gläubigen war ein Herz und eine Seele. Keiner nannte etwas von dem, was er hatte, sein Eigentum, sondern sie hatten alles gemeinsam.⁴⁷⁸ Auch hier ist es eine Mischung von Lob für vergangenes erfahrenes Heil, Dank für gerade erfahrenes Heil und Bitte um weiteres Heil. Die Aufzählung erfahrener Heilstaten Gottes dient weniger dazu, Gott daran zu erinnern, dass

---

[477] Ps 2,1-2
[478] Apg 4,24-32

er doch schon früher half und dies doch auch jetzt tun solle, sondern, es soll das Vertrauen der betenden Menschen in Gott stärken, weil er früher schon half. Es ist somit wiederum eine geistige Vergegenwärtigung erfahrenen Heils und dadurch auch ein Beten im Geiste.

177. Paulus ruft die Gemeinde jedoch auch auf, zu Bitten und Gebeten, zu Fürbitte und Danksagung, und zwar für alle Menschen, für die Herrscher und für alle, die Macht ausüben, damit wir in aller Frömmigkeit und Rechtschaffenheit ungestört und ruhig leben können. Das ist recht und gefällt Gott, unserem Retter; er will, dass alle Menschen gerettet werden und zur Erkenntnis der Wahrheit gelangen. Denn: Einer ist Gott, Einer auch Mittler zwischen Gott und den Menschen: der Mensch Christus Jesus, der sich als Lösegeld hingegeben hat für viele, ein Zeugnis zur vorherbestimmten Zeit, als dessen Verkünder und Apostel Paulus eingesetzt wurde – Paulus sagte die Wahrheit und lügte nicht –, als Lehrer der Heiden im Glauben und in der Wahrheit. Paulus wollte, dass die Männer überall beim Gebet ihre Hände in Reinheit erheben, frei von Zorn und

Streit.⁴⁷⁹ Hier wird klar auf die Qualität des Gebetes verwiesen. Es soll friedvoll sein und nicht in Wut und Zorn, sondern lieber in Liebe und Vergebung für die Peiniger.⁴⁸⁰

178. Die Sprache in der Liturgie ist ein weiteres Merkmal des Gebetes. Diese Sprache soll kein Geplapper sein wie bei den Heiden, die meinen, sie werden nur erhört, wenn sie viele Worte machen.⁴⁸¹ Es gibt wer weiss wie viele Sprachen in der Welt, und nichts ist ohne Sprache. Wenn ich nun den Sinn der Laute nicht kenne, bin ich für den Sprecher ein Fremder, wie der Sprecher für mich. So ist es auch mit uns. Da wir nach Geistesgaben streben, geben wir uns Mühe, dass wir damit vor allem zum Aufbau der Gemeinde beitragen. Doch vor der Gemeinde will ich lieber fünf Worte mit Verstand und in verständlicher Sprache reden, um auch andere zu unterweisen, als zehntausend Worte in fremden Sprachen stammeln. Seid doch nicht Kinder an Einsicht! Seid Unmündige an Bosheit, an Einsicht aber seid

---

⁴⁷⁹ 1 Tim 2,1-8
⁴⁸⁰ Lk 6,28
⁴⁸¹ Mt 6,7

reife Menschen! Im Gesetz steht: 'Durch Leute, die anders und in anderen Sprachen reden, werde ich zu diesem Volk sprechen; aber auch so werden sie nicht auf mich hören, spricht der Herr.' Wenn also die ganze Gemeinde sich versammelt und alle in unverständlich reden, und es kommen Unkundige oder Ungläubige hinzu, werden sie dann nicht sagen: Ihr seid verrückt! Wenn aber alle verständlich reden und ein Ungläubiger oder Unkundiger kommt herein, dann wird ihm von allen ins Gewissen geredet, und er fühlt sich von allen ins Verhör genommen; was in seinem Herzen verborgen ist, wird aufgedeckt. Und so wird er sich niederwerfen, Gott anbeten und ausrufen: 'Wahrhaftig, Gott ist bei euch!'[482]

179. Die Tugend im Allgemeinen und im Besonderen ist ebenfalls eines der stärksten Gebete. Nichts ist so zentral, wie ein tugendhaftes Leben. Wenn wir in Untugend verfallen sind, dann haben wir in Christus eine Möglichkeit zur sofortigen Umkehr, zu einem Neubeginn. Dies ist dann auch ein Neubeginn des Gebetes. Alles, was für unser Leben und unsere Frömmigkeit gut ist,

---

[482] 1 Kor 14,10-12.19-21.23-25

hat seine göttliche Macht uns geschenkt; sie hat uns den erkennen lassen, der uns durch seine Herrlichkeit und Kraft berufen hat. Durch sie wurden uns die kostbaren und überaus grossen Verheissungen geschenkt, damit wir der verderblichen Begierde, die in der Welt herrscht, entfliehen und an der göttlichen Natur Anteil erhalten. Darum setzen wir allen Eifer daran, mit unserem Glauben die Tugend zu verbinden, mit der Tugend die Erkenntnis, mit der Erkenntnis die Selbstbeherrschung, mit der Selbstbeherrschung die Ausdauer, mit der Ausdauer die Frömmigkeit, mit der Frömmigkeit die Brüderlichkeit und mit der Brüderlichkeit die Liebe. Wenn dies alles bei uns vorhanden ist und wächst, dann nimmt es uns die Trägheit und Unfruchtbarkeit, so dass wir Jesus Christus, unseren Herrn, immer tiefer erkennen. Wem dies aber fehlt, der ist blind und kurzsichtig; er hat vergessen, dass er gereinigt worden ist von seinen früheren Sünden. Deshalb, sollen wir uns noch mehr darum bemühen, dass unsere Berufung und Erwählung Bestand hat. Wenn wir das tun, werden wir niemals scheitern. Dann wird uns in reichem Mass gewährt, in das ewige Reich unseres Herrn und Retters Jesus

Christus einzutreten.[483] Denn, nicht jeder, der zu Christus sagt: Herr! Herr!, wird in das Himmelreich kommen, sondern nur, wer den Willen seines Vaters im Himmel erfüllt. Viele werden an jenem Tag zu ihm sagen: Herr, Herr, sind wir nicht in deinem Namen als Propheten aufgetreten, und haben wir nicht mit deinem Namen Dämonen ausgetrieben und mit deinem Namen viele Wunder vollbracht? Dann wird er ihnen antworten: 'Ich kenne euch nicht. Weg von mir, ihr Übertreter des Gesetzes!'[484]

180. Nebst den allgemeinen Tugenden gibt es auch die theologischen Tugenden. Dies sind Glaube, Hoffnung, Liebe, diese drei; doch am grössten unter ihnen ist die Liebe.[485] Glaube aber ist: Feststehen in dem, was man erhofft, Überzeugt sein von Dingen, die man nicht sieht.[486]

181. Die Kardinaltugenden wiederum sind die Grundtugenden. Wenn jemand Gerechtigkeit liebt, in ihren Mühen findet er die Tugenden.

---

[483] 2 Petr 1,3-11
[484] Mt 7,21-23
[485] 1 Kor 13,13
[486] Hebr 11,1

Denn sie lehrt Mass und Klugheit, Gerechtigkeit und Tapferkeit, die Tugenden, die im Leben der Menschen nützlicher sind als alles andere.[487] Dazu gehört auch, den Staat und die Sozialwerke nicht zu bestehlen und die legitimen Steuern zu bezahlen, denn gebt dem Staat, was dem Staat gehört, und Gott, was Gott gehört![488] Wenn wir uns an die Tugenden halten und sie zu unserem täglichen Gebet machen, dann vermögen wir alles durch ihn, Jesus Christus, der uns Kraft gibt.[489] Es ist somit auch eine Frage der Geisteshaltung. Doch die Frucht des Geistes aber ist Liebe, Freude, Friede, Langmut, Freundlichkeit, Güte, Treue, Sanftmut und Selbstbeherrschung; dem allem widerspricht das Gesetz nicht. Alle, die zu Christus Jesus gehören, haben das Fleisch und damit ihre Leidenschaften und Begierden gekreuzigt.[490] Denn die Läufer im Stadion laufen zwar alle, aber nur einer gewinnt den Siegespreis. Laufen wir also so, dass wir ihn gewinnen. Jeder Wettkämpfer lebt zudem völlig enthaltsam; jene

---

[487] Weish 8,7
[488] Mt 22,21
[489] Phil 4,13
[490] Gal 5,22-24

tun dies, um einen vergänglichen, wir aber, um einen unvergänglichen Siegeskranz zu gewinnen. Darum laufen wir nicht wie solche, die ziellos laufen, und kämpfen mit der Faust nicht so wie einer, der in die Luft schlägt; vielmehr züchtigen und unterwerfen wir unseren Leib, damit wir nicht anderen predige und selbst verworfen werden.[491]

182. Reinheit, Demut von Herzen, Milde sind wiederum die Schlüssel zu den Tugenden. Denn, selig, die ein reines Herz haben; denn sie werden Gott schauen.[492] Wer pausenlos über andere tratscht und mutmasst, hat kein reines Herz. Darum sollen wir dieses Joch der Verleumdung wegwerfen. Jesus sagt: 'Nehmt mein Joch auf euch und lernt von mir; denn ich bin gütig und von Herzen demütig; so werdet ihr Ruhe finden für eure Seele.'[493] Güte und Demut sind folglich die hilfreichen Schritte.

183. Einigen, die von ihrer eigenen Gerechtigkeit überzeugt waren und die anderen verachteten, erzählte Jesus dieses Beispiel: 'Zwei Männer

---

[491] 1 Kor 9,24-27
[492] Mt 5,8
[493] Mt 11,29

gingen zum Tempel hinauf, um zu beten; der eine war ein Pharisäer, der andere ein Beamter. Der Pharisäer stellte sich hin und sprach leise dieses Gebet: Gott, ich danke dir, dass ich nicht wie die anderen Menschen bin, die Räuber, Betrüger, Ehebrecher oder auch wie dieser Beamte dort. Ich faste zweimal in der Woche und gebe dem Tempel den zehnten Teil meines ganzen Einkommens. Der Beamte aber blieb ganz hinten stehen und wagte nicht einmal, seine Augen zum Himmel zu erheben, sondern schlug sich an die Brust und betete: Gott, sei mir Sünder gnädig! Ich sage euch: Dieser kehrte als Gerechter nach Hause zurück, der andere nicht. Denn wer sich selbst erhöht, wird erniedrigt, wer sich aber selbst erniedrigt, wird erhöht werden.'[494] Wer sich somit für besser hält, als Alkoholiker und Drogensüchtige, als Huren oder Freier, der könnte am Ende die Rechnung ohne Gott gemacht haben. Das bedeutet jedoch nicht, dass wir zuerst all diese Sünden begehen sollen, doch die Reue des Sünders für unsere Sünde des Stolzes wäre da sehr hilfreich.

---

[494] Lk 18,9-14

184. Stolz ist eine Sünde, die Gott gar nicht leiden kann. Dies zeigt uns auch die Geschichte des Herodes, der sich vom Volk als Gott verehren liess. Herodes war über die Bewohner von Tyrus und Sidon sehr aufgebracht. Sie kamen gemeinsam zu ihm, gewannen Blastus, den Kämmerer des Königs, für sich und baten um Frieden, weil sie ihre Nahrung aus dem Land des Königs bezogen. Am festgesetzten Tag nahm Herodes im Königsgewand auf der Tribüne Platz und hielt vor ihnen eine feierliche Ansprache. Das Volk aber schrie: Die Stimme eines Gottes, nicht eines Menschen! Im selben Augenblick schlug ihn ein Engel des Herrn, weil er nicht Gott die Ehre gegeben hatte. Und von Würmern zerfressen, starb er.[495]

185. Entscheidend ist, dass eine Versuchung noch nicht die Sünde ist. Sünde wird es dann, wenn wir mit einer Versuchung beginnen zu "Liebäugeln" und ihr nachzuhängen. Darum sagt der Apostel Jakobus: 'Seid voll Freude, wenn ihr in mancherlei Versuchungen geratet. Ihr wisst, dass die Prüfung eures Glaubens Ausdauer

---

[495] Apg 12,20-23

bewirkt. Die Ausdauer aber soll zu einem vollendeten Werk führen; denn so werdet ihr vollendet und untadelig sein, es wird euch nichts mehr fehlen. <u>Glücklich, wer in der Versuchung standhält</u>. Denn wenn er sich bewährt, wird er den Kranz des Lebens erhalten, der denen verheissen ist, die Gott lieben.[496] Auch Bedrängnis ist keine Sünde, sondern eine Versuchung unserer Liebe und Langmut. Darum wissen wir, dass Bedrängnis Geduld bewirkt, Geduld aber Bewährung, Bewährung Hoffnung. Die Hoffnung aber lässt nicht zugrunde gehen; denn die Liebe Gottes ist ausgegossen in unsere Herzen durch den Heiligen Geist, der uns gegeben ist.[497]

186. Wer sich der himmlischen Tugenden völlig vergewissern möchte, der kommt um die Seligpreisungen Jesu nicht herum. Als Jesus die vielen Menschen sah, die dort waren, stieg er auf einen Berg. Er setzte sich, und seine Jünger traten zu ihm. Dann begann er zu reden und lehrte sie. Er sagte: 'Selig, die arm sind vor Gott; denn ihnen gehört das Himmelreich. Selig die Trauernden;

---

[496] Jak 1,2-4.12
[497] Röm 5,3-5

denn sie werden getröstet werden. Selig, die keine Gewalt anwenden; denn sie werden das Land erben. Selig, die hungern und dürsten nach der Gerechtigkeit; denn sie werden satt werden. Selig die Barmherzigen; denn sie werden Erbarmen finden. Selig, die ein reines Herz haben; denn sie werden Gott schauen. Selig, die Frieden stiften; denn sie werden Söhne Gottes genannt werden. Selig, die um der Gerechtigkeit willen verfolgt werden; denn ihnen gehört das Himmelreich. Selig seid ihr, wenn ihr um meinetwillen beschimpft und verfolgt und auf alle mögliche Weise verleumdet werdet. Freut euch und jubelt: Euer Lohn im Himmel wird gross sein. Denn so wurden schon vor euch die Propheten verfolgt. Darum sage ich euch: Wenn eure Gerechtigkeit nicht weit grösser ist als die der Schriftgelehrten und der Pharisäer, werdet ihr nicht in das Himmelreich kommen. Ihr sollt also vollkommen sein, wie es auch euer himmlischer Vater ist.[498] Die erste und die letzte Seligpreisungen haben beide dieselbe Verheissung:'**Selig, die arm sind (im Geiste) vor Gott; denn ihnen gehört das**

---

[498] Mt 5,1-12.20.48

Himmelreich.'[499] In diesem Satz wird sozusagen grundgelegt, wer 'Bürger des Himmelreiches' ist. Es sind nicht die Reichen, die Prasser, die Stolzen und Wohlhabenden auf Erden, sondern die Armen und Verfolgten. Jesus sagte: 'Eher geht ein Kamel durch ein Nadelöhr, als dass ein Reicher in das Reich Gottes gelangt.'"[500] **'Selig, die um der Gerechtigkeit willen verfolgt werden; denn ihnen gehört das Himmelreich.**'[501] Diese letzte der acht Seligpreisungen ist ebenfalls die Grundlage für die persönliche Seligpreisung und hat dieselbe Verheissung, wie die erste; 'Bürger des Himmels' zu sein. Sie behandelt die Verfolgung der Gottesfürchtigen."[502]

---

[499] Mt 5,3
[500] Mt 19,24; Mk 10,25; Lk 18,25
[501] Mt 5,10
[502] Wer über die Seligpreisungen und ihren tiefen Gehalt mehr erfahren möchte dem sei das Büchlein empfohlen: Der alte Jusuf und die himmlische Verfassung, ISBN - 978-3-7431-5218-2 (Hard-Cover), ISBN - 978-3-7412-0099-1 (E-Book)

Ehe und Familie

187. Die Heirat ist von Gott gewollt und die einzige legitime Form des intimen Zusammenlebens von einem Mann mit einer Frau, denn Gott sprach: 'Lasst uns Menschen machen als unser Abbild, uns ähnlich. Sie sollen herrschen über die Fische des Meeres, über die Vögel des Himmels, über das Vieh, über die ganze Erde und über alle Kriechtiere auf dem Land. Gott schuf also den Menschen als sein Abbild; als Abbild Gottes schuf er ihn. Als Mann und Frau schuf er sie.' – Er schuf sie somit nicht als Mann und Mann oder als Frau und Frau. – 'Gott segnete sie, und Gott sprach zu ihnen: Seid fruchtbar, und vermehrt euch, bevölkert die Erde, unterwerft sie euch, und herrscht über die Fische des Meeres, über die Vögel des Himmels und über alle Tiere, die sich auf dem Land regen.'[503] Da Gott alles aus reinster Liebe erschaffen hat, hat, wer nicht liebt, Gott nicht erkannt; denn Gott ist die Liebe. Wir haben die Liebe, die Gott zu uns hat, in der Schöpfung und im Erlösungswerk Jesu Christi erkannt und gläubig angenommen. Gott ist die

---

[503] Gen 1,26-28

Liebe, und wer in der Liebe bleibt, bleibt in Gott, und Gott bleibt in ihm.'[504] Und was wir von Anfang an gehört haben, soll in uns bleiben; wenn das, was wir von Anfang an gehört haben, in uns bleibt, dann bleiben wir im Sohn und im Vater.[505]

188. Jesus selbst bezieht sich die Ehe betreffend auf die Schöpfungsgeschichte, als Pharisäer zu ihm kamen, um ihm eine Falle zu stellen, und ihn fragten: 'Darf man seine Frau aus jedem beliebigen Grund aus der Ehe entlassen?' Er gab zur Antwort: 'Habt ihr nicht gelesen, dass der Schöpfer die Menschen am Anfang als Mann und Frau geschaffen hat und dass er gesagt hat: Darum wird der Mann Vater und Mutter verlassen und sich an seine Frau binden, und die zwei werden ein Fleisch sein?[506] Sie sind also nicht mehr zwei, sondern eins.' – Das wird besonders sichtbar durch die gemeinsamen Kinder, die ja vom Vater und von der Mutter je die Hälfte der Erbanlagen bekommen. –'Was aber Gott verbunden hat, das darf der Mensch nicht trennen.' Da rechtfertigten

---

[504] 1 Joh 4,8.16
[505] 1 Joh 2,18.24
[506] Gen 2,24

sie sich: 'Wozu hat dann Mose vorgeschrieben, dass der Mann der Frau eine Scheidungsurkunde geben muss, wenn man sich trennen will?' Jesus antwortete: 'Nur weil ihr so hartherzig seid, hat Mose euch erlaubt, eure Frauen aus der Ehe zu entlassen. Am Anfang war das nicht so.' Jesus, der Gott ist, sagte ihnen daher klar und unmissverständlich: 'Wer seine Frau entlässt, obwohl kein Fall von Unzucht vorliegt, und eine andere heiratet, der begeht Ehebruch.' Da meinten die Jünger Jesu selbst zu ihm: 'Wenn das die Stellung des Mannes in der Ehe ist, dann ist es nicht gut zu heiraten.'[507] Wann liegt jedoch ein Fall von Unzucht vor? Nun, wenn sich herausstellt, dass eines von Beiden bereits jemand anderem zugehörig ist – z.B. eine unfreiwillige Ehe – oder wenn sich herausstellt, dass die beiden Geschwister oder Halbgeschwister sind, z.B. durch eine Adoption, dann liegt der Fall von Unzucht vor.

189. Diese Haltung Gottes beschäftigte die Jünger derart, dass sie Jesus, als sie zu Hause alleine waren, noch einmal darüber befragten.

---

[507] Mt 19,3-10

Jesus blieb auch ihnen gegenüber konsequent und wiederholte: 'Wer seine Frau aus der Ehe entlässt und eine andere heiratet, begeht ihr gegenüber Ehebruch. Auch eine Frau begeht Ehebruch, wenn sie ihren Mann aus der Ehe entlässt und einen anderen heiratet.'[508] Auch wer eine geschiedene Frau heiratet, die von ihrem Mann aus der Ehe entlassen worden ist, begeht Ehebruch.[509] Manchmal geht jedoch ein Zusammenleben einfach nicht mehr. In diesem Falle sagt uns Paulus: 'Den Verheirateten gebiete nicht ich, sondern der Herr: Die Frau soll sich vom Mann nicht trennen – wenn sie sich aber trennt, so bleibe sie unverheiratet oder versöhne sich wieder mit dem Mann –, und der Mann darf die Frau nicht verstossen. Eine Frau ist gebunden, solange ihr Mann lebt; wenn aber ein Ehepartner gestorben ist, ist das Lebende frei zu heiraten, wen dieses will; nur geschehe es im Herrn[510] und nicht in einer rein zivilen oder "wilden" Ehe. Selbst der Vorläufer Jesu, Johannes der Täufer, geisselte das Zusammenleben mit einer Geschiedenen.

---

[508] Mk 10,1-12
[509] Lk 16,18
[510] 1 Kor 7,10-11.39

Herodes hatte nämlich Herodias, die Frau seines Bruders Philippus, geheiratet. Und Johannes sagte zu Herodes: 'Du hattest nicht das Recht, die Frau deines Bruders zur Frau zu nehmen.' Herodias verzieh ihm das nicht und wollte ihn, weil er die Wahrheit gesagt hatte, töten lassen.[511]

190. Wie kann man die Ehe nun aber heilig verleben? Paulus gibt hier den Rat: Die Zeit ist kurz. Daher soll, wer eine Frau hat, sich in Zukunft so verhalten, als habe er keine, wer weint, als weine er nicht, wer sich freut, als freue er sich nicht, wer kauft, als würde er nicht Eigentümer, wer sich die Welt zunutze macht, als nutze er sie nicht; denn die Gestalt dieser Welt vergeht.[512] Paulus legitimiert hier keinesfalls einen "Seitensprung", sondern unterstützt vielmehr das Aufrechterhalten der Verliebtheit vor der Ehe. Wer echt verliebt ist oder liebt, für den gibt es keine zusätzliche "Liebschaft".

191. Paulus gibt auch selbst das Hilfsmittel zu diesem steten Verliebt Sein indem er sagt: 'Ihr

---

[511] Mk 6,17-19
[512] 1 Kor 7,29-31

Frauen, ordnet euch euren Männern unter wie dem Herrn Christus; denn der Mann ist das Haupt der Frau, wie auch Christus das Haupt der Kirche ist; er hat sie gerettet, denn sie ist sein Leib. Ihr Männer, liebt eure Frauen, wie Christus die Kirche geliebt und sich für sie hingegeben hat.[513] Dieses "Unterordnen" ist vielmehr zu verstehen als sich gegenseitig unterzuordnen, denn einer ordne sich dem andern unter in der gemeinsamen Ehrfurcht vor Christus.[514] Wenn man weiss, dass sich das Andere für einem kreuzigen lässt, wird erkennbar, dass dieses Unterordnen nichts mit Unterwürfigkeit zu tun hat, sondern mit heiligem Respekt voreinander. Paulus formuliert dies in dem er will, dass die Männer überall beim Gebet ihre Hände in Reinheit erheben, frei von Zorn und Streit. Auch die Frauen sollen sich anständig, bescheiden und zurückhaltend kleiden; nicht Haartracht, Gold, Perlen oder kostbare Kleider sollten ihr Schmuck sein, sondern gute Werke. Denn so gehört es sich für Frauen, die gottesfürchtig sein wollen. Eine Frau soll sich still und in aller Unterordnung belehren lassen. Dass

---

[513] Eph 5,22-23.25
[514] Eph 5,21

eine Frau lehrt, erlaubte Paulus nicht, auch nicht, dass sie über ihren Mann herrscht. Sie soll sich vielmehr still verhalten. Denn zuerst wurde Adam erschaffen, danach Eva. Und nicht Adam wurde verführt, sondern die Frau liess sich verführen und übertrat das Gebot. Sie wird aber dadurch gerettet werden, dass sie Kinder zur Welt bringt, wenn sie in Glaube, Liebe und Heiligkeit ein besonnenes Leben führt.[515] Was hier mit martialisch klingenden Worten gesagt wird, hat viel mit Psychologie zu tun. Paulus kennt sehr gut den Stolz eines Mannes und weiss nur zu gut, dass ein Mann sehr schnell in seinem Stolz verletzt ist, wenn die Frau permanent rummäkelt. In einem solchen Falle sucht er sehr schnell Bestätigung bei anderen Frauen. Es geht somit auch hier um den gegenseitigen Respekt, selbst, wenn das in der Sprache von damals heute nicht mehr sofort erkannt wird.

192. Die Frau soll also vielmehr durch ihren Lebenswandel zum lebendigen Gewissen des Mannes werden. Wenn die Frauen sich ihren Männern "unterordnen", können auch die

---

[515] 1 Tim 2,8-15

Männer, falls sie dem Wort des Evangeliums nicht gehorchen, durch das Leben ihrer Frauen ohne Worte gewonnen werden, falls ein Mann sieht, wie ehrfürchtig und rein seine Frau lebt. Nicht auf äusseren Schmuck soll sie Wert legen, auf Haartracht, Gold und prächtige Kleider, sondern auf das, was im Herzen verborgen ist. Das ist wahrlich ein unvergänglicher Schmuck und dazu zählt ein sanftes und ruhiges Wesen. Das ist sehr wertvoll in Gottes Augen. Auf diese Weise haben sich einst auch die heiligen Frauen geschmückt, die ihre Hoffnung auf Gott setzten: Sie ordneten sich ihren Männern in dieser Weise unter und gewannen dadurch die volle Liebe ihrer Männer. Sara gehorchte Abraham und nannte ihn ihren Herrn. Saras Kinder sind auch wir geworden, wenn wir recht handeln und uns vor keiner Einschüchterung fürchten. Im Gegenzug sollen die Männer im Umgang mit ihren Frauen rücksichtsvoll sein, denn sie sind der scheinbar schwächere Teil; Männer ehrt sie, denn auch sie sind Erben der Gnade des Lebens. So wird euren Gebeten nichts mehr im Weg stehen.[516]

---

[516] 1 Petr 3,1-7

Wert des Wortes Gottes

193. Was ist eigentlich das Wort Gottes? Nun, im Anfang war das Wort, und das Wort war bei Gott, und das Wort war Gott. Im Anfang war es bei Gott. Alles ist durch das Wort geworden, und ohne das Wort wurde nichts, was geworden ist. In ihm war das Leben, und das Leben war das Licht der Menschen. Und das Licht leuchtet in der Finsternis, und die Finsternis hat es nicht erfasst. Es trat ein Mensch auf, der von Gott gesandt war; sein Name war Johannes der Täufer. Er kam als Zeuge, um Zeugnis abzulegen für das Licht, damit alle durch ihn zum Glauben kommen. Er war nicht selbst das Licht, er sollte nur Zeugnis ablegen für das Licht. Das wahre Licht, das jeden Menschen erleuchtet, kam in die Welt. Er war in der Welt, und die Welt ist durch ihn geworden, aber die Welt erkannte ihn nicht. Er kam in sein Eigentum, aber die Seinen nahmen ihn nicht auf. Allen aber, die ihn aufnahmen, gab er Macht, Kinder Gottes zu werden, allen, die an seinen Namen glauben, die nicht aus dem Blut, nicht aus dem Willen des Fleisches, nicht aus dem Willen des Mannes, sondern aus Gott geboren sind. Und das Wort ist Fleisch geworden und hat unter uns gewohnt, und

wir haben seine Herrlichkeit gesehen, die Herrlichkeit des einzigen Sohnes vom Vater, voll Gnade und Wahrheit. Johannes der Täufer legte Zeugnis für ihn ab und rief: Dieser war es, über den ich gesagt habe: Er, der nach mir kommt, ist mir voraus, weil er vor mir war. Aus seiner Fülle haben wir alle empfangen, Gnade über Gnade. Denn das Gesetz wurde durch Mose gegeben, die Gnade und die Wahrheit kamen durch Jesus Christus. Niemand hat Gott je gesehen. Der Einzige, der Gott ist und am Herzen des Vaters ruht, er hat Kunde gebracht.[517]

194. Eigentlich wäre damit bereits alles über das Wort Gottes gesagt. Doch sollen hier noch einige ganz spezifische Worte Gottes angefügt werden. So sprach z.B. der Herr zu Mose: 'Rede zu Aaron und sag zu ihm: Wenn du die Lampen auf den Leuchter steckst, dann so, dass das Licht der sieben Lampen vom Leuchter aus nach vorn fällt.' Der Herr sprach weiter zu Mose: 'Sondere die Leviten von den Israeliten ab, und reinige sie!'[518]

---

[517] Joh 1,1-18
[518] Num 8,1-2.5-6

195. Das Wort ist somit nicht etwas, das einmal war, sondern das Wort ist lebendig, kraftvoll und schärfer als jedes zweischneidige Schwert. Es dringt durch bis zur Scheidung von Seele und Geist, von Gelenk und Mark; es richtet über die Regungen und Gedanken des Herzens; vor ihm bleibt kein Geschöpf verborgen, sondern alles liegt nackt und bloss vor den Augen dessen, dem wir Rechenschaft schulden.[519] Denn niemals wurde eine Weissagung ausgesprochen, weil ein Mensch es wollte, sondern vom Heiligen Geist getrieben haben Menschen im Auftrag Gottes geredet.[520] Darum legt alles Schmutzige und Böse ab, seid sanftmütig und nehmt euch das Wort zu Herzen, das in euch eingepflanzt worden ist und das die Macht hat, euch zu retten.[521] Denn auch ich schäme mich des Evangeliums nicht: Es ist eine Kraft Gottes, die jeden rettet, der glaubt, zuerst den Juden, aber ebenso den Christen. Denn im Evangelium wird die Gerechtigkeit Gottes offenbart aus Glauben zum Glauben, wie es in der Schrift heisst: Der aus Glauben Gerechte wird

---

[519] Hebr 4,12-13
[520] 2 Petr 1,21
[521] Jak 1,21

leben.[522] Der Zorn Gottes wird vom Himmel herab offenbart wider alle Gottlosigkeit und Ungerechtigkeit der Menschen, die die Wahrheit durch Ungerechtigkeit niederhalten. Denn was man von Gott erkennen kann, ist ihnen offenbar; Gott hat es jenen offenbart. Seit Erschaffung der Welt wird seine unsichtbare Wirklichkeit an den Werken der Schöpfung mit der Vernunft wahrgenommen, seine ewige Macht und Gottheit. Daher sind sie unentschuldbar. Denn sie haben Gott erkannt, ihn jedoch nicht als Gott geehrt und ihm nicht gedankt. Sie verfielen in ihrem Denken der Nichtigkeit, und ihr unverständiges Herz wurde verfinstert. Sie behaupteten, weise zu sein, und wurden aber zu Narren. Sie vertauschten die Herrlichkeit des unvergänglichen Gottes mit Bildern, die einen vergänglichen Menschen und fliegende, vierfüssige und kriechende Tiere darstellen. Darum lieferte Gott sie durch die Begierden ihres Herzens der Unreinheit aus, so dass sie ihren Leib durch ihr eigenes Tun entehrten. Sie vertauschten gar die Wahrheit Gottes mit der Lüge, sie beteten das Geschöpf an

---

[522] Hab 2,4

und verehrten es anstelle des Schöpfers - gepriesen ist er in Ewigkeit. Amen. Darum lieferte Gott sie so entehrenden Leidenschaften aus: Ihre Frauen vertauschten darauf den natürlichen Verkehr mit dem widernatürlichen; ebenso gaben die Männer den natürlichen Verkehr mit der Frau auf und entbrannten darauf in Begierde zueinander; Männer trieben mit Männern Unzucht und erhielten den ihnen gebührenden Lohn für ihre Verirrung. Und da sie sich weigerten, Gott anzuerkennen, lieferte Gott sie einem verworfenen Denken aus, so dass sie tun, was sich wirklich nicht gehört: Sie erkennen, dass Gottes Rechtsordnung bestimmt: Wer so handelt, verdient den Tod. Trotzdem tun sie es nicht nur selber, sondern stimmen bereitwillig sogar denen zu, die so handeln.[523]

196. Jesus macht auch ganz klare Ankündigung des Heiles. Er fordert uns auf, geht zu allen Völkern, und macht alle Menschen zu meinen Jüngern; tauft sie auf den Namen des Vaters und des Sohnes und des Heiligen Geistes, und lehrt die Menschen dieser Völker, alles zu befolgen, was

---

[523] Röm 1,16-28.322

ich euch geboten habe. Seid gewiss: Ich bin bei euch alle Tage bis zum Ende der Welt,[524] denn wer glaubt und sich taufen lässt, wird gerettet; wer aber nicht glaubt, wird verdammt werden.[525] Paulus erinnert uns zudem an das Evangelium, das er uns verkündet hat. Wir haben es angenommen; es ist der Grund, auf dem wir stehen. Durch dieses Evangelium werden wir gerettet, wenn wir an seinem Wortlaut festhalten, den Paulus und die Evangelisten uns verkündet haben. Oder haben wir den Glauben vielleicht unüberlegt angenommen?[526]

197. Wir sind zum Kampf aufgerufen, doch nicht mit dem Schwert aus Stahl, sondern mit dem Schwert des Geistes. Denn das Wort ist der lebendige Gott selbst, kraftvoll und schärfer als jedes zweischneidige Schwert; es dringt durch bis zur Scheidung von Seele und Geist, von Gelenk und Mark; es richtet über die Regungen und Gedanken des Herzens; vor ihm bleibt kein Geschöpf verborgen, sondern alles liegt nackt und

---

[524] Mt 28,19-20
[525] Mk 16,16
[526] 1 Kor 15,1-2

bloss vor den Augen dessen, dem wir Rechenschaft schulden, Jesus Christus.[527] Darum dankten die Apostel Gott unablässig dafür, dass auch wir das Wort Gottes, das wir durch ihre einstige Verkündigung empfangen haben, nicht als Menschenwort, sondern - was es in Wahrheit ist - als Gottes Wort angenommen haben; und jetzt ist es in uns, den Gläubigen, wirksam.[528] Daher sollen wir den Helm des Heils und das Schwert des Geistes nehmen, das ist das Wort Gottes.[529]

198. Warum sollen wir eigentlich das Wort Gottes annehmen? Der Antichrist wird alle, die verlorengehen, betrügen und zur Ungerechtigkeit verführen; sie gehen verloren, weil sie sich der Liebe zur Wahrheit verschlossen haben, durch die sie gerettet werden sollten. Darum lässt Gott sie der Macht des Irrtums verfallen, so dass sie der Lüge glauben; denn alle müssen gerichtet werden, die nicht der Wahrheit geglaubt, sondern die Ungerechtigkeit geliebt haben. Die Apostel dankten Gott zu jeder Zeit wegen der ersten

---

[527] Hebr 4,12-13
[528] 1 Thess 2,13
[529] Eph 6,17

Christen, weil Gott diese als Erstlingsgabe dazu auserwählt hatte, aufgrund der Heiligung durch den Geist und aufgrund ihres Glaubens an die Wahrheit gerettet zu werden. Dazu hat er auch uns durch das Evangelium berufen; wir sollen nämlich die Herrlichkeit Jesu Christi, unseres Herrn, erlangen. Seien wir also standhaft, und halten an den Überlieferungen fest, in denen wir unterwiesen wurden, sei es mündlich, sei es durch die Bibel.[530]

199. Wir sind somit gerufen, das Wort Gottes im Herzen zu bewahren, wie auch Maria, sie bewahrte alles, was geschehen war, in ihrem Herzen und dachte darüber nach, was im Tempel mit dem zwölfjährigen Jesus geschehen war und was er sagte. Danach kehrte er mit ihnen nach Nazareth zurück und war ihnen gehorsam. Seine Mutter bewahrte alles, was geschehen war, in ihrem Herzen.[531] Eines Tages kamen seine Mutter und seine Brüder zu Jesus; sie konnten aber wegen der vielen Leute nicht zu ihm gelangen. Da sagte man ihm: 'Deine Mutter und deine Brüder stehen

---

[530] 2 Thess 2,10-15
[531] Lk 2,19.51

draussen und möchten dich sehen.' Er erwiderte: 'Meine Mutter und meine Brüder sind die, die das Wort Gottes hören und danach handeln.'[532] Das heisst im Übrigen nicht, dass Maria dies nicht getan hätte, wie wir oben gesehen haben, ganz im Gegenteil. Jesus macht hier allen unmissverständlich klar, dass alle, die Handeln, wie Maria, seine Familie sind.

200. Was müssen wir eigentlich tun, um die Vollkommenheit zu erreichen? Jesus fordert uns nämlich dazu auf, denn er sagte: 'Ihr sollt vollkommen sein, wie es auch euer himmlischer Vater ist.'[533] Dies gelingt uns, wenn wir Gott selber nachahmen, als seine geliebten Kinder, und indem wir einander lieben, weil auch Christus uns geliebt und sich für uns hingegeben hat als Gabe und als Opfer, das Gott gefällt.[534] Dazu helfen uns wiederum die Schriften der Bibel, denn jede von Gott eingegebene Schrift ist auch nützlich zur Belehrung, zur Widerlegung, zur Besserung, zur

---

[532] Lk 8,19-21
[533] Mt 5,48
[534] Eph 5,1-2

Erziehung in der Gerechtigkeit.[535] Darum sagt uns Jesus: Wenn unsere Gerechtigkeit nicht weit grösser ist als die der Schriftgelehrten und der Pharisäer – die den Buchstaben über Sinn und Gehalt stellten – werden wir nicht in das Himmelreich kommen.[536]

201. Ohne Erziehung gelingt uns die Vollkommenheit nicht. Unsere leiblichen Väter haben uns, wenn sie strenge Erzieher waren, kurze Zeit nach ihrem Gutdünken in Zucht genommen; er, Gott, tut es zu unserem Besten, damit wir Anteil an seiner Heiligkeit gewinnen. Streben wir somit voll Eifer nach Frieden mit allen und nach der Heiligung, ohne die keiner den Herrn sehen wird.[537] Diese Erziehung geschieht gemäss der Bibel, denn Gott wacht über sein Wort und führt es aus.[538]

202. Ein Hindernis für uns, dem Wort zu folgen, ist für uns oft die mangelnde Geduld. So sagte Jesus: 'Mit dem Reich Gottes ist es so, wie wenn

---

[535] 2 Tim 3,16
[536] Mt 5,20
[537] Hebr 12,10.14
[538] Jer 1,12

ein Mann Samen auf seinen Acker sät; dann schläft er und steht wieder auf, es wird Nacht und wird Tag, der Samen keimt und wächst, und der Mann weiss nicht, wie.'[539] Das besagt, dass wir oft scheinbar keinen Fortschritt in uns erkennen, dennoch wächst das Wort verdeckt in unseren Herzen, wenn wir es annehmen. Wir meinen dann, weil wir so kein Wachstum in uns sehen können, dass da nichts weitergeht und versuchen es zu beschleunigen. Doch damit reissen wir es nur aus. So müssen wir zuförderst unsere Gedanken im Zaum halten, denn Gottes Gedanken sind nicht unsere Gedanken, und unsere Wege sind nicht seine Wege. So hoch der Himmel über der Erde ist, so hoch erhaben sind Gottes Wege über unseren Wegen und seine Gedanken über unseren Gedanken. Denn wie Regen und Schnee vom Himmel fallen und nicht in gleicher Form dorthin zurückkehren, sondern die Erde tränken und sie zum Keimen und Sprossen bringen, wie Gott dem Sämann Samen gibt und Brot zum Essen, so ist es auch mit dem Wort, das Gottes Mund verlässt: Es kehrt nicht leer zu Gott zurück, sondern bewirkt,

---

[539] Mk 4,26-27

was Gott will, und erreicht all das, wozu Gott es ausgesandt hatte.[540]

203. Es gibt eine klare Wirkung des Wortes Gottes, wenn es im Herzen ist. Ebenso gibt es eine klare Wirkung, wenn es eben nicht im Herzen ist. Jesus wusste, dass die Schriftgelehrten und Pharisäer seiner Zeit Nachkommen Abrahams waren. Aber sie wollten Jesus töten, weil sein Wort in ihnen keine Aufnahme fand.[541] Wenn wir jedoch in Jesus bleiben und wenn seine Worte in uns bleiben, dann können wir um alles bitten, was wir wollen: Wir werden es erhalten.[542] Denn dann bitten wir auch nicht um Unvernünftiges. Wenn wir in Jesu Wort bleiben, sind wir wirklich seine Jünger. Dann werden wir die Wahrheit erkennen, und die Wahrheit wird uns befreien.[543] Diese Wahrheit ist Christus selber und er ist auch der Weg und das Leben.[544] Gott aber ist der Geist, und wo der Geist Gottes wirkt, da ist Freiheit. Wir alle spiegeln mit enthülltem Angesicht die

---

[540] Jes 55,8-11
[541] Joh 8,37
[542] Joh 15,7
[543] Joh 8,31-32
[544] Joh 14,6

Herrlichkeit Gottes wider und werden so in sein eigenes Bild verwandelt, von Herrlichkeit zu Herrlichkeit, durch den Geist Gottes.[545]

204. Zur Verwirklichung des Wortes Gottes in unserem Leben ist es zwingend, dass wir es jedoch auch häufig lesen und zwar Abschnitt für Abschnitt. Dies nicht nur privat zuhause, sondern auch öffentlich. Ein gutes Beispiel dafür ist der Schriftgelehrte Esra, der das Buch mit dem Gesetz des Mose, nachdem es viele Jahre lang verschollen war, holen liess und öffentlich von einer Kanzel aus das ganze Buch mit dem Gesetz des Mose selber vorliess.[546] Ähnlich erging es auch dem Propheten Ezra, der von Gott den Auftrag erhielt, die Worte Gottes öffentlich zu verkünden. Ob sie dann hören wollen oder nicht - denn sie sind ein widerspenstiges Volk -, sie werden erkennen müssen, dass mitten unter ihnen ein Prophet war. Die öffentliche Verkündigung des Wortes Gottes kann in einem Falle bejubelt und gewünscht sein, im anderen Falle stösst man auf Ablehnung. Fakt bleibt: Ohne Verkündigung

---

[545] 2 Kor 3,17-18
[546] Neh 8,1-12

des Wortes Gottes gibt es nicht die Möglichkeit, das Wort in seinem Leben bewusst zu verwirklichen oder es bewusst abzulehnen. Das Bedeutet, der Mensch muss sich irgendwann für oder gegen Gott entscheiden. Das kann er jedoch nur, wenn er das Wort Gottes hört.[547] Im Alten Bund (und auch beim Apostel Johannes in seiner Vision der Offenbarung) ging Gott sogar soweit, dass er Propheten Buchrollen essen liess, als Zeichen dafür, wie sehr es verinnerlicht werden muss; als Zeichen dafür, wie sehr Gott in unser Leben verinnerlicht werden muss. Heute geschieht dies nicht mehr mit einer Buchrolle, die es zu essen gilt, sondern mit dem Leib und Blut Christi in der Eucharistie, im Zeichen von Brot und Wein. Der Mensch muss auch heute erkennen, dass er Gott voll in seinem eigenen Leben, als lebendiges Wort Gottes, verinnerlichen muss, dass er selber mehr und mehr zum Wort Gottes, das in dieser Welt wandelt, wird.[548]

205. Es ist letztlich jedoch der Geist, der lebendig macht; das Fleisch nützt so gesehen nichts. Die

---

[547] Ez 2,2-8
[548] Ez 3,3-10

Worte, die Jesus zu uns gesprochen hat, sind Geist und sind Leben,[549] denn seine Lehre stammte nicht von sich selbst, sondern von dem, der ihn gesandt hatte, dem Vater.[550] So ist es auch für uns, damit wir rein und ohne Tadel sind, Kinder Gottes ohne Makel mitten in einer verdorbenen und verwirrten Generation, unter der wir als Lichter in der Welt leuchten sollen. Halten wir fest am Wort des Lebens, den Verkündern des Wortes Gottes zum Ruhm für den Tag Christi, damit diese nicht vergeblich gelaufen sind oder sich umsonst abgemüht haben.[551] Ich selber diene der Kirche durch das Amt, das Gott mir übertragen hat, damit ich euch das Wort Gottes in seiner Fülle verkündige, z.B. in diesem Buch, das Du gerade liest.[552]

206. Die Verkündigung ist eine Notwendigkeit. Dies gilt für jeden Christen. Verkünde das Wort, tritt dafür ein, ob man es hören will oder nicht; weise zurecht, tadle, ermahne, in unermüdlicher

---

[549] Joh 6,63
[550] Joh 7,16
[551] Phil 2,15-16
[552] Kol 1,25

und geduldiger Belehrung. Denn es wird eine Zeit kommen, in der man die gesunde Lehre nicht erträgt, sondern sich nach eigenen Wünschen immer neue Lehrer sucht, die den Ohren schmeicheln; und man wird der Wahrheit nicht mehr Gehör schenken, sondern sich Fabeleien – z.B. der Reinkarnationslehre – zuwenden. Du aber sei in allem nüchtern, ertrage das Leiden, verkünde das Evangelium, erfülle treu deinen Dienst![553] Du, der Du dieses Buch liest, sei ein wahrer Knecht des Herrn. Ein Knecht des Herrn soll nicht streiten, sondern zu allen freundlich sein, ein geschickter und geduldiger Lehrer, der auch die mit Güte zurechtweist, die sich hartnäckig widersetzen. Vielleicht schenkt Gott diesen dann die Umkehr, damit sie die Wahrheit erkennen, wieder zur Besinnung kommen und aus dem Netz des Teufels befreit werden, der sie eingefangen und sich gefügig gemacht hat.[554]

207. Ein Beispiel, mit welchem Eifer verkündet werden kann, bietet uns Johannes der Täufer. Er legte Zeugnis für Jesus ab und rief: 'Dieser war es,

---

[553] 2 Tim 4,2-5
[554] 2 Tim 2,24-26

über den ich gesagt habe: 'Er, der nach mir kommt, ist mir voraus, weil er vor mir war.' Johannes der Täufer war die Stimme, die in der Wüste rief: 'Ebnet den Weg für den Herrn!', wie bereits der Prophet Jesaja gesagt hatte.[555] Unter den Leuten damals bei Johannes dem Täufer waren auch Pharisäer. Diese fragten Johannes: 'Warum taufst du denn, wenn du nicht der Messias bist, nicht Elija und nicht der Prophet?' Johannes antwortete ihnen: 'Ich taufe mit Wasser. Mitten unter euch steht der, den ihr nicht kennt und der nach mir kommt; ich bin es nicht wert, ihm die Schuhe aufzuschnüren.'[556] Auch wir sind es nicht wert Jesu Schuhe zu berühren, verkünden jedoch dennoch, genauso wie Johannes der Täufer.

208. Wer sich, trotz seiner Unwürdigkeit, in den Dienst Jesu, des Wortes des Lebendigen Gottes in seinem Geiste stellt, darf von den Menschen keine Wertschätzung erwarten. Am allerwenigsten von der Kirchenführung. Genau wie Jesus von den religiösen Führern seiner Zeit verworfen wurde, so werden gute Verkünder auch heute von den

---

[555] Jes 40,3
[556] Joh 1,15.23-27

religiösen Führern verworfen. Sie verwerfen weniger das, was verkündet wird, als vielmehr den Verkünder. In der Katholischen Kirche wird ein solcher Priester zur Gefahr für andere in deren Streben nach innerkirchlicher Karriere. Ein solcher Priester könnte dem eigenen "violetten, purpurnen oder gar roten Zingulum" im Wege stehen. Denkt nicht, in der reformierten Kirche sei es anders. Auch dort wollen einige nichts sehnlicher, als ein neues "Beffchen". Selbst in evangelikalen Kreisen frisst der Neid seine Opfer. Ein anderer Prediger möchte schnell mehr Volk in seinem Saal, eine Kleidung aus Seide oder dergleichen.

Engel, Dämonen, Spiritismus und Behexungen

209. In der Bibel werden öfters Engel erwähnt. Es gibt in der Bibel verschiedene Reihen der bestehenden Engel. Engel sind Geistwesen, die Gott geschaffen hat. Die Meisten von ihnen blieben Gott treu. Etliche von ihnen wurden jedoch stolz und wandten sich gegen Gott und wurden aus dem Himmel vertrieben. Diese werden Dämonen oder Teufel genannt. Eine Form der Engel im Himmel sind die Kerubim. Gott vertrieb den Menschen nach dem Sündenfall und stellte östlich des Gartens von Eden, des Paradieses, die Kerubim auf und das lodernde Flammenschwert, damit sie den Weg zum Baum des Lebens bewachten.[557] Gott selbst verfügte sogar, dass die Menschen ein Bildnis dieser Kerubim auf der Platte der Bundeslade anbrachten. Gott sprach: 'Macht eine Lade aus Akazienholz, zweieinhalb Ellen lang, anderthalb Ellen breit und anderthalb Ellen hoch! Verfertige auch eine Deckplatte aus purem Gold, zweieinhalb Ellen lang und anderthalb Ellen breit! Mach zwei Kerubim aus getriebenem Gold, und

---

[557] Gen 3,24

arbeite sie an den beiden Enden der Deckplatte heraus! <u>Mach je einen Kerub</u> an dem einen und dem andern Ende; auf der Deckplatte macht die Kerubim an den beiden Enden! Die Kerubim sollen die Flügel nach oben ausbreiten, mit ihren Flügeln die Deckplatte beschirmen, und sie sollen ihre Gesichter einander zuwenden; der Deckplatte sollen die Gesichter der Kerubim zugewandt sein. Dort werde ich mich dir, Moses, zu erkennen geben und dir über der Deckplatte zwischen den beiden Kerubim, die auf der Lade der Bundesurkunde sind, alles sagen, was ich dir für die Israeliten auftragen werde.'[558]

210. Auch im Buch Ezechiel finden wir die Kerubim. Es heisst dort: Oberhalb der gehämmerten Platte über den Köpfen der Kerubim war etwas, das wie Saphir aussah und einem Thron glich. Er sagte zu dem Mann, der das leinene Gewand anhatte: Geh zwischen die Räder unter den Kerubim, nimm zwei Hände voll von den glühenden Kohlen, die zwischen den Kerubim sind, und streu sie über die Stadt! Da ging der Mann vor meinen Augen zu den

---

[558] Ex 25,10.17-20.22

Kerubim. Sie standen rechts vom Tempel, als der Mann zu ihnen ging, und die Wolke erfüllte den Innenhof. Die Herrlichkeit des Herrn schwebte von den Kerubim hinüber zur Schwelle des Tempels. ... Ihr ganzer Leib, ihr Rücken, ihre Hände und Flügel und auch die Räder waren bei allen vier ringsum voll Augen. Die Räder wurden, wie ich deutlich hörte, "Wirbel" genannt. Jedes Lebewesen hatte vier Gesichter. Das erste war ein Kerubgesicht, das zweite ein Menschengesicht, das dritte ein Löwengesicht und das vierte ein Adlergesicht. Die Kerubim konnten emporschweben. Es waren die Lebewesen, die ich am Fluss Kebar gesehen hatte. ... Die Kerubim bewegten ihre Flügel und hoben sich vor meinen Augen vom Boden empor. ... Es waren die Lebewesen, die ich unter dem Thron des Gottes Israels am Fluss Kebar gesehen hatte, und ich erkannte, dass es Kerubim waren. Jedes dieser Lebewesen hatte vier Gesichter und vier Flügel. Unter ihren Flügeln hatten sie etwas, das wie Menschenhände aussah. Ihre Gesichter glichen den Gesichtern, die ich am Fluss Kebar gesehen hatte. Jedes Lebewesen ging in die Richtung, in die eines seiner Gesichter wies.[559]

211. Diese Lebewesen mit den verschiedenen Erscheinungsformen begegnen uns auch in der Offenbarung des Johannes wieder: Und vor dem Thron war etwas wie ein gläsernes Meer, gleich Kristall. Und in der Mitte, rings um den Thron, waren vier Lebewesen voller Augen, vorn und hinten. Das erste Lebewesen glich einem Löwen, das zweite einem Stier, das dritte sah aus wie ein Mensch, das vierte glich einem fliegenden Adler.[560]

212. Die Bibel beschreibt verschiedene Funktionen der Engel. Einige haben die Funktion der permanenten Anbetung Gottes. Und jedes dieser vier Lebewesen hatte sechs Flügel, aussen und innen voller Augen. Sie ruhen nicht, bei Tag und Nacht, und rufen: 'Heilig, heilig, heilig ist der Herr, der Gott, der Herrscher über die ganze Schöpfung; er war, und er ist, und er kommt.' Und die Lebewesen erweisen Gott, der auf dem Thron

---

[559] Ez 10,1-22
[560] Offb 4,6-7

sitzt und in alle Ewigkeit lebt, Herrlichkeit und Ehre und Dank.[561] Anbeten tun jedoch alle Engel Gott. Alle Engel stehen rings um den Thron, um die Ältesten und die vier Lebewesen. Sie werfen sich vor dem Thron nieder und beten Gott an.[562] Serafim stehen über dem Tempel. Jeder hat sechs Flügel: Mit zwei Flügeln bedecken sie ihr Gesicht, mit zwei bedecken sie ihre Füsse, und mit zwei fliegen sie. Sie rufen einander zu: 'Heilig, heilig, heilig ist der Herr der Heere. Von seiner Herrlichkeit ist die ganze Erde erfüllt.' Einer der Serafim flog zu Jesaja, der in den Himmel entrückt war; er trug in seiner Hand eine glühende Kohle, die er mit einer Zange vom Altar genommen hatte.[563]

213. Andere Engel haben die Aufgabe, Boten zu sein, zu heilen oder gegen Satan zu kämpfen. Einer sagte zu Tobit: Ich bin Rafael, einer von den sieben heiligen Engeln, die das Gebet der Heiligen emportragen und mit ihm vor die Majestät des

---

[561] Offb 4,8-9
[562] Offb 7,11
[563] Jes 6,2-3.6

heiligen Gottes treten.[564] Wieder andere sind vor Gottes Thron. So schreibt Johannes, der Evangelist, an die sieben Gemeinden in der Provinz Asien: 'Gnade sei mit euch und Friede von Ihm, der ist und der war und der kommt, und von den sieben Geistern vor seinem Thron.'[565] Von dem Thron gingen Blitze, Stimmen und Donner aus. Und sieben lodernde Fackeln brannten vor dem Thron; das sind die sieben Geister Gottes.[566]

214. Das Gebet von Tobit und Sara, fand Gehör bei der Majestät des grossen Rafael. Er wurde gesandt, um beide zu heilen. Um Tobit von den weissen Flecken auf seinen Augen, von seiner Blindheit, zu befreien und um Sara, die Tochter Raguëls, mit Tobits Sohn Tobias zu vermählen und den bösen Dämon Aschmodai zu fesseln. Denn Tobias sollte Sara zur Frau haben. Und Tobit kehrte zur gleichen Zeit in sein Haus zurück, als Sara, die Tochter Raguëls, aus ihrem Zimmer herabkam.[567] Darum sollten die beiden

---

[564] Tob 12,15
[565] Offb 1,4
[566] Offb 4,5
[567] Tob 3,16-17

wissen: Als sie zu Gott flehten, da hat Rafael ihr Gebet vor den heiligen Gott gebracht. Und ebenso ist er in der Nähe gewesen, als der Schwiegervater die Toten begraben hatte.[568]

215. Der frommen heidnischen Hauptmann Kornelius, der noch nicht getauft war, sah nachmittags um drei Uhr in einer Vision deutlich, wie ein Engel Gottes bei ihm eintrat und zu ihm sagte: 'Kornelius!' Kornelius blickte ihn an und fragte erschrocken: 'Was ist, Herr?' Der Engel sagte zu ihm: 'Deine Gebete und Almosen sind zu Gott gelangt, und er hat sich an sie erinnert.'[569]

216. Ein anderer Engel kam und trat mit einer goldenen Räucherpfanne an den himmlischen Altar; ihm wurde viel Weihrauch gegeben, den er auf dem goldenen Altar vor dem Thron Gottes verbrennen sollte, um so die Gebete aller Heiligen vor Gott zu bringen. Aus der Hand des Engels stieg der Weihrauch mit den Gebeten der Heiligen zu Gott empor.[570]

---

[568] Tob 12,12
[569] Apg 10,3-4
[570] Offb 8,3-4

217. Der Engel Gabriel erklärte in der Bibel auch Visionen. Während Daniel noch eine Vision hatte und sie zu verstehen suchte, da stand vor ihm einer, der aussah wie ein Mann. Und über dem Ulai-Kanal hörte Daniel eine Menschenstimme, die rief: 'Gabriel, erkläre ihm die Vision!' Da kam der Engel auf Daniel zu. Als er näher trat, erschrak Daniel und fiel mit dem Gesicht zu Boden. Der Engel sagte zu Daniel: 'Mensch, versteh: Die Vision betrifft die Zeit des Endes.' Während der Engel mit Daniel redete, lag Daniel ohnmächtig da, mit dem Gesicht am Boden. Da berührte der Engel Daniel und stellte ihn wieder auf die Beine. Dann sagte der Engel: 'Siehe, ich kündige dir an, was in der letzten Zeit, der Zeit des Zorns, geschehen wird; denn die Vision bezieht sich auf die Zeit des Endes.'[571] Derselbe Engel Gabriel wurde auch zum Priester Zacharias, dem Vater Johannes des Täufers, gesandt. Der Engel sagte Zacharias: 'Ich bin Gabriel, der vor Gott steht, und ich bin gesandt worden, um mit dir zu reden und dir diese frohe Botschaft der Geburt des Täufers Johannes zu bringen. Im sechsten Monat wurde

---

[571] Dan 8,15-19

derselbe Engel Gabriel von Gott in eine Stadt in Galiläa namens Nazareth zu Maria gesandt.[572]

218. Engel werden jedoch auch von Dämonen an ihren Aufgaben behindert. Der Engelfürst – der Engel bezeichnet sogar einen Dämon als Engelfürst und verurteilt ihn nicht, sondern überlässt das Gott – des Perserreiches hat sich dem Engel einundzwanzig Tage lang entgegengestellt, aber Michael, einer der ersten unter den Engelfürsten, kam ihm zu Hilfe. Darum war er dort bei den Königen von Persien entbehrlich, als dessen Schutzengel. Vorher aber wollte der Engel dem Daniel mitteilen, was im Buch der Wahrheit aufgezeichnet ist. Doch keiner hilft dem Engel tatkräftig gegen die Dämonen ausser dem Engelfürsten von Israel, Michael.[573] Und als der Erzengel Michael mit dem Teufel rechtete und über den Leichnam des Mose stritt, wagte er nicht, den Teufel zu lästern und zu verurteilen, sondern sagte: 'Gott, der Herr weise dich in die Schranken.'[574]

---

[572] Lk 1,19.26
[573] Dan 10,13.21
[574] Jud 1,9

219. Im Himmel entbrannte ein Kampf; Michael und seine Engel erhoben sich, um mit dem Drachen, das ist Satan, zu kämpfen. Der Drache und seine Engel kämpften, aber sie konnten sich nicht halten, und sie verloren ihren Platz im Himmel. Er wurde gestürzt, der grosse Drache, die alte Schlange, die Teufel oder Satan heisst und die ganze Welt verführt; der Drache wurde auf die Erde gestürzt, und mit ihm wurden seine Engel hinabgeworfen.[575] Alles aber, was ist, wurde in Jesus Christus erschaffen, im Himmel und auf Erden, das Sichtbare und das Unsichtbare, Throne und Herrschaften, Mächte und Gewalten; alles ist durch ihn und auf ihn hin geschaffen.[576]

220. Im Volksglauben sind die Schutzengel sicherlich am stärksten verwurzelt. Sie sind gesandt, um denen zu helfen, die das Heil erben sollen. So betont Paulus: 'Zu welchem Engel hat Gott jemals gesagt: Setze dich mir zur Rechten, und ich lege dir deine Feinde als Schemel unter die Füsse? Sind sie nicht alle nur dienende Geister, ausgesandt, um denen zu helfen, die das

---

[575] Offb 12,7-9
[576] Kol 1,16

Heil erben sollen?'⁵⁷⁷ Dieser Schutz ist bereits im Alten Testament bezeugt: Ich, dein Gott, werde einen Engel schicken, der dir vorausgeht. Er soll dich auf dem Weg schützen und dich an den Ort bringen, den ich bestimmt habe. Achte auf ihn, und hör auf seine Stimme! Widersetz dich ihm nicht! Er würde es nicht ertragen, wenn ihr euch auflehnt; denn in ihm ist mein Name gegenwärtig. Wenn du auf seine Stimme hörst und alles tust, was ich sage, dann werde ich der Feind deiner Feinde sein und alle in die Enge treiben, die dich bedrängen.⁵⁷⁸ Gott sagt somit klar, dass die Schutzengel nicht nur Beschützer, sondern auch Ratgeber sind. Denn Gott befiehlt seinen Engeln, dich zu behüten auf all deinen Wegen.⁵⁷⁹

221. Und Jesus bekräftigt dies, indem er sagt: 'Hütet euch davor, einen von den Kleinen zu verachten! Denn ich sage euch: Ihre Engel im Himmel sehen stets das Angesicht meines himmlischen Vaters.'⁵⁸⁰ Es kann jedoch auch zu

---

⁵⁷⁷ Hebr 1,13-14
⁵⁷⁸ Ex 23,20-22
⁵⁷⁹ Ps 91,11
⁵⁸⁰ Mt 18,10

Missverständnissen führen. Manchmal werden Menschen mit Engeln verwechselt: Da sagten die Jünger zu der Magd: 'Du bist nicht bei Sinnen', als sie berichtete, Petrus stehe vor der Tür. Doch sie bestand darauf, es sei so, da er doch im Gefängnis sitzen sollte. Da sagten sie: 'Es ist sein Engel.' Doch es war Petrus selbst, der von seinem Schutzengel aus den Kerker befreit wurde.[581]

222. Wenn es um die Zahl der Engel geht, dann schweigt Gott. Er gibt uns lediglich Hinweise. Johannes der Evangelist sah, und er hörte die Stimme von vielen Engeln rings um den Thron und um die Lebewesen und die Ältesten; die Zahl der Engel dort war zehntausendmal zehntausend und tausendmal tausend.[582] [10'000 x 10'000 x 1'000 x 1'000 = 100'000'000'000'000] Auch Jesus nannte eine Zahl von Engeln, die ihm sofort zu Hilfe eilen würden, wenn er den Vater darum bitten würde: 'Glaubt ihr Apostel nicht, mein Vater würde mir sogleich <u>mehr</u> als zwölf Legionen [12 X ca. 6'000 = ca. 72'000] Engel

---

[581] Apg 12,15
[582] Offb 5,11

schicken, wenn ich ihn darum bitte?'[583] Schliesslich gibt es noch einen Hinweis in der Offenbarung. In der grossen Trübsal, die uns erwartet, werden die vier Engel losgebunden, die auf Jahr und Monat, auf Tag und Stunde bereitstanden, um ein Drittel der Menschheit zu töten. Und die Zahl der Reiter [evtl. Engel] dieses Heeres war 20'000 Myriaden (200 Millionen); diese Zahl hörte Johannes.[584] 200 Millionen Soldaten könnten aber auch die Heeresstärke Chinas sein.

223. Die Existenz und Merkmale des Teufels werden besonders heute von vielen Menschen müde belächelt. Dennoch ist seine Existenz in der Bibel mehr als belegt. Er hat dabei mehrere Bezeichnungen: Alte Schlange, Teufel, Satan, Widersacher, Verklager der Brüder, Tier oder Drache. Dessen "Schwanz" fegte bei seinem Aufstand gegen Gott ein Drittel der Sterne, das ist ein Sinnbild von Engeln, vom Himmel und warf sie auf die Erde herab. Der Drache stand vor der Frau, die gebären sollte; er wollte ihr Kind

---

[583] Mt 26,53
[584] Offb 9,15-16

verschlingen, sobald es geboren war. Er wurde gestürzt, der grosse Drache, die alte Schlange, die Teufel oder Satan heisst und die ganze Welt verführt; der Drache wurde auf die Erde gestürzt, und mit ihm wurden seine Engel hinabgeworfen.[585] Und Jesus sagte zu den Aposteln: 'Ich sah den Satan wie einen Blitz vom Himmel fallen.'[586]

224. Am bekanntesten ist jedoch die Erzählung der Verführung von Eva im Paradies, wo Satan mit einem Körper geschildert wird. Die Schlange war schlauer als alle Tiere des Feldes, die Gott, der Herr, gemacht hatte. Sie sagte zu der Frau: 'Hat Gott wirklich gesagt: Ihr dürft von keinem Baum des Gartens essen?' – Er verdreht hier ganz geschickt und bewusst die Tatsachen. – Die Frau entgegnete der Schlange die Wahrheit, lässt sich aber dadurch auf eine Diskussion mit ihm ein, die sie nur verlieren konnte: 'Von den Früchten der Bäume im Garten dürfen wir essen; nur von den Früchten des Baumes, der in der Mitte des Gartens steht, hat Gott gesagt: Davon dürft ihr nicht essen,

---

[585] Offb 12,4.9
[586] Lk 10,18

und daran dürft ihr nicht rühren, sonst werdet ihr sterben.' Darauf sagte die Schlange zur Frau: 'Nein, ihr werdet nicht sterben.'[587] Und zeigt sich als Vater der Lüge.[588] Darum kann Jesus zu den Pharisäern sagen: 'Ihr habt den Teufel zum Vater, und ihr wollt das tun, wonach es euren Vater verlangt. Er war ein Mörder von Anfang an. Und er steht nicht in der Wahrheit; denn es ist keine Wahrheit in ihm. Wenn er lügt, sagt er das, was aus ihm selbst kommt; denn er ist ein Lügner und ist der Vater der Lüge.'[589]

225. Die Dämonen, die gefallenen Engel, werden im Alten Testament noch ehrenvoll als Gottessöhne bezeichnet, denn Jesus hatte den Teufel noch nicht endgültig besiegt, da er noch nicht geboren war. So heisst es deshalb: Eines Tages geschah es, da kamen die Gottessöhne, um vor Gott hinzutreten; unter ihnen kam auch der Satan. Der Herr sprach zum Satan: 'Woher kommst du?' Der Satan antwortete Gott und sprach: 'Die Erde habe ich durchstreift, hin und

---

[587] Gen 3,1-4
[588] Joh 8,44
[589] Joh 8,44

her.' Gott sprach zum Satan: 'Hast du auf meinen Knecht Ijob geachtet? Seinesgleichen gibt es nicht auf der Erde, so untadelig und rechtschaffen, er fürchtet Gott und meidet das Böse.' Nun beginnt die grosse Prüfung für Ijob. Es ist nicht Gott, der den Ijob prüft, doch lässt er die Prüfung zu, damit Ijob an Glaubensstärke, auch in der Drangsal, gewinnen kann. Nun stand Ijob auf, zerriss sein Gewand, schor sich das Haupt, fiel auf die Erde und betete an. Dann sagte er: 'Nackt kam ich hervor aus dem Schoss meiner Mutter; nackt kehre ich dahin zurück. Der Herr hat gegeben, der Herr hat genommen; gelobt sei der Name des Herrn.' Bei alldem sündigte Ijob nicht und äusserte nichts Ungehöriges gegen Gott.[590] Darum ist dieses Verhalten uns als Vorbild gegeben.

226. Gott überlässt die Versuchung jedoch nicht einfach den Menschen. Auch er selbst liess sich in Jesus von Satan versuchen. Jesus wurde vom Geist in die Wüste geführt; dort sollte er vom Teufel in Versuchung geführt werden. Als er vierzig Tage und vierzig Nächte gefastet hatte, bekam er Hunger. Da trat der Versucher an ihn

---

[590] Ijob 1,6-22

heran und sagte: 'Wenn du Gottes Sohn bist, so befiehl, dass aus diesen Steinen Brot wird.' Jesus aber antwortete: 'In der Schrift heisst es: Der Mensch lebt nicht nur von Brot, sondern von jedem Wort, das aus Gottes Mund kommt.' Darauf nahm ihn der Teufel mit sich in die Heilige Stadt, stellte ihn oben auf den Tempel und sagte zu ihm: 'Wenn du Gottes Sohn bist, so stürz dich hinab; denn es heisst in der Schrift: Seinen Engeln befiehlt er, dich auf ihren Händen zu tragen, damit dein Fuss nicht an einen Stein stösst.' Satan verdreht auch hier wieder die Worte Gottes aus dem Kontext. Jesus antwortete ihm: 'In der Schrift heisst es auch: Du sollst den Herrn, deinen Gott, nicht auf die Probe stellen.' Wieder nahm ihn der Teufel mit sich und führte ihn auf einen sehr hohen Berg; er zeigte ihm alle Reiche der Welt mit ihrer Pracht und sagte zu ihm: 'Das alles will ich dir geben, wenn du dich vor mir niederwirfst und mich anbetest.' Da sagte Jesus zu ihm: 'Weg mit dir, Satan! Denn in der Schrift steht: Vor dem Herrn, deinem Gott, sollst du dich niederwerfen und ihm allein dienen.' Darauf liess der Teufel von Jesus ab, und es kamen Engel und dienten ihm.[591]

227. Von allen Wundern, die Jesus in seinem Leben in Israel wirkte, wird keines so häufig belegt, wie das der Austreibungen von Dämonen. Jesus und die Jünger kamen an das andere Ufer des Sees, in das Gebiet von Gerasa. Als er aus dem Boot stieg, lief ihm ein Mann entgegen, der von einem unreinen Geist besessen war. Er kam von den Grabhöhlen, in denen er lebte. Man konnte ihn nicht bändigen, nicht einmal mit Fesseln. Schon oft hatte man ihn an Händen und Füssen gefesselt, aber er hatte die Ketten gesprengt und die Fesseln zerrissen; niemand konnte ihn bezwingen. Bei Tag und Nacht schrie er unaufhörlich in den Grabhöhlen und auf den Bergen und schlug sich mit Steinen. Als der Mann Jesus von weitem sah, lief er zu ihm hin, warf sich vor ihm nieder und schrie laut: 'Was habe ich mit dir zu tun, Jesus, Sohn des höchsten Gottes? Ich beschwöre dich bei Gott, quäle mich nicht!' Jesus hatte nämlich zum unreinen Geist gesagt: 'Verlass diesen Mann, du unreiner Geist!' Jesus fragte ihn:

---

[591] Mt 4,1-11

'Wie heisst du?' Der unreine Geist antwortete: 'Mein Name ist Legion; denn wir sind viele.' Und die Legion flehte Jesus an, sie nicht aus dieser Gegend zu verbannen. Nun weidete dort an einem Berghang gerade eine grosse Schweineherde. Da baten die Dämonen Jesus: Lass uns doch in die Schweine hineinfahren! Jesus erlaubte es ihnen. Darauf verliessen die unreinen Geister den Menschen und fuhren in die Schweine, und die Herde stürzte sich den Abhang hinab in den See. Es waren etwa zweitausend Schweine, und alle ertranken. Die Hirten flohen und erzählten alles in der Stadt und in den Dörfern. Darauf eilten die Leute herbei, um zu sehen, was geschehen war. Sie kamen zu Jesus und sahen bei ihm den Mann, der von der Legion Dämonen besessen gewesen war. Er sass ordentlich gcklcidct da und war wieder bei Verstand. Da fürchteten sie sich. Die, die alles gesehen hatten, berichteten ihnen, was mit dem Besessenen und mit den Schweinen geschehen war.[592]

228. Eines der grössten Geschenke, welches Jesus den Menschen machte, war ihnen durch

---

[592] Mk 5,1-16

seinen Namen Macht gegen den Teufel zu geben. Jesus setzte zwölf Apostel ein, die er bei sich haben und die er dann aussenden wollte, damit sie predigten und mit seiner Vollmacht Dämonen austrieben.[593] Dann rief Jesus seine zwölf Jünger zu sich und gab ihnen die Vollmacht, die unreinen Geister auszutreiben und alle Krankheiten und Leiden zu heilen.[594] Diese Vollmacht gab er später auch Zweiundsiebzig anderen Jüngern. Diese kehrten zurück und berichteten voll Freude: 'Herr, sogar die Dämonen gehorchen uns, wenn wir deinen Namen aussprechen.'[595] Paulus zeigt auch uns, mit welchen Mittel wir über die Dämonen Herr werden können. Paulus sagt: Zieht die Rüstung Gottes an, damit ihr den listigen Anschlägen des Teufels widerstehen könnt. Darum legt die Rüstung Gottes an, damit ihr am Tag des Unheils standhalten, alles vollbringen und den Kampf bestehen könnt. Seid also standhaft: Gürtet euch mit Wahrheit, zieht als Panzer die Gerechtigkeit an und als Schuhe die Bereitschaft, für das Evangelium vom Frieden zu

---

[593] Mk 3,14-15
[594] Mt 10,1; Lk 9,1
[595] Lk 10,17

kämpfen. Vor allem greift zum Schild des Glaubens! Mit ihm könnt ihr alle feurigen Geschosse des Bösen auslöschen. Nehmt den Helm des Heils und das Schwert des Geistes, das ist das Wort Gottes.[596]

229. Jesus war nicht gerade begeistert, dass die Menschen so wenig Glauben an ihn hatten. Er wünschte sich, die Menschen würden an ihn glauben und in seinem Namen dieselben Wunder vollbringen. Die Menschen brachten jedoch die Kranken und Besessenen lieber zu ihm. Da sagte Jesus: 'O du ungläubige und unbelehrbare Generation! Wie lange muss ich noch bei euch sein? Wie lange muss ich euch noch ertragen? Bringt den Besessenen her zu mir!' Dann drohte Jesus dem Dämon. Der Dämon verliess den Jungen, und der Junge war von diesem Augenblick an geheilt. Als die Jünger mit Jesus allein waren, wandten sie sich an ihn und fragten: 'Warum konnten denn wir den Dämon nicht austreiben?' Er antwortete: 'Weil euer Glaube so klein ist. Amen, das sage ich euch: Wenn euer Glaube auch nur so gross ist wie ein Senfkorn,

---

[596] Eph 6,11.13-17

dann werdet ihr zu diesem Berg sagen: Rück von hier nach dort!, und er wird wegrücken. Nichts wird euch unmöglich sein.'[597]

230. Darum mahnt Paulus immer wieder den Glauben an und im Licht Gottes zu stehen. Er sagte: 'Wir aber, die dem Tag gehören, wollen nüchtern sein und uns <u>rüsten mit dem Panzer des Glaubens und der Liebe</u> und mit <u>dem Helm der Hoffnung auf das Heil</u>.[598] Petrus sieht es in gleicher Weise: 'Seid nüchtern und wachsam! Euer Widersacher, der Teufel, geht wie ein brüllender Löwe umher und sucht, wen er verschlingen kann. Leistet ihm Widerstand in der <u>Kraft des Glaubens</u>! Wisst, dass eure Brüder in der ganzen Welt die gleichen Leiden ertragen müssen!'[599]

231. Spiritismus, New Age, Esoterik und Behexungen sind Begriffe, die in unserer Zeit regelrecht aufblühen. Doch was sagt die Bibel dazu? König Saul hatte die Totenbeschwörer und die Wahrsager aus dem Land vertrieben. Dies war

---

[597] Mt 17,17-20
[598] 1 Thess 5,8
[599] 1 Petr 5,8-9

der Wille Gottes. Gott gab Saul stets Antwort, solange Saul auf Gottes Wegen ging. Als sich Saul jedoch von Gott abwandte, erhielt er von Gott auch keine Antworten mehr. Und König Saul bekam grosse Angst, und sein Herz begann zu zittern. Da befragte Saul den Herrn, aber der Herr gab ihm keine Antwort, weder durch Träume, noch durch die Losorakel, noch durch die Propheten. Da suchte Saul eine Totenbeschwörerin auf, anstatt von ganzem Herzen zu Gott zurückzukehren. Die Totenbeschwörerin sagte zu Saul: 'Wen soll ich für dich heraufsteigen lassen?' Er antwortete: 'Lass Samuel für mich heraufsteigen!' Als die Frau Samuel erblickte, schrie sie laut auf und sagte zu Saul: 'Warum hast du mich getäuscht?' Die Frau sagte weiter zu Saul: 'Ich sehe einen Geist aus der Erde heraufsteigen.' Saul fragte sie: 'Wie sieht er aus?' Sie antwortete: 'Ein alter Mann steigt herauf; er ist in einen Mantel gehüllt.' Da erkannte Saul, dass es Samuel der Prophet war. Er verneigte sich mit dem Gesicht zur Erde und warf sich zu Boden. Und Samuel sagte zu Saul: 'Warum hast du mich aufgestört und mich heraufsteigen lassen?' Saul antwortete: Ich bin in grosser Bedrängnis. Die

Philister führen Krieg gegen mich, und Gott ist von mir gewichen und hat mir keine Antwort mehr gegeben, weder durch die Propheten noch durch die Träume. Darum habe ich dich gerufen, damit du mir sagst, was ich tun soll.' Samuel erwiderte: 'Warum fragst du mich? Der Herr ist doch von dir gewichen und ist dein Feind geworden. Er hat getan, was er durch mich angekündigt hatte: Der Herr hat dir das Königtum aus der Hand gerissen und hat es einem anderen, nämlich David, gegeben. Weil du nicht auf die Stimme des Herrn gehört hast, darum hat dir der Herr heute das getan.'[600] Die Totenbeschwörerin konnte Saul keine andere Nachricht vermitteln, als was Saul schon wusste. Sie konnte ihm nicht helfen. Wenn wir den bekannten Willen Gottes missachten und meinen, die Totenbeschwörer könnten uns helfen, belügen wir uns selbst. Es hilft nur eines: Reumütig zu Gott zurückzukehren und dem bekannten Willen Gottes folgen, dann erhalten wir von ihm auch wieder seine Worte.

232. Gott gab ganz klare Weisungen zu Praxis der Beschwörungen. Er sagte zu Mose: 'Wenn du

---

[600] 1 Sam 28,1-25

in das Land hineinziehst, das der Herr, dein Gott, dir gibt, sollst du nicht lernen, die Greuel dieser Völker nachzuahmen. Es soll bei dir keinen geben, der seinen Sohn oder seine Tochter durchs Feuer gehen lässt, keinen, der Losorakel befragt, Wolken deutet, aus dem Becher weissagt, zaubert, Gebetsbeschwörungen hersagt oder Totengeister befragt, keinen Hellseher, keinen, der Verstorbene um Rat fragt. Denn jeder, der so etwas tut, ist dem Herrn ein Greuel. Wegen dieser Greuel vertreibt sie der Herr, dein Gott, vor dir. Du sollst ganz und gar bei dem Herrn, deinem Gott, bleiben. Denn diese Völker, deren Besitz du übernimmst, hören auf Wolkendeuter und Orakelleser. Für dich aber hat der Herr, dein Gott, es anders bestimmt.[601] Wendet wir uns also nicht an die Totenbeschwörer, und suchen nicht die Wahrsager auf; sie verunreinigen uns. Ich bin der Herr, euer Gott, sagt der Herr.[602]

233. Die Feiglinge und Treulosen, die Befleckten, die Mörder und Unzüchtigen, die Zauberer, Götzendiener und alle Lügner - ihr Los

---

[601] Dtn 18,9-14
[602] Lev 19,31

wird der See von brennendem Schwefel sein. Dies ist der zweite Tod.[603] Draussen bleiben die "Hunde" und die Zauberer, die Unzüchtigen und die Mörder, die Götzendiener und jeder, der die Lüge liebt und tut.[604] Männer oder Frauen, in denen ein Toten- oder ein Wahrsagegeist ist, sollen mit dem Tod bestraft werden. Man soll sie steinigen, ihr Blut soll auf sie kommen.[605] Dies ist uns gesagt, weil diese Geister fast ausnahmslos Dämonen sind, die uns belügen und irreführen. Dies unterscheidet sich eklatant von echten Visionen Gottes, von Hilfestellungen durch den Schutzengel. Diese "verkleiden" sich nicht im Nebulösen, sondern geben sich offen in der Anbetung Gottes zu erkennen. Sprich: Sie beten Gott mit uns an.

---

[603] Offb 21,8
[604] Offb 22,15
[605] Lev 20,27

Der Einfall der dreifachen Begierde

234. Der Einfall der dreifachen Begierde (Ego, Wollust und Habsucht) in unser Leben zeigt sich oft in Drogenkonsum, Ehescheidung, Abtreibung und Euthanasie. Die dreifache Begierde kommt nicht von Gott. Denn die Schrift sagt ganz klar: 'Liebt nicht die Welt und was in der Welt ist! Wer die Welt liebt, hat die Liebe zum Vater nicht. Denn alles, was in der Welt ist, die Begierde des Fleisches, die Begierde der Augen und das Prahlen mit dem Besitz, ist nicht vom Vater, sondern von der Welt. Die Welt und ihre Begierde vergeht; aber wer den Willen Gottes tut, bleibt in Ewigkeit.'[606] Gott macht das sehr deutlich Klar: 'Ich bin Jahwe, dein Gott, der dich, Israel, aus Ägypten geführt hat, aus dem Sklavenhaus. Du sollst neben mir keine anderen Götter haben. Du sollst dir dazu kein Gottesbild machen und keine Darstellung von irgendetwas am Himmel droben, auf der Erde unten oder im Wasser unter der Erde. Du sollst dich nicht vor anderen Göttern niederwerfen und dich nicht verpflichten, ihnen zu dienen. Denn ich, der Herr, dein Gott, bin <u>ein</u>

---

[606] 1 Joh 2,15-17

eifersüchtiger Gott: Bei denen, die mir feind sind, verfolge ich die Schuld der Väter an den Söhnen, an der dritten und vierten Generation.[607] Dies geschieht durch die Vorbelastung durch die Eltern. Was die Kinder an den Eltern sehen, das tun sie meist selber später auch, mögen sie dieses Verhalten an den Eltern noch so gehasst haben. So ist das Trachten des Menschen böse von Jugend an. Der Herr roch den beruhigenden Duft des Opfers des Noah, und der Herr sprach bei sich: 'Ich will die Erde wegen des Menschen nicht noch einmal verfluchen; denn das Trachten des Menschen ist böse von Jugend an. Ich will künftig nicht mehr _alles_ Lebendige vernichten, wie ich es getan habe.'[608]

235. Der Mensch ist zur Freiheit berufen, denn zur Freiheit hat uns Christus selbst befreit. Bleiben wir daher fest und lassen uns nicht von neuem das Joch der Knechtschaft auflegen! Wir sind zur Freiheit berufen. Nur dürfen wir die Freiheit nicht zum Vorwand für das Fleisch nehmen, sondern sollen einander in Liebe

---

[607] Ex 20,2-5
[608] Gen 8,21

dienen![609] Denn "Alles ist uns erlaubt" - aber nicht alles nützt uns. Alles ist uns erlaubt, aber nichts soll Macht haben über uns.[610]

236. Die Droge entfremdet uns von Gott, denn das Reich Gottes ist nicht Essen und Trinken, es ist Gerechtigkeit, Friede und Freude im Heiligen Geist.[611] Darum sagt Paulus uns: 'Lassen wir uns vom Geist leiten, dann werden wir das Begehren des Fleisches nicht erfüllen. Denn das Begehren des Fleisches richtet sich gegen den Geist, das Begehren des Geistes aber gegen das Fleisch; beide stehen sich als Feinde gegenüber, so dass wir nicht imstande sind, das zu tun, was wir wollen. Wenn wir uns aber vom Geist führen lassen, dann stehen wir nicht unter dem Gesetz. Die Werke des Fleisches sind deutlich erkennbar: Unzucht, Unsittlichkeit, ausschweifendes Leben, Götzendienst, Zauberei, Feindschaften, Streit, Eifersucht, Jähzorn, Eigennutz, Spaltungen, Parteiungen, Neid und Missgunst, Trink- und Essgelage und ähnliches mehr. Paulus wiederholt,

---

[609] Gal 5,1.13
[610] 1 Kor 6,12
[611] Röm 14,17

was er uns schon früher gesagt hat: Wer so etwas tut, wird das Reich Gottes nicht erben. Die Frucht des Geistes aber ist Liebe, Freude, Friede, Langmut, Freundlichkeit, Güte, Treue, Sanftmut und Selbstbeherrschung; dem allem widerspricht das Gesetz nicht. Alle, die zu Christus Jesus gehören, haben das Fleisch und damit ihre Leidenschaften und Begierden gekreuzigt. Wenn wir aus dem Geist leben, dann wollen wir dem Geist auch folgen. Wir wollen nicht prahlen, nicht miteinander streiten und einander nichts nachtragen.[612] Die Ehescheidung steht gegen Gott, wie wir es beim Kapitel "Ehe und Familie" bereits deutlich sahen.[613]

237. Die Abtreibung ist eine schwere Schuld. Da hilft es auch nichts, wenn einige "Theologen" sagen, Jesus hätte nie etwas über Abtreibung gesagt oder es stehe nichts davon in der Bibel. Es steht viel mehr darüber drin, als viele auf den ersten Blick zu sehen meinen. Doch beginnen wir mit den Grundlagen. Der Herr sprach zu Kain: 'Warum überläuft es dich heiss, und warum senkt

---

[612] Gal 5,16-26
[613] Mt 19,3-9; Röm 7,2-3; 1 Kor 7,10-11.39; Eph 5,22-23

sich dein Blick? Nicht wahr, wenn du recht tust, darfst du aufblicken; wenn du nicht recht tust, lauert an der Tür die Sünde als Dämon. Auf dich hat er es abgesehen, doch du werde Herr über ihn! So bist du verflucht, verbannt vom Ackerboden, der seinen Mund aufgesperrt hat, um aus deiner Hand das Blut deines Bruders aufzunehmen. Wenn du den Ackerboden bestellst, wird er dir keinen Ertrag mehr bringen. Rastlos und ruhelos wirst du auf der Erde sein.'[614] Zudem gibt es das Grundgebot: 'Du sollst nicht morden.'[615]

238. Jagen wir nicht dem Tod nach in den Irrungen unseres Lebens, und ziehen wir nicht durch unser Handeln das Verderben herbei! Denn Gott hat den Tod nicht gemacht und hat keine Freude am Untergang der Lebenden. Zum Dasein hat er alles geschaffen, und heilbringend sind die Geschöpfe der Welt. Kein Gift des Verderbens ist in ihnen, das Reich des Todes hat keine Macht auf der Erde; denn die Gerechtigkeit ist unsterblich. Die Frevler aber holen winkend und rufend den Tod herbei und sehnen sich nach ihm wie nach

---

[614] Gen 4,6-7.10-12
[615] Ex 20,13

einem Freund; sie schliessen einen Bund mit ihm, weil sie es verdienen, ihm zu gehören.[616] Ein Beispiel dafür ist Herodes. Bereits als Herodes merkte, dass ihn die Magier getäuscht hatten, wurde er sehr zornig, und er liess in Betlehem und der ganzen Umgebung alle Knaben bis zum Alter von zwei Jahren töten, genau der Zeit entsprechend, die er von den Magiern erfahren hatte.[617] Eine ganz klare Aussage ist bereits im Buch Leviticus zu finden: 'Von deinen Nachkommen darfst du keinen für Moloch darbringen. Du darfst den Namen deines Gottes nicht entweihen, denn Ich bin der Herr.'[618] Sag zu den Israeliten: 'Jeder unter den Israeliten oder unter den Fremden in Israel, die eines ihrer Kinder dem Moloch geben, wird mit dem Tod bestraft. Die Bürger des Landes sollen diese Person steinigen. Ich richte mein Angesicht gegen eine solche Person und merze sie aus dem Volk aus, weil diese Person eines seiner Kinder dem Moloch gegeben, dadurch mein Heiligtum verunreinigt und meinen heiligen Namen entweiht

---

[616] Weish 1,12-16
[617] Mt 2,16-18
[618] Lev 18,21

hat. Falls die Bürger des Landes ihre Augen dieser Person gegenüber verschliessen, wenn sie eines ihrer Kinder dem Moloch gibt, und sie nicht töten, so richte ich mein Angesicht gegen sie und deren Sippe und merze sie aus der Mitte ihres Volkes aus, diese Person und alle, die sich mit ihr dem Molochdienst hingeben.[619] Viele Menschen "opferten" ihre neugeborenen dem Götzen "Moloch", in der Hoffnung von diesem in irdischem Reichtum belohnt zu werden. Was ist es anderes, als ein Kind aus wirtschaftlichen oder sozialen Gründen abzutreiben, als sie sozusagen dem eigenen Wohlstand und Ansehen zu opfern? Abtreibung geschieht aus denselben Beweggründen, wie damals das "Darbringen" der Neugeborenen an den Götzen "Moloch"; Abtreibung ist somit eindeutig Götzendienst!

239. Es kann nur die Haltung der Abtreibung bezüglich, einer guten Regierung, geben, wie sie bereits im Buch der Könige beschrieben ist. Der König machte ebenso das Tofet im Tal der Söhne Hinnoms unrein, damit niemand mehr seinen Sohn oder seine Tochter für den Moloch durch das

---

[619] Lev 20,2-5

Feuer gehen liess.[620] Heute aber verunreinigen wir uns lieber selber, als die Abtreibungskliniken "unrein zu machen". Wir akzeptieren stillschweigend, dass die Leichen der abgetriebenen Kinder der Pharmaindustrie für Gesichtssalben verkauft werden und schmieren uns dann die unschuldigen Leichen als Schönheitsmittel ins eigene Gesicht. Das ist auch damit gemeint, wenn Gott denen droht, die dazu schweigen. Auch für evangelikale und Protestanten dürfte die klare Stellungnahme der katholischen Kirche diesbezüglich überraschend sein. Sie bezeichnet 'Abtreibung und Tötung eines Kindes als verabscheuenswürdiges Verbrechen.'[621]

240. Gott macht auch Abraham sehr deutlich, dass er zwar seine Bereitschaft zum Opfern des Sohnes überprüfen will, aber eben genau dies letztlich nicht will und verhindert. Der Engel des Herrn rief ihm vom Himmel her zu: 'Abraham, Abraham!' Dieser antwortete: 'Hier bin ich.' Jener sprach: 'Streck deine Hand nicht gegen den Knaben aus, und tu ihm nichts zuleide!' Denn jetzt

---

[620] Kön 23,10
[621] Gaudium et spes 51 (Vatikanum II)

weiss ich, dass du Gott fürchtest; du hast mir deinen einzigen Sohn nicht vorenthalten.' Der Engel des Herrn rief Abraham zum zweiten Mal vom Himmel her zu und sprach: 'Ich habe bei mir geschworen - Spruch des Herrn: Weil du das getan hast und deinen einzigen Sohn mir nicht vorenthalten hast, will ich dir Segen schenken in Fülle und deine Nachkommen zahlreich machen wie die Sterne am Himmel und den Sand am Meeresstrand. Deine Nachkommen sollen das Tor ihrer Feinde einnehmen. Segnen sollen sich mit deinen Nachkommen alle Völker der Erde, weil du auf meine Stimme gehört hast.'[622] Und Gott zeigte Abraham, dass er die üblichen heidnischen Menschenopfer durch Tieropfer ersetzen soll. Gott selbst sandte einen Widder, der Abraham von Gott als Ersatz für seinen Sohn diente.

241. Es wäre unsinnig zu glauben, dass die Gleichsetzung der Abtreibung mit Götzendienst übelster Ausprägung nichts mit Euthanasie zu tun hätte. Auch dort werden die Alten mit entsprechenden Motiven dem Wohlstand und der Bequemlichkeit geopfert. Dies bedeutet nicht,

---

[622] Gen 22,11-12.15-18

dass Leben mit allen technischen Mitteln erhalten werden soll, sondern, dass der Mensch den Lauf der Natur respektiert. Zu diesem Thema gibt es viel einschlägige und gute christliche Bücher, besonders von katholischen Theologen im Bereich christlicher Soziallehre und sozialer Ethik. Leider gibt es auch hier wiederum solche, die nicht dem göttlichen Naturrecht folgen, sondern einer so genannten Diskursethik, in der solange "diskurtiert" wird, bis nichts mehr übrig bleibt.

Leben und Kohärenz des Glaubens

242. Das Leben und der Glaube müssen kohärent sein. Das heisst, sie müssen zusammenhängen. Es ist notwendig, nach dem Evangelium zu leben. Wenn Petrus Jesus vom Leiden abhalten will, so tut er das nicht nur für sich, sondern bestimmt auch für die anderen Apostel. Keiner von ihnen "gönnt" Jesus ja die Kreuzigung. Man könnte dies als sehr menschlich verstehen. Genau hier liegt der springende Punkt, es mag menschlich sein, doch es entspricht nicht dem Glauben an das, wozu Gott in Jesus Mensch geworden ist: Das Erlösungswerk Gottes für die Menschen. Darum verstehen wir aus diesem Blickwinkel die Reaktion Jesu. Jesus wandte sich um zu Petrus und sagte: 'Weg mit dir, Satan, geh mir aus den Augen! Du willst mich zu Fall bringen; denn du hast nicht das im Sinn, was Gott will, sondern was die Menschen wollen.'[623]

243. Jesus fordert von den Gläubigen einen radikalen Gesinnungswandel und fordert: 'Legt den alten Menschen ab, der in Verblendung und

---

[623] Mt 16,23: 23

Begierde zugrunde geht, ändert euer früheres Leben.[624] Wir alle, die wir auf Christus getauft sind, haben Christus als Gewand angelegt.[625] Somit ist von uns gefordert, demütig, friedfertig und geduldig zu sein und einander in Liebe zu ertragen.[626] Wir sollen also vollkommen sein, wie es auch unser himmlischer Vater ist.[627] Wir sollen Gott nachahmen als seine geliebten Kinder, und einander lieben, weil auch Christus uns geliebt und sich für uns hingegeben hat als Gabe und als Opfer, das Gott gefällt. Von Unzucht aber und Schamlosigkeit jeder Art oder von Habgier soll bei uns, wie es sich für Heilige gehört, nicht einmal die Rede sein. Auch Sittenlosigkeit und albernes oder zweideutiges Geschwätz schickt sich nicht für uns, sondern Dankbarkeit. Denn das sollen wir wissen: 'Kein unzüchtiger, schamloser oder habgieriger Mensch - das heisst kein Götzendiener - erhält ein Erbteil im Reich Christi und Gottes. Niemand täusche uns mit leeren Worten. All das zieht auf die Ungehorsamen den

---

[624] Eph 4,22
[625] Gal 3,27
[626] Eph 4,2
[627] Mt 5,48

Zorn Gottes herab. Haben wir darum nichts mit ihnen gemein! Denn einst waren wir Finsternis, jetzt aber sind wir durch den Herrn Licht geworden. Leben wir daher als Kinder des Lichts! Das Licht bringt lauter Güte, Gerechtigkeit und Wahrheit hervor.[628]

244. Ein Leben in Kohärenz des Glaubens ist eine ontologische Forderung. Die Übereinstimmung von Glaube und Leben ist somit Seins mässig. Sie hat unserem Wesen eigen zu sein. Denn Gott sprach: 'Lasst uns Menschen machen als unser Abbild, uns ähnlich. Sie sollen herrschen über die Fische des Meeres, über die Vögel des Himmels, über das Vieh, über die ganze Erde und über alle Kriechtiere auf dem Land. Gott schuf also den Menschen als sein Abbild; als Abbild Gottes schuf er ihn. Als Mann und Frau schuf er sie.'[629] Zudem hat er in Christus Jesus unsere Sünden mit seinem Leib auf das Holz des Kreuzes getragen, damit wir tot seien für die Sünden und für die

---

[628] Eph 5,1-9
[629] Gen 1,26-27

Gerechtigkeit leben. Durch seine Wunden sind wir geheilt.[630]

245. In diesem Geheiligt Sein nimmt sich auch der Geist unserer Schwachheit an. Denn wir wissen nicht, worum wir in rechter Weise beten sollen; der Geist selber tritt jedoch für uns ein mit Seufzen, das wir nicht in Worte fassen können. Und Gott, der die Herzen erforscht, weiss, was die Absicht des Geistes ist: Er tritt so, wie Gott es will, für die Heiligen ein.[631] Nur der eine wahre Gott hilft, sein Volk verharrt jedoch in der Treulosigkeit; es ruft zu Baal, doch der hilft ihnen nicht auf.[632]

246. Unser Handeln muss jedoch von Lauterkeit geprägt sein, denn das ist der Ruhm der Apostel - und dafür zeugte auch ihr Gewissen -, dass sie in dieser Welt, vor allem uns gegenüber, in der Aufrichtigkeit und Lauterkeit, wie Gott sie schenkt, gehandelt haben, nicht aufgrund menschlicher Weisheit, sondern aufgrund

---

[630] 1 Petr 2,24
[631] Röm 8,26-27
[632] Hos 11,7

göttlicher Gnade.[633] Der irdisch gesinnte Mensch aber lässt sich nicht auf das ein, was vom Geist Gottes kommt. Torheit ist es für ihn, und er kann es nicht verstehen, weil es nur mit Hilfe des Geistes beurteilt werden kann. Der geisterfüllte Mensch urteilt über alles, ihn aber vermag niemand zu beurteilen. Denn wer begreift den Geist des Herrn? Wer kann ihn belehren? Wir aber haben den Geist Christi.[634]

247. Dem widersprechen Haltungen, die dem christlichen Leben entgegengesetzt sind. Darum: Lassen wir uns vom Geist leiten, dann werden wir das Begehren des Fleisches nicht erfüllen. Denn das Begehren des Fleisches richtet sich gegen den Geist, das Begehren des Geistes aber gegen das Fleisch; beide stehen sich als Feinde gegenüber, so dass wir nicht imstande sind, das zu tun, was wir wollen. Wenn wir uns aber vom Geist führen lassen, dann stehen wir nicht unter dem Gesetz. Die Werke des Fleisches sind deutlich erkennbar: Unzucht, Unsittlichkeit, ausschweifendes Leben, Götzendienst, Zauberei, Feindschaften, Streit,

---

[633] 2 Kor 1,12
[634] 1 Kor 2,14-16

Eifersucht, Jähzorn, Eigennutz, Spaltungen, Parteiungen, Neid und Missgunst, Trink- und Essgelage und ähnliches mehr. Es sei wiederholt, was schon früher gesagt wurde: Wer so etwas tut, wird das Reich Gottes nicht erben. Die Frucht des Geistes aber ist Liebe, Freude, Friede, Langmut, Freundlichkeit, Güte, Treue, Sanftmut und Selbstbeherrschung; dem allem widerspricht das Gesetz nicht. Alle, die zu Christus Jesus gehören, haben das Fleisch und damit ihre Leidenschaften und Begierden gekreuzigt. Wenn wir aus dem Geist leben, dann wollen wir dem Geist auch folgen. Wir wollen nicht prahlen, nicht miteinander streiten und einander nichts nachtragen.[635]

248. Die Vorteile eines Gottgemässen Lebens liegen auf der Hand, zumindest in Form der Bibel. Die Stunde kommt, und sie ist schon da, zu der die wahren Beter den Vater anbeten werden im Geist und in der Wahrheit; denn so will der Vater angebetet werden. Gott ist Geist, und alle, die ihn anbeten, müssen im Geist und in der Wahrheit

---

[635] Gal 5,16-26

anbeten.⁶³⁶ Die Frucht des Geistes aber ist Liebe, Freude, Friede, Langmut, Freundlichkeit, Güte, Treue, Sanftmut und Selbstbeherrschung; dem allem widerspricht das Gesetz nicht.⁶³⁷ Wenn jedoch unser Auge krank ist, dann wird unser ganzer Körper finster sein. Wenn nun das Licht in dir Finsternis ist, wie gross muss dann die Finsternis sein!⁶³⁸ Somit scheint jede Züchtigung zwar für den Augenblick nicht Freude zu bringen, sondern Schmerz; später aber schenkt sie denen, die durch diese Schule gegangen sind, als Frucht den Frieden und die Gerechtigkeit.⁶³⁹ Denn Gott hat auch die Engel, die gesündigt haben, nicht verschont, sondern sie in die finsteren Höhlen der Unterwelt verstossen und hält sie dort eingeschlossen bis zum Gericht. Besonders die, die sich von der schmutzigen Begierde ihres Körpers beherrschen lassen und die Macht des Herrn verachten. Diese frechen und anmassenden Menschen schrecken nicht davor zurück, die überirdischen Mächte zu lästern, während die

---

⁶³⁶ Joh 4,23-24
⁶³⁷ Gal 5,22-23
⁶³⁸ Mt 6,23
⁶³⁹ Hebr 12,11

Engel, die ihnen an Stärke und Macht überlegen sind, beim Herrn nicht über sie urteilen und lästern.[640]

249. Dies bedeutet jedoch ein ständiger Kampf und ein ständiges Bemühen. Gehen wir also durch das enge Tor! Denn das Tor ist weit, das ins Verderben führt, und der Weg dahin ist breit, und viele gehen auf ihm.[641] Seit den Tagen Johannes des Täufers bis heute wird dem Himmelreich Gewalt angetan; die Gewalttätigen reissen es an sich.[642] So gilt auch für uns, dass wir im Kampf gegen die Sünde noch nicht bis aufs Blut Widerstand geleistet haben.[643]

250. Wenn wir in diesem Kampf und Bemühen bestehen, wird die Belohnung gross sein. Dann sind wir echte Kinder Gottes. Sind wir aber Kinder, dann auch Erben; wir sind Erben Gottes und sind Miterben Christi, wenn wir mit ihm leiden, um mit ihm auch verherrlicht zu werden. Seid überzeugt, dass die Leiden der

---

[640] 2 Petr 2,4.10-11
[641] Mt 7,13
[642] Mt 11,12
[643] Hebr 12,4

gegenwärtigen Zeit nichts bedeuten im Vergleich zu der Herrlichkeit, die an uns offenbar werden soll.[644] Darum werden viele Verkünder des Wortes Gottes nicht müde; wenn auch ihr äusserer Mensch aufgerieben wird, der innere wird Tag für Tag erneuert. Denn die kleine Last ihrer gegenwärtigen Not schafft ihnen in masslosem Übermass ein ewiges Gewicht an Herrlichkeit, ihnen, die sie nicht auf das Sichtbare starren, sondern nach dem Unsichtbaren ausblicken; denn das Sichtbare ist vergänglich, das Unsichtbare ist ewig.[645] Diese sind es, die unermüdlich verkünden: 'Ihr seid mit Christus auferweckt; darum strebt nach dem, was im Himmel ist, wo Christus zur Rechten Gottes sitzt. Richtet euren Sinn auf das Himmlische und nicht auf das Irdische! Denn ihr seid gestorben, und euer Leben ist mit Christus verborgen in Gott. Wenn Christus, unser Leben, offenbar wird, dann werdet auch ihr mit ihm offenbar werden in Herrlichkeit.'[646]

---

[644] Röm 8,17-18
[645] 2 Kor 4,16-18
[646] Kol 3,1-4

251. Wir sind nun an dem Punkt angelangt, an dem es sich lohnt, noch etwas weiter zu schauen. Es macht Sinn, auf die scheinbaren Gegensätze zwischen Fleisch und Geist zu schauen. Bei manchem mag der Eindruck entstanden sein, dass das Fleisch nur schlecht und der Geist nur gut ist. Diesen sei gesagt, beide werden auferstehen. So lehrt es der Glaube der Gemeinde seit ihrem Beginn im Glaubensbekenntnis der Apostel.

Fleisch und Geist

252. Fleisch und Geist, menschliches und übernatürliches Leben, dies ist ein scheinbarer Gegensatz zwischen der Welt und ihrer Kultur mit der Kirche. Die Bibel fordert uns auf, gleichsam ein übernatürliches Leben zu führen. Schauen wir nochmals in die Schöpfungsgeschichte. Gott sprach: 'Lasst uns Menschen machen als unser Abbild, uns ähnlich. Sie sollen herrschen über die Fische des Meeres, über die Vögel des Himmels, über das Vieh, über die ganze Erde und über alle Kriechtiere auf dem Land. Gott schuf also den Menschen als sein Abbild; als Abbild Gottes schuf er ihn. Als Mann und Frau schuf er sie.[647] Wir sollen also vollkommen sein, wie es auch unser himmlischer Vater ist.[648] Wir sollen Gott nachahmen als seine geliebten Kinder.[649] Unsere irdischen Erzieher haben uns vielleicht für kurze Zeit nach ihrem Gutdünken in Zucht genommen; Gott aber tut es zu unserem Besten, damit wir Anteil an seiner Heiligkeit gewinnen.[650] Denn

---

[647] Gen 1,26-27
[648] Mt 5,48
[649] Eph 5,1
[650] Hebr 12,10

durch die göttliche Macht wurden uns die kostbaren und überaus grossen Verheissungen geschenkt, damit wir der verderblichen Begierde, die in der Welt herrscht, entfliehen und an der göttlichen Natur Anteil erhalten.[651]

253. Trotz unserer schlechten Neigungen sind wir auf dem Weg zu Gott. Er kennt uns und er weiss, dass das Trachten des Menschen böse ist von Jugend an.[652] Das war auch Paulus durchaus bewusst. Darum sagt er: 'Wir Apostel wissen, dass das Gesetz selbst vom Geist bestimmt ist; ich aber bin Fleisch, das heisst: Verkauft an die Sünde. Denn ich begreife mein Handeln nicht: Ich tue nicht das, was ich will, sondern das, was ich hasse. Wenn ich aber das tue, was ich nicht will, erkenne ich an, dass das Gesetz gut ist. Dann aber bin nicht mehr ich es, der so handelt, sondern die in mir wohnende Sünde. Ich weiss, dass in mir, das heisst in meinem Fleisch, nichts Gutes wohnt; das Wollen ist bei mir vorhanden, aber ich vermag das Gute nicht zu verwirklichen. Denn ich tue nicht das Gute, das ich will, sondern das Böse, das ich

---

[651] 2 Petr 1,4
[652] Gen 8,21

nicht will. Wenn ich aber das tue, was ich nicht will, dann bin nicht mehr ich es, der so handelt, sondern die in mir wohnende Sünde. Ich stosse also auf das Gesetz, dass in mir das Böse vorhanden ist, obwohl ich das Gute tun will. Denn in meinem Innern freue ich mich am Gesetz Gottes, ich sehe aber ein anderes Gesetz in meinen Gliedern, das mit dem Gesetz meiner Vernunft im Streit liegt und mich gefangen hält im Gesetz der Sünde, von dem meine Glieder beherrscht werden. Ich unglücklicher Mensch! Wer wird mich aus diesem dem Tod verfallenen Leib erretten?'[653] Er kannte die Antwort, es ist eben der Christus, der für uns das Fleisch, sprich die Sünde, gekreuzigt hat.

254. Wenn wir ehrlich sind, dann müssen wir erkennen, dass das Übel in der Welt aus dem Vergänglichen kommt. Woher kommen die Kriege bei uns, woher die Streitigkeiten? Doch nur vom Kampf der Leidenschaften in unserem Innern. Wir begehren und erhalten doch nichts. Wir morden und sind eifersüchtig und können dennoch nichts erreichen. Wir streiten und führen

---

[653] Röm 7,14-24

Krieg. Wir erhalten nichts, weil wir nicht bitten. Wir bitten wiederum und empfangen doch nichts, weil wir in böser Absicht bitten, um es in unserer Leidenschaft zu verschwenden. Wir Ehebrecher, wissen wir denn nicht, dass Freundschaft mit der Welt Feindschaft mit Gott ist? Wer also ein Freund der Welt sein will, der wird zum Feind Gottes. Oder meinen wir, die Schrift sage ohne Grund: 'Eifersüchtig sehnt Gott sich nach dem Geist, den er in uns wohnen liess.'[654] Und den Schatz des göttlichen Glanzes tragen wir in zerbrechlichen Gefässen; so wird deutlich, dass das Übermass der Kraft von Gott und nicht von uns kommt.[655]

255. Aus uns selbst können wir die Kraft nicht aufbringen, wir haben nie und nimmer die Kraft, uns selbst zu erlösen: Jesus ist unsere Kraft und unsere Erlösung. Keine Reinkarnationslehre und dergleichen ist unsere Erlösung, nur Jesus Christus ist sowohl der Weg und die Wahrheit als auch das Leben; niemand kommt zum Vater

---

[654] Jak 4,1-5; Gen 4,7; Gen 6,5
[655] 2 Kor 4,7

ausser durch Jesus Christus.[656] Durch diesen Christus vermögen wir alles, denn er gibt uns die Kraft.[657] Wer sich aber an sein Wort hält, in dem ist die Gottesliebe wahrhaft vollendet. Wir erkennen daran, dass wir in ihm sind. Wer sagt, dass er in ihm bleibt, muss auch leben, wie er gelebt hat. Dies ist kein neues Gebot, sondern ein altes Gebot, das wir von Anfang an hatten. Das alte Gebot ist das Wort, das wir gehört haben.[658]

256. Dank sei Gott durch Jesus Christus, unseren Herrn! Es ergibt sich also, dass wir mit unserer Vernunft dem Gesetz Gottes dienen, mit dem Fleisch aber dem Gesetz der Sünde. Jetzt gibt es keine Verurteilung mehr für die, welche in Christus Jesus sind. Denn das Gesetz des Geistes und des Lebens in Christus Jesus hat uns frei gemacht vom Gesetz der Sünde und des Todes. Weil das Gesetz, ohnmächtig durch das Fleisch, nichts vermochte, sandte Gott seinen Sohn in der Gestalt des Fleisches, das unter der Macht der Sünde steht, zur Sühne für die Sünde, um an

---

[656] Joh 14,6
[657] Phil 4,13
[658] 1 Joh 2,5-7

seinem Fleisch die Sünde zu verurteilen; dies tat er, damit die Forderung des Gesetzes durch uns erfüllt werde, die wir nicht nach dem Fleisch, sondern nach dem Geist leben. Was kann uns daher scheiden von der Liebe Christi? Bedrängnis oder Not oder Verfolgung, Hunger oder Kälte, Gefahr oder Schwert? In der Schrift steht: 'Um deinetwillen sind wir den ganzen Tag dem Tod ausgesetzt; wir werden behandelt wie Schafe, die man zum Schlachten bestimmt hat.'[659] Doch all das überwinden wir durch den, der uns geliebt hat. Denn wir sind uns gewiss: Weder Tod noch Leben, weder Engel noch Mächte, weder Gegenwärtiges noch Zukünftiges, weder Gewalten der Höhe oder Tiefe noch irgendeine andere Kreatur können uns scheiden von der Liebe Gottes, die in Christus Jesus ist, unserem Herrn.[660] So ist auch noch keine Versuchung über uns gekommen, die den Menschen überfordert. Gott ist treu; er wird nicht zulassen, dass wir über unsere Kraft hinaus versucht werden. Er wird uns in der Versuchung einen Ausweg schaffen, so

---

[659] Ps 44,23
[660] Röm 7,25-8,4.35-39

dass wir sie bestehen können.⁶⁶¹ Denn Jesu Königtum ist nicht von dieser Welt. Wenn es von dieser Welt wäre, würden wir Christen mit irdischen Waffen kämpfen, damit Jesus nicht Tag für Tag aufs Neue in unseren Brüdern und Schwestern ausgeliefert würde. Aber Jesu Königtum ist nicht von hier.⁶⁶² Darum kämpfen wir mit den Waffen Gottes, das heisst des Geistes.

257. Wenn wir das bislang betrachtete abwägen, kommen wir zur Erkenntnis, dass es für uns Christen nur eine Option gibt: Jesus und seinem Wort treu nahfolgen. Wer uns aber ein anderes Evangelium verkündigt, als wir durch die Bibel und Gottes Geist verkündigt bekommen haben, der sei verflucht, auch wenn wir selbst es wären oder ein Engel vom Himmel. Was gesagt ist, das sei noch einmal gesagt: Wer uns ein anderes Evangelium verkündigt, als wir aus der Bibel und durch Gottes Geist angenommen haben, der sei verflucht. Geht es denn um die Zustimmung der Menschen, oder geht es um Gott? Suche wir etwa wirklich Menschen zu gefallen? Wollten wir den

---

⁶⁶¹ 1 Kor 10,13
⁶⁶² Joh 18,33.36

Menschen gefallen, dann wären wir keine Knechte Christi. Es sei erklärt: Das Evangelium, das hier verkündigt ist, stammt nicht von Menschen.[663]

258. Wir können unsere Kraft nicht gegen die Wahrheit einsetzen, nur für die Wahrheit.[664] Denn Jesus sagte: 'Ich bin der Weg und die Wahrheit und das Leben; niemand kommt zum Vater ausser durch mich.'[665] Somit legen wir als neues Gewand den Herrn Jesus Christus an, und sorgen uns nicht so für unseren Leib, dass die Begierden erwachen.[666] Wir sind untereinander so gesinnt, wie es dem Leben in Christus Jesus entspricht.[667] Denn wir haben Christus Jesus als Herrn angenommen. Darum leben wir auch in ihm![668] Wie bereits der Prophet Jesaja gesagt hat: 'Das Wort des Herrn erging an mich.'[669] Oder mit den Worten Jesu selber: 'Mit dem Reich Gottes ist es

---

[663] Gal 1,8-11
[664] 2 Kor 13,8
[665] Joh 14,6
[666] Röm 13,14
[667] Phil 2,5
[668] Kol 2,6
[669] Jer 1,4

so, wie wenn ein Mann Samen auf seinen Acker sät; dann schläft er und steht wieder auf, es wird Nacht und wird Tag, der Samen keimt und wächst, und der Mann weiss nicht, wie.'[670] Da wir nicht wissen wie, erkennen wir, dass Gottes Gedanken nicht unsere Gedanken sind, und unsere Wege sind nicht seine Wege. Denn so hoch der Himmel über der Erde ist, so hoch erhaben sind Gottes Wege über unseren Wegen und seine Gedanken über unseren Gedanken. Denn wie der Regen und der Schnee vom Himmel fallen und nicht in gleicher Form dorthin zurückkehren, sondern die Erde tränken und sie zum Keimen und Sprossen bringen, wie Gott dem Sämann Samen gibt und Brot zum Essen, so ist es auch mit dem Wort, das Gottes Mund verlässt: Es kehrt nicht leer zu Gott zurück, sondern bewirkt, was Gott will, und erreicht all das, wozu Gott es ausgesandt hat.[671]

259. Es gibt somit einen Unterschied zwischen dem natürlichen und dem übernatürlichen Leben. Das natürliche Leben hört auf die Stimme des Natürlichen, das übernatürliche handelt gemäss

---

[670] Mk 4,26-27
[671] Jes 55,8-11

dem Übernatürlichen, wie bei der Frau, die hinter Jesus her schrie, er möge ihre Tochter von einem Dämon befreien. Den Aposteln ging es um das "nervige Schreien", das ist natürlich. Jesus befreite die Tochter vom Dämon, das ist übernatürlich.[672]

260. Auch Paulus nimmt Rücksicht auf die natürlichen Gegebenheiten, wenn es um die Botschaft des Übernatürlichen geht. So sagt er unumwunden: 'Vor euch, konnte ich nicht wie vor Geisterfüllten reden; ihr wart noch irdisch eingestellt, unmündige Kinder in Christus. Milch gab ich euch zu trinken statt fester Speise; denn diese konntet ihr noch nicht vertragen. Ihr könnt es aber auch jetzt noch nicht; denn ihr seid immer noch irdisch eingestellt. Oder seid ihr nicht irdisch eingestellt, handelt ihr nicht sehr menschlich, wenn Eifersucht und Streit unter euch herrschen?' Denn wenn einer sagt: Ich halte zum Prediger XY!, ein anderer: Ich zum Papst!, seid ihr da nicht Menschen? Was ist denn der Prediger XY? Und was ist der Papst? Ihr seid durch sie zum Glauben gekommen. Sie sind also Diener, jeder, wie der

---

[672] Mt 15,21-23

Herr es ihm gegeben hat: Der Prediger hat gepflanzt, der Papst hat begossen, Gott aber liess wachsen. So ist weder der etwas, der pflanzt, noch der, der begiesst, sondern nur Gott, der wachsen lässt. Wer pflanzt und wer begiesst: Beide arbeiten am gleichen Werk, jeder aber erhält seinen besonderen Lohn, je nach der Mühe, die er aufgewendet hat. Beide verdienen sie Respekt. Denn sie sind Gottes Mitarbeiter; wir aber sind Gottes Ackerfeld, Gottes Bau. Paulus ermahnt uns im Namen Jesu Christi, unseres Herrn: Seien wir alle einmütig, und dulden keine Spaltungen unter uns; seien wir ganz eines Sinnes und einer Meinung. Er meint damit, dass jeder von uns etwas anderes sagt: Ich halte zum Pastor – ich zum Prediger XY – ich zum Papst – ich zu Christus. Ist denn Christus zerteilt? Wurde etwa der Pastor für uns gekreuzigt? Oder sind wir auf den Namen des Predigers XY oder des Papstes getauft worden?[673] Wie sind auf den Namen Jesu Christi getauft worden, egal, von Evangelikal bis Katholikal. Das bedeutet nicht, dass wir das Recht hätten, einen Pastor, einen Prediger, einen Priester oder den

---

[673] 1 Kor 3,1-10.12-13

Papst zu verunglimpfen, geschweige ihn als Antichristen hinzustellen. Sie alle pflanzen, begiessen, hegen und pflegen die Saht, doch wachsen lässt nur einer: Gott. Machen wir uns also nicht schuldig vor Gott, so dass er uns einst vorwerfen muss, wir hätten uns widerrechtlich auf seinen Richterstuhl gesetzt.

261. So lässt sich bei all den Streitereien unter Christen sagen. Es ist erstaunlich, dass wir uns so schnell von dem abwenden, der uns durch die Gnade Christi berufen hat, und dass wir uns einem anderen Evangelium zuwenden. Doch es gibt kein anderes Evangelium, es gibt nur einige Leute, die uns verwirren und die das Evangelium Christi verfälschen wollen.[674] Wir sind zwar zur Freiheit berufen. Nur nehme niemand die Freiheit zum Vorwand für das Fleisch, sondern dient einander in Liebe! Wir sollen nicht prahlen, nicht miteinander streiten und einander nichts nachtragen.[675] Oder soll es uns gehen, wie den ersten Judenchristen? Denn obwohl sie beschnitten waren, hielten sie nicht einmal selber

---

[674] Gal 1,6-7
[675] Gal 5,13.26

das Gesetz; dennoch drangen sie auf die Beschneidung, um sich dessen zu rühmen, was am Fleisch geschehen soll.[676]

262. Wir sollen die Welt hinter uns lassen, damit Jesu Eintreten beim Vater für uns zutrifft, denn er betete zum Vater: 'Sie sind nicht von der Welt, wie auch ich nicht von der Welt bin. Heilige sie in der Wahrheit; dein Wort ist Wahrheit. Wie du mich in die Welt gesandt hast, so habe auch ich sie in die Welt gesandt. Und ich heilige mich für sie, damit auch sie in der Wahrheit geheiligt sind.'[677] Denn Gott ist es, der in uns das Wollen und das Vollbringen bewirkt, noch über unseren guten Willen hinaus. Tun wir somit alles ohne Murren und Bedenken, damit wir rein und ohne Tadel sind, Kinder Gottes ohne Makel mitten in einer verdorbenen und verwirrten Generation, unter der wir als Lichter in der Welt leuchten. Halten wir fest am Wort des Lebens, den Aposteln zum Ruhm für den Tag Christi, damit sie nicht

---

[676] Gal 6,13
[677] Joh 17,16-19

vergeblich gelaufen sind oder sich umsonst abgemüht haben.[678]

263. Wir sind doch mit Christus auferweckt; darum streben wir nach dem, was im Himmel ist, wo Christus zur Rechten Gottes sitzt. Richten wir unseren Sinn somit auf das Himmlische und nicht auf das Irdische! Denn wir sind gestorben, und unser Leben ist mit Christus verborgen in Gott. Wenn Christus, unser Leben, offenbar wird, dann werden auch wir mit ihm offenbar werden in Herrlichkeit. Darum töten wir, was irdisch an uns ist: Die Unzucht, die Schamlosigkeit, die Leidenschaft, die bösen Begierden und die Habsucht, die ein Götzendienst ist. All das zieht den Zorn Gottes nach sich. Früher sind auch wir darin gefangen gewesen und haben unser Leben davon beherrschen lassen. Jetzt aber sollen wir das alles ablegen: Zorn, Wut und Bosheit; auch Lästerungen und unehrbares Reden sollen nicht mehr über unsere Lippen kommen. Belügen wir einander nicht; denn wir haben den alten Menschen mit seinen Taten abgelegt und sind zu einem neuen Menschen geworden, der nach dem

---

[678] Phil 2,13-16

Bild seines Schöpfers erneuert wird, um ihn zu erkennen. Wo das geschieht, gibt es nicht mehr Christen oder Juden, Beschnittene oder Unbeschnittene, Fremde, Ausländer, Sklaven oder Freie, sondern Christus ist alles und in allen. Wir sind von Gott geliebt, seien wir seine auserwählten Heiligen. Darum bekleiden wir uns mit aufrichtigem Erbarmen, mit Güte, Demut, Milde, Geduld! Ertragen uns gegenseitig, und vergeben einander, wenn einer dem andern etwas vorzuwerfen hat. Wie der Herr uns vergeben hat, so vergeben auch wir! Vor allem aber lieben sollen wir einander, denn die Liebe ist das Band, das alles zusammenhält und vollkommen macht. In unserem Herzen herrsche der Friede Christi; dazu sind wir berufen als Glieder des einen Leibes. Seien wir dankbar! Das Wort Christi wohne mit seinem ganzen Reichtum bei uns. Belehren und ermahnen wir einander in aller Weisheit! Singen wir Gott in unserem Herzen Psalmen, Hymnen und Lieder, wie sie der Geist eingibt, denn wir sind in Gottes Gnade.[679]

---

[679] Kol 3,1-16

264. Ich sage es und beschwöre alle im Herrn: Leben wir nicht mehr wie die Ungläubigen in ihrem nichtigen Denken! Ihr Sinn ist verfinstert. Sie sind dem Leben, das Gott schenkt, entfremdet durch die Unwissenheit, in der sie befangen sind, und durch die Verhärtung ihres Herzens. Haltlos wie sie sind, geben sie sich der Ausschweifung hin, um voll Gier jede Art von Gemeinheit zu begehen. Das aber entspricht nicht dem, was wir von Christus gelernt haben. Wir haben doch von ihm gehört und sind unterrichtet worden in der Wahrheit, die Jesus ist. Legen wir den alten Menschen ab, der in Verblendung und Begierde zugrunde geht, ändern wir unser früheres Leben, und erneuern wir unseren Geist und Sinn! Ziehen wir den neuen Menschen an, der nach dem Bild Gottes geschaffen ist in wahrer Gerechtigkeit und Heiligkeit. Legen wir deshalb die Lüge ab, und reden untereinander die Wahrheit; denn wir sind als Glieder miteinander verbunden. Lasst uns durch den Zorn nicht zur Sünde hinreissen! Die Sonne soll über unserem Zorn nicht untergehen. Geben wir dem Teufel keinen Raum! Der Dieb soll nicht mehr stehlen, sondern arbeiten und sich mit seinen Händen etwas verdienen, damit er den

Notleidenden davon geben kann. Über unsere Lippen komme kein böses Wort, sondern nur ein gutes, das den, der es braucht, stärkt, und dem, der es hört, Nutzen bringt. Beleidigen wir nicht den Heiligen Geist Gottes, dessen Siegel wir tragen für den Tag der Erlösung. Jede Art von Bitterkeit, Wut, Zorn, Geschrei und Lästerung und alles Böse verbannen wir aus unserer Mitte! Seien wir gütig zueinander, seien wir barmherzig, vergeben wir einander, weil auch Gott uns durch Christus vergeben hat.[680]

265. Alle, die vom Fleisch bestimmt sind, trachten nach dem, was dem Fleisch entspricht, alle, die vom Geist bestimmt sind, nach dem, was dem Geist entspricht. Das Trachten des Fleisches führt zum Tod, das Trachten des Geistes aber zu Leben und Frieden. Denn das Trachten des Fleisches ist Feindschaft gegen Gott; es unterwirft sich nicht dem Gesetz Gottes und kann es auch nicht. Wer vom Fleisch bestimmt ist, kann Gott nicht gefallen.[681] Darum sei noch einmal gesagt: Lassen wir uns vom Geist leiten, dann werden wir

---

[680] Eph 4,17-32
[681] Röm 8,5-8

das Begehren des Fleisches nicht erfüllen. Denn das Begehren des Fleisches richtet sich gegen den Geist, das Begehren des Geistes aber gegen das Fleisch; beide stehen sich als Feinde gegenüber, so dass wir nicht imstande sind, das zu tun, was wir wollen. Wenn wir uns aber vom Geist führen lassen, dann stehen wir nicht unter dem Gesetz. Die Werke des Fleisches sind deutlich erkennbar: Unzucht, Unsittlichkeit, ausschweifendes Leben, Götzendienst, Zauberei, Feindschaften, Streit, Eifersucht, Jähzorn, Eigennutz, Spaltungen, Parteiungen, Neid und Missgunst, Trink- und Essgelage und ähnliches mehr. Es ist wiederholt, was schon früher gesagt worden ist: Wer so etwas tut, wird das Reich Gottes nicht erben.[682]

266. Im Übrigen, bitten und ermahnen uns die Apostel im Namen Jesu, des Herrn: Wir haben von ihnen gelernt, wie wir leben müssen, um Gott zu gefallen, und wir leben auch so; werden wir darin noch vollkommener! Wir wissen ja, welche Ermahnungen sie uns im Auftrag Jesu, des Herrn, gegeben haben. Das ist es, was Gott will: Unsere Heiligung. Das bedeutet, dass wir die Unzucht

---

[682] Gal 5,16-21

meiden, dass jeder von uns lernt, mit seiner Frau in heiliger und achtungsvoller Weise zu verkehren, nicht in leidenschaftlicher Begierde wie die Ungläubigen, die Gott nicht kennen, und dass keiner seine Rechte überschreitet und seinen Nächsten bei Geschäften betrügt, denn all das rächt der Herr, wie uns schon früher gesagt wurde und die Apostel bezeugt haben. Denn Gott hat uns nicht dazu berufen, unrein zu leben, sondern heilig zu sein. Wer das verwirft, der verwirft also nicht Menschen, sondern Gott, der uns seinen Heiligen Geist schenkt.[683]

267. Zudem kam der Apostel in Schwäche und in Furcht, zitternd und bebend zu den Jüngern. Seine Botschaft und Verkündigung war nicht Überredung durch gewandte und kluge Worte, sondern war mit dem Erweis von Geist und Kraft verbunden, damit sich unser Glaube nicht auf Menschenweisheit stützte, sondern auf die Kraft Gottes. Denn uns hat es Gott enthüllt durch den Geist. Der Geist ergründet nämlich alles, auch die Tiefen Gottes. Wer von den Menschen kennt den Menschen, wenn nicht der Geist des Menschen,

---

[683] 1 Thess 4,1-8

der in ihm ist? So erkennt auch keiner Gott - nur der Geist Gottes. Wir aber haben nicht den Geist der Welt empfangen, sondern den Geist, der aus Gott stammt, damit wir das erkennen, was uns von Gott geschenkt worden ist. Davon reden die Apostel auch, nicht mit Worten, wie menschliche Weisheit sie lehrt, sondern wie der Geist sie lehrt, indem sie den Geisterfüllten das Wirken des Geistes deuten. Der irdisch gesinnte Mensch aber lässt sich nicht auf das ein, was vom Geist Gottes kommt. Narretei ist es für ihn, und er kann es nicht verstehen, weil es nur mit Hilfe des Geistes beurteilt werden kann. Der geisterfüllte Mensch urteilt über alles, ihn aber vermag niemand zu beurteilen. Denn wer begreift den Geist des Herrn? Wer kann ihn belehren? Wir aber haben den Geist Christi.[684]

268. Das Gebot der Stunde lautet somit: Jesus nachfolgen und die Mentalität der Welt nicht nachahmen. Dies legt bereits der Prophet Simeon nahe. Simeon segnete Maria, die Mutter Jesu, und sagte zu ihr: 'Dieser ist dazu bestimmt, dass in Israel viele durch ihn zu Fall kommen und viele

---

[684] 1 Kor 2,3-5.10-16

aufgerichtet werden, und er wird ein Zeichen sein, dem widersprochen wird. Dadurch sollen die Gedanken vieler Menschen offenbar werden. Dir selbst aber, Maria, wird ein Schwert durch die Seele dringen.[685] Dass Jesus selber sich der Welt, das heisst Satan, nicht anglich, zeigte sich bei Jesu Versuchung durch Satan in der Wüste, wo Jesus vierzig Tage fastete.[686] Denn erfüllt vom Heiligen Geist, verliess Jesus die Jordangegend. Darauf führte ihn der Geist vierzig Tage lang in der Wüste umher, und dabei wurde Jesus vom Teufel in Versuchung geführt. Die ganze Zeit über ass er nichts; als aber die vierzig Tage vorüber waren, hatte er Hunger. Nach diesen Versuchungen liess der Teufel für eine gewisse Zeit von ihm ab.[687]

269. Prüfungen sind jedoch etwas, dem wir uns alle stellen müssen, denn wenn du dem Herrn dienen willst, dann mach dich auf Prüfung gefasst! Sei tapfer und stark, zur Zeit der Versuchung überstürze nichts! Hänge am Herrn, und weiche nicht ab, damit du am Ende erhöht

---

[685] Lk 2,34-35
[686] Mt 4,1-11
[687] Lk 4,1-13

wirst. Nimm alles an, was über dich kommen mag, halt aus in vielfacher Bedrängnis! Denn im Feuer wird das Gold geläutert, und jeder, der Gott gefällt, im Schmelzofen der Bedrängnis.[688] Sei voll Freude, wenn du in mancherlei Versuchungen gerätst. Du weisst, dass die Prüfung deines Glaubens Ausdauer bewirkt. Die Ausdauer aber soll zu einem vollendeten Werk führen; denn so wirst du vollendet und untadelig sein, es wird dir nichts mehr fehlen.[689]

270. Wir sind gerufen, auch in der Versuchung gerecht zu sein, denn wenn unsere Gerechtigkeit nicht weit grösser ist als die der Schriftgelehrten und der Pharisäer, werden wir nicht in das Himmelreich kommen.[690] Angesichts des Erbarmens Gottes seien wir ermahnt, uns selbst als lebendiges und heiliges Opfer darzubringen, das Gott gefällt; das ist für uns der wahre und angemessene Gottesdienst. Gleichen wir uns nicht dieser Welt an, sondern wandeln wir uns und erneuern unser Denken, damit wir prüfen und

---

[688] Sir 2,1-5
[689] Jak 1,1-4
[690] Mt 5,20

erkennen können, was der Wille Gottes ist: Was ihm gefällt, was gut und vollkommen ist.[691]

271. Wen Gott liebt, den weist er zurecht und nimmt ihn in Zucht. Machen wir also Ernst, und kehren um! Jesus steht vor der Tür und klopft an. Wer seine Stimme hört und die Tür öffnet, bei dem wird er eintreten, und sie werden Mahl halten, Jesus mit ihm und er mit Jesus. Wer siegt, der darf mit Jesus auf seinem Thron sitzen, so wie auch Jesus gesiegt hat und sich mit seinem Vater auf seinen Thron gesetzt hat. Wer Ohren hat, der höre, was der Geist den Gemeinden sagt.[692]

272. Denn mit dem Himmelreich ist es wie mit einem Gutsbesitzer. Er einigte sich um 6 Uhr mit den Arbeitern auf einen Denar für den Tag und schickte sie in seinen Weinberg. Um 9 Uhr, um 12 Uhr, um 15 Uhr und um 17 Uhr tat er dasselbe. Am Abend sagte er zu seinem Verwalter: Zahle den Arbeiter den Lohn aus, angefangen bei den letzten, bis hin zu den ersten. Da kamen die Männer, die er um 17 Uhr angeworben hatte, und

---

[691] Röm 12,1-2
[692] Offb 3,19-22

jeder erhielt einen Denar. Als dann die ersten an der Reihe waren, glaubten sie, mehr zu bekommen. Aber auch sie erhielten nur einen Denar. So werden die Letzten die Ersten sein und die Ersten die Letzten. Das machte Jesus auch der Frau des Zebedäus klar, die Jesus bat: 'Versprich, dass meine beiden Söhne in deinem Reich rechts und links neben dir sitzen dürfen.' Jesus erwiderte: 'Ihr wisst nicht, um was ihr bittet. Könnt ihr den Kelch trinken, den ich trinken werde?' Sie sagten zu ihm: 'Wir können es.' Da antwortete er ihnen: 'Ihr werdet meinen Kelch trinken; doch auf dem Platz zu meiner Rechten werden die sitzen, für die mein Vater diese Plätze bestimmt hat.' Da sagte Jesus zu den Aposteln: 'Ihr wisst, dass die Herrscher die Leute unterdrücken und die Macht über die Menschen missbrauchen. Bei euch soll es nicht so sein, sondern wer bei euch gross sein will, der soll euer Diener sein, und wer bei euch der Erste sein will, soll euer Sklave sein. Denn auch der Menschensohn ist nicht gekommen, um sich dienen zu lassen, sondern um zu dienen und sein Leben hinzugeben als Lösegeld für viele.'[693]

---

[693] Mt 20,1-16.22-28

Zölibat

273. Der Zölibat ist zwar kein Streitpunkt unter den Christen, doch wird der Priesterzölibat der Kirche oft als unbiblisch vorgeworfen. Dies ist keinesfalls richtig. Denn Die Apostel selber erkannten, dass bei der Gottgewollten Stellung des Mannes in der Ehe die Ehelosigkeit besser ist. Die Jünger sagten zu Jesus: 'Wenn das die Stellung des Mannes in der Ehe ist, dann ist es nicht gut zu heiraten.' Jesus antwortete ihnen: 'Nicht alle können dieses Wort erfassen, sondern nur die, denen es gegeben ist. Denn es ist so: Manche sind von Geburt an zur Ehe unfähig, manche sind von den Menschen dazu gemacht, und manche haben sich selbst dazu gemacht - um des Himmelreiches willen. Wer das erfassen kann, der erfasse es.[694] Mit anderen Worten: Wer den Zölibat leben kann, der lebe ihn, weil sie nicht von dieser Welt sein wollen. Denn Jesus hat uns Gottes Wort gegeben, und die Welt hasst uns, weil wir nicht von der Welt sind, wie auch Jesus nicht von der Welt ist.[695]

---

[694] Mt 19,3-12
[695] Joh 17,14

274. Paulus bekräftigt dies, wenn er sagt: Ich wünschte, alle Menschen wären unverheiratet wie ich. Doch jeder hat seine Gnadengabe von Gott, der eine so, der andere so. Den Unverheirateten und den Witwen sage ich: 'Es ist gut, wenn sie so bleiben wie ich.'[696]

---

[696] 1 Kor 7,7-8

Armee

275. Über Christen in der Armee braucht man eigentlich nicht viel zu sagen. Das halbe Alte Testament ist ein einziger Kriegsbericht des Volkes Israel gegen Götzendiener. Doch auch Soldaten machten sich Gedanken darüber, ob sie richtig handeln, ist doch ihre Hauptaufgabe andere zu töten, im Kriegsfall. Niemand geringerer als Johannes der Täufer gibt die Antwort. Es kamen auch Beamte zu Johannes dem Täufer, um sich taufen zu lassen, und fragten: Meister, was sollen wir tun Er sagte zu ihnen: Verlangt nicht mehr, als festgesetzt ist. Auch Soldaten fragten ihn: Was sollen denn wir tun? Und er sagte zu ihnen: <u>Misshandelt niemand, erpresst niemand, begnügt euch mit eurem Sold!</u>[697]

276. Auch als Soldat kann man sich anständig aufführen. Dass dem so ist, zeigt uns das Beispiel des Hauptmanns Kornelius. Die Soldaten und Boten sagten zu Petrus: 'Der Hauptmann Kornelius, ein <u>gerechter und gottesfürchtiger</u> Mann, der beim ganzen Volk der Juden in gutem

---

[697] Lk 3,12-14

Ruf steht, hat von einem heiligen Engel die Weisung erhalten, dich in sein Haus holen zu lassen und zu hören, was du ihm zu sagen hast.[698] Nun Petrus hatte ihm das zu sagen, was in diesem Buch zusammengefast ist.

---

[698] Apg 10,22

Fasten

277. Fasten ist wesentlich mehr, als einfach wenig essen und trinken. Ja, eigentlich ist dies nur die sichtbare Form des Fastens, sozusagen die Spitze des Eisberges, die aus dem Wasser ragt. Fasten ist viel mehr. Gott sagt es uns bereits im Alten Testament: 'Rufe aus voller Kehle, halte dich nicht zurück! Lass deine Stimme ertönen wie eine Posaune! <u>Halt meinem Volk seine Vergehen vor</u> und dem Haus Jakob <u>seine Sünden</u>! Sie suchen mich Tag für Tag; denn sie wollen meine Wege erkennen. Wie ein Volk, das Gerechtigkeit übt und das vom Recht seines Gottes nicht ablässt, so fordern sie von mir ein gerechtes Urteil und möchten, dass Gott ihnen nah ist. Warum fasten wir, und du siehst es nicht? Warum tun wir Busse, und du merkst es nicht? Seht, an euren Fasttagen macht ihr Geschäfte und treibt alle eure Arbeiter zur Arbeit an. Obwohl ihr fastet, gibt es Streit und Zank, und ihr schlagt zu mit roher Gewalt. So wie ihr jetzt fastet, verschafft ihr eurer Stimme droben kein Gehör. Ist das ein Fasten, wie ich es liebe, ein Tag, an dem man sich der Busse unterzieht: Wenn man den Kopf hängen lässt, so wie eine Binse sich neigt, wenn man sich mit Sack und Asche

bedeckt? Nennst du das ein Fasten und einen Tag, der dem Herrn gefällt?'[699]

278. 'Nein, das ist ein Fasten, wie Gott es liebt: Die Fesseln des Unrechts zu lösen, die Stricke des Jochs zu entfernen, die Versklavten freizulassen, jedes Joch zu zerbrechen, an die Hungrigen dein Brot auszuteilen, die obdachlosen Armen ins Haus aufzunehmen, wenn du einen Nackten siehst, ihn zu bekleiden und dich deinen Verwandten nicht zu entziehen. Dann wird dein Licht hervorbrechen wie die Morgenröte, und deine Wunden werden schnell vernarben. Deine Gerechtigkeit geht dir voran, die Herrlichkeit des Herrn folgt dir nach. Wenn du dann rufst, wird der Herr dir Antwort geben, und wenn du um Hilfe schreist, wird er sagen: Hier bin ich. Wenn du der Unterdrückung bei dir ein Ende machst, auf keinen mit dem Finger zeigst und niemand verleumdest, dem Hungrigen dein Brot reichst und den Darbenden satt machst, dann geht im

---

[699] Jes 58,1-5

Dunkel dein Licht auf, und deine Finsternis wird hell wie der Mittag.'[700]

279. Wenn wir so fasten, wie es uns die Schrift lehrt, dann handeln wir richtig. Echtes Fasten ist Barmherzigkeit von Herzen. Ordnet <u>ein heiliges Fasten</u> an, ruft einen <u>Gottesdienst</u> aus! Versammelt die Ältesten und alle Bewohner des Landes beim Haus des Herrn, eures Gottes, und schreit zum Herrn.[701] Kehrt um zu Gott von ganzem Herzen mit Fasten, Weinen und Klagen. Auf dem Zion stosst in das Horn, ordnet ein heiliges Fasten an, ruft einen Gottesdienst aus![702] Wenn ihr fastet, macht kein finsteres Gesicht wie die Heuchler. Sie geben sich ein trübseliges Aussehen, damit die Leute merken, dass sie fasten. Amen, das sage ich euch: Sie haben ihren Lohn bereits erhalten. Du aber pflege dein Haar, wenn du fastest, und wasche dein Gesicht, damit die Leute nicht merken, dass du fastest, sondern nur dein Vater, der auch das Verborgene sieht; und dein Vater, der das Verborgene sieht, wird es

---

[700] Jes 58,6-10
[701] Joël 1,14
[702] Joël 2,12.15

dir vergelten.[703] Denn so ist ein Mensch, der seiner Sünden wegen fastet, aber hingeht und dasselbe wieder tut. Wer wird sein Gebet erhören, und was hat er von seinem Fasten?[704]

280. Fasten ist somit in erster Linie gottgefällig zu leben und handeln. Fasten ist aber auch ein gemeinsames Gebet und Gottesdienst. Fasten ist erst in letzter Linie Abbruch an Speis und Trank. Selbstredend ist dies nicht schlecht, vorausgesetzt, man erfüllt die ersten Voraussetzungen. Sonst kann man sich gleich in einem Wellnesshotel eine Fastenkur buchen, bei der es wenig zu essen gibt, die Rechnung aber das Doppelte von den Schlemmerferien ausmacht. Da wäre dann das wirkliche fasten vielleicht das klaglose akzeptieren der überteuerten Rechnung.

---

[703] Mt 6,16-18
[704] Sir 34,31

Schlusswort

In diesem Buch wurden viele Bibelstellen behandelt. Ja, eigentlich sind selbst die Texte Bibelstellen, das ist voll beabsichtigt. Die Bibel soll vorwiegend mit der Bibel selbst erklärt werden. Wie es aber häufig der Fall ist, kennt man lediglich ein paar Bibelstellen auswendig oder man hat die richtigen nicht zu Hand. Das Lesen dieses Buches erspart einem nicht das Lesen in der Bibel. Es ist lediglich eine Hilfestellung, entscheidende Bibelstellen in einem vielleicht neuen Kontext zu lesen.

Ich hoffe, ich konnte Ihnen dabei behilflich sein. Sollte Ihnen dieses Buch eine Hilfe gewesen sein, empfehlen Sie es weiter. Sicherlich haben Sie bemerkt, dass es nicht um ein Pro und Kontra Kirche, Evangelikale, Protestanten, Katholiken etc. ging, sondern vielmehr aufzuzeigen, dass gegenseitige Nächstenliebe und Respekt, auch bei verbleiben in der eigenen Konfession, mehr bringt, als eine Vermischung von allem und dem Verlieren des Feuers im Herzen für Christus. Nun, bitte tut das aber nicht mehr auf Kosten anderer christlicher Konfessionen, sollte dies noch nicht ganz aus diesem Buch hervorgegangen sein: Mit Humor nehmen und es einfach nochmals lesen.

Jeder hat seine eigenen Fähigkeiten und Talente. Nutzt diese für das Reich Gottes und wenn euch einer deswegen den Ruhm stielt, freut euch, denn ihr werdet ihn im Himmel bekommen für eine Ewigkeit.

Mit folgenden Worten möchte ich deshalb hier schliessen:

"So segne ich Dich von ganzem Herzen im Namen des Vaters und des Sohnes und des Heiligen Geistes." - "Amen."

Der Autor, Josefstag 2017